Anthony Burgess

D. H. LAWRENCE

Ein Leben in Leidenschaft

Aus dem Englischen
von
Stefan Weidle

KELLNER

CIP-Titelaufnahme der Deutschen Bibliothek
Burgess, Anthony:
D. H. Lawrence : ein Leben in Leidenschaft / Anthony Burgess. [Aus dem Engl. von Stefan Weidle]. – 1. Aufl. – Hamburg : Kellner, 1990
Einheitssacht.: Flames into being ‹dt.›
ISBN 3-927623-08-3

1. Auflage, September 1990

Umschlaggestaltung: Walter Landmann, Hamburg
Photo: © by David Garnett, Esq.
Satz, Druck und Bindung: Clausen & Bosse, Leck
ISBN: 3-927623-08-3

Für die Zitate aus Lawerence' Werken wurden, soweit vorhanden, vorliegende deutsche Übersetzungen verwendet.

Per
Liana

Inhalt

Vorwort

Der Ursprung dieses kurzen Buches lag in der Absicht, ein noch kürzeres zu schreiben – als Beitrag zum hundertsten Geburtstag von D. H. Lawrence und gleichzeitig als Rückzahlung einer Art von Schuld. Wir alle, Leser und Schreiber von Büchern, sind dem literarischen Genie dankbar für die Bereicherung unseres Lebens – nur hat der Schreiber die Pflicht und das Privileg, seine Dankbarkeit durch sein Handwerk zu bekunden. Unvermeidlich, wie das mit Schulden zu sein pflegt, schiebt er die Rückzahlung immer weiter hinaus, doch der Ankündigung eines hundertsten Geburtstages entgeht er schließlich nicht. 1964, zu Shakespeares vierhundertstem Geburtstag, veröffentlichte ich nach langen Jahren unentschlossenen Brütens endlich einen Roman über das Leben und die Lieben des größten englischen Dichters. Es wäre vielleicht ein besserer Roman geworden, hätte ich seine Brutzeit noch verlängert, doch die Uhr surrte und hob zu schlagen an, und mir war klar, daß das Buch, wenn es nicht am 23. April 1964 erschiene, vielleicht niemals erscheinen würde. 1982, zu James Joyces Hundertstem, übertrug der Rundfunk – gleichzeitig aus Dublin und London – meine musikalische Bearbeitung des *Ulysses*, eine Würdigung, in der manche Kritiker eine Herabsetzung hörten. Ich habe, in derselben Erwartung, vier Gedichte von Lawrence vertont. Außerdem habe ich einen Fernsehfilm über ihn gedreht. Und ich schlug eine kurze Hommage an ihn in dem Medium vor, welches mein eigentliches Metier ist – dieses Buch ist das Resultat.

Ich hatte geplant, nur bestimmte ausgewählte Werke von ihm zu besprechen, aber ich entdeckte, daß es unmöglich war, Lawrences Werk von seinem Leben zu trennen. Man konnte keinen einzelnen

Ausschnitt aus seinem Leben – das, weiß Gott, kurz genug war – herausnehmen, und daher konnte man sich auch nicht auf einen Ausschnitt aus seinem Werk beschränken. Was nun hier vorliegt, ist eine kurze literarische Biographie, die dazu dienen mag, den Mann und sein Werk bei denjenigen einzuführen, die beides nicht kennen – natürlich mit der Ausnahme von *Lady Chatterley's Lover* (LADY CHATTERLEY) und dem Skandal, der dem Autor des Werks noch immer anhängt – oder von beidem ein wenig wissen, aber mehr erfahren wollen. Lawrence schrieb bemerkenswert viel in seinem von Tuberkulose verkürzten Leben, und die Lektüre seiner Werke sollte nicht beliebig erfolgen: Er will ganz gelesen sein, und in einer Reihenfolge, die durch die Wechselfälle seines Lebens bestimmt ist. Das mag zwar für alle kreativen Autoren zutreffen, aber im Falle Lawrence ist es essentiell.

Ich erwähnte eine Schuld, aber das ist keine literarische Schuld – zumindest nicht in dem Sinne, daß ich je gewünscht hätte, wie Lawrence zu schreiben, oder daß ich selbst in meinem Werk, wie es vorliegt, irgendwelche Spuren seines Einflusses entdecken könnte. Es besteht ein starker Gegensatz, von Kultur und Herkunft her, zwischen mir und ihm. Ich, fast reiner Ire, in Nordengland als Katholik aufgewachsen, Kaufmannssohn, treffe auf einen angelsächsischen Nonkonformisten aus den Midlands, voller Stolz auf seinen Puritanismus, einen vorchristlichen Göttern zugeneigten Bergmannssohn. Aber ich bewundere ihn als den guten Engländer, der ich selbst niemals sein kann, bewundere seine Starrköpfigkeit, und ich empfinde sein Leiden um das Recht des freien Ausdrucks mit. Hundert Jahre nach seiner Geburt stelle ich fest, daß er über seine Feinde gesiegt hat (obwohl man dessen in der englischsprachigen Welt niemals sicher sein kann) und daß er für jenes kämpferische Element in der literarischen Praxis steht, ohne das Bücher bloße Dekoration oder Bestätigung der Ansichten und Vorurteile der herrschenden Klasse wären. Ich sage am Ende meines Buches, daß Literatur in ihrem Kern subversiv ist und daß Lawrence ein Zeuge (oder Märtyrer, was dasselbe ist) für diese Wahrheit ist. Er ist ein leuchtendes Beispiel für die Tugenden, die alle diejenigen, welche schreiben, um ihr Leben zu fristen und gleichzeitig die Freude am

Leben zu propagieren, gerne als der Ausübung ihres Handwerks oder ihrer Kunst immanent ansehen – Energie, Zähigkeit, äußerste Aufrichtigkeit, Freude an dem täglichen Kampf, Wörter zu dressieren.

In hohem Alter finde ich mich zu meiner eigenen Verwunderung in der Situation wieder, die Lawrence sich in jungen Jahren erkor – nämlich als britischer Autor im Exil (verheiratet übrigens mit einer ausländischen Aristokratin), der sich eher am Mittelmeer zu Hause fühlt als an der Themse oder am Irwell, sich im täglichen Gespräch häufiger einer Fremdsprache bedient als des Englischen und der versucht, das Englische klarer zu hören und die Engländer klarer zu sehen, indem er gerade nicht unter ihnen lebt. Freiwillige Ausbürgerung kommt bei meinen und Lawrences Mituntertanen der britischen Krone niemals gut an: Der Romancier, der im Ausland lebt, versucht entweder der Steuer oder dem schlechten Wetter zu entgehen (tatsächlich entgeht er keinem von beiden). In Wirklichkeit geht es ihm darum, dem engen Käfig zu entfliehen, der den britischen Roman hemmt, einen kontinentalen Blickpunkt einzunehmen und zu vermeiden, über gescheiterte Liebesaffären in Hampstead zu schreiben. Er nimmt sich nur das Recht des Autors, zu leben, wo er will, solange er mit seiner Arbeit vorankommt. Im Zusammenhang mit Lawrences Exil sollte man stets bedenken, daß es ihm half, England, oder zumindest der englischen Literatur, weit besser zu dienen, als wenn er zu Hause geblieben wäre.

Da ein Vorwort nicht mehr ist als ein abtrennbarer Echsenschwanz, wenn auch vorn angebracht, kann man darin Einfälle unterbringen, die für den Körper des Werks (das, da es ein gewisses organisches Leben hat, eine Art Lebewesen ist) unpassend wären. Lawrence war der einzige große Schriftsteller, dessen hundertster Geburtstag ins Jahr 1985 fiel – ein Jahr, das den Musikern vorbehalten war, und besonders Händel, der 1685 geboren wurde. Es liegt eine gewisse Pikanterie im zufälligen Zusammentreffen der Jubiläen eines großen deutschen Komponisten, der Brite wurde, und eines großen britischen Autors, der eine Deutsche heiratete und Großbritannien den Rücken kehrte. Händel genoß die höchste Verehrung der Briten (sofern sie nicht *The Beggar's Opera* priesen); Lawrence schmähten sie. Es wäre Phantasterei, irgendwelche Ähnlichkeiten in den Zielsetzungen und Leistungen von Georg Friedrich und David Herbert zu suchen. Aber ich erinnere mich an eine Passage in Samuel Butlers [1] *The Way of All Flesh* (DER WEG ALLEN FLEISCHES), wo dem Erzähler, als er Landarbeiter in einer Kirche auf dem Land ein Kirchenlied singen sieht und hört, plötzlich die Melodie von »Here the ploughman near at hand / Whistles o'er furrowed land«, aus Händels Vertonung von Miltons *L'Allegro* in den Sinn kommt. Er kommentiert: »Wie wunderbar der alte Händel diese Leute verstanden hat!«. Man lese *The White Peacock* (DER WEISSE PFAU) und *Sons and Lovers* (SÖHNE UND LIEBHABER) und *The Rainbow* (DER REGENBOGEN), um zu sehen, wie wunderbar auch Lawrence sie verstanden hat. Alle Kunst beschäftigt sich damit, ins Herz des Lebens einzudringen. Das wußten sowohl Händel als auch Lawrence, und beiden gelangen einige wunderbare Akte des Eindringens.

A.B.
Monaco
April 1985

1
Lawrence und ich in jungen Jahren

Lawrence starb im März 1930, als ich gerade 13 Jahre alt war und mich zuwenig für Literatur interessierte, um davon Notiz zu nehmen. Zu dieser Zeit verschlang ich im Bett mit Hilfe einer Taschenlampe schauerliche Jugendromane. Zum ersten Mal wurde ich der subversiven Kraft sogar von Trivialliteratur gewahr, als mein Vater mein *Boy's Magazine*, das gerade eine Serie über das Ende der Welt begann, in den Küchenkamin warf. Er muß zweifellos eine kurze Meldung über Lawrences Tod in *Daily Mail* gesehen haben; wie der Zeitung selbst war auch ihm der Name vage geläufig, als der eines Lieferanten von Schmutz. »Zum Glück hat der Dreck jetzt ein Ende«, hat er vielleicht gesagt, in einem Dialekt, wie Lawrence ihn in seiner Kindheit benutzte. Unsere Familie stammt aus Lancashire, und Lawrence ist nahe genug bei Derbyshire geboren, um einen Dialekt des Nordens zu erben. Als Kind nannte man mich »mardarse« (Muttersöhnchen) und ihn offenbar auch:

– *Eh, tha'rt a mard-arsed kid,*
'E'll gie thee socks.

– Heh, du verweichlichtes Bürschchen,
Ich versohl' dir 'n Arsch.

Weiter im Süden, tiefer in Nottinghamshire, lautet der Ausdruck »mardy bum«.

Erst um 1934 begann ich, etwas über Lawrence zu erfahren. Was die Generation meines Vaters, die auch Lawrences war, Schmutz nannte, hielten meine Schulkameraden und ich für Befreiung. Wir waren mehr auf die Wahrheit über Sex erpicht als auf Literatur. Ich beschäftigte mich in dieser Zeit mehr mit Musik als mit Lyrik oder Romanen, und was ich an literarischen Entdeckungen machte, fiel mir oft durch die Musik zu. Griegs *Peer Gynt Suite* brachte mich auf das Drama selbst und weiter zum gesamten Ibsen, auf den Björnsen folgte. Die Musik von Delius zog mich an und ebenso die Lieder seines jungen Freundes und Verehrers Peter Warlock. Als ich über beide nachlas, erfuhr ich, daß Peter Warlock, dessen richtiger Name Philip Heseltine war, eine sehr hohe Meinung von einem Romancier namens Lawrence hatte, sich später jedoch mit ihm verfeindete und in einem seiner Romane verspottet wurde. Delius hatte auf einer Orangenplantage in Florida gelebt, und es ging das Gerücht, daß Lawrence dort eine pantisokratische Kolonie errichten wollte (die Pantisokratie kannte ich, da Coleridge zu meiner Pflichtlektüre gehörte). Und ich erfuhr ebenfalls, daß Heseltine, wenn auch eher gepriesen denn geschmäht, in einem Roman von Aldous Huxley, *Antic Hay* (NARRENREIGEN), auftauchte. Dieser Roman führte mich zu *Point Counter Point* (KONTRAPUNKT DES LEBENS), ein vielversprechender, musikalischer Titel, und dort begegnete mir Mark Rampion, der, wie man mir erklärte, in Wirklichkeit Lawrence war. Das waren großartige Zeiten für Jugendliche, die nach Sex in Büchern suchten, und sie werden in unserem permissiven Zeitalter niemals wiederkehren. Literatur war der Weg in eine verbotene Welt. Jetzt ist alles zu offen, und das Geheimnisvolle ist verschwunden. Ich erstand die gesammelten Werke Shakespeares für drei Shilling und sixpence und fand jede Menge Erotik in *Venus and Adonis* und *The Rape of Lucrece* (DIE SCHÄNDUNG DER LUKREZIA). Dann folgte Boccaccios *Decamerone*, wobei allerdings in den damals erhältlichen Ausgaben die Geschichte, wie man den Teufel in die Hölle schickt, entweder ganz fehlte oder im toskanischen Original abgedruckt war. Die Versuchung, einen italienischen Sprachführer anzuschaffen, war groß. So bringt man uns zum Lernen. *Gargantua and Pantagruel* in der Ausgabe bei Everyman hatte zwar eher mit Verdauung als mit Erotik zu tun, doch das Buch ließ nichts aus und wehte wie ein großer reinigender schmutziger Wind durch meine Jugend. Große Literatur erblühte um uns her, und diese war nicht im mindesten wie *Black Beauty*. Aber es gab, so hörten wir, drei moderne Werke, die zuviel über Sex sagten und daher vom britischen Staat verboten worden waren: *The Well of Loneliness* (QUELL DER EINSAMKEIT)[3], *Lady Chatterley's Lover* und *Ulysses*. Wir hatten *The Adventures of Ulysses* (Die Abenteuer des Odysseus) von Charles Lamb und seiner geisteskranken Schwester bereits in der zweiten Klasse durchgenommen und waren äußerst verwundert, daß der griechische Held nun auf einmal in Zonen verbotener Aktivitäten gesegelt sein sollte. Wir brannten vor Begierde, diese Bücher zu bekommen, nicht nur weil sie geächtet waren wie Robin Hood, sondern weil die reaktionäre Massenpresse so unablässig auf sie eindrosch.

James Douglas, einer von Lord Beaverbrooks[4] Redakteuren, wies vielen aus meiner Generation den Weg zu den Freuden der modernen Literatur allein durch die brutale Vehemenz seiner Attacken. Eine Schlagzeile quer über zwei Seiten des *Sunday Express* begrüßte Aldous Huxleys *Brave New World* (SCHÖNE NEUE WELT) mit den Worten: »Dieser Mann haßt Gott«. Ein Artikel im *Daily Express* verlangte ziemlich überraschend nach neuen jungen Dichtern; jedoch nur nach solchen, die nicht verführt waren durch die ekelhafte Unklarheit von Pound und Eliot (zitiert als Autor von »O the moon shines bright on Mrs. Porter«[5]). Wir waren dankbar, diese Namen kennenzulernen: Wenn Douglas sie haßte, mußten sie gut sein. Douglas hätte seine Kinder lieber tot vor sich liegen gesehen, als sie von Radclyffe Hall verdorben zu wissen. Von Joyce und Lawrence natürlich ganz zu schweigen. Ivor Brown, ein Literat, der es hätte besser wissen müssen, bestätigte das Vorurteil der Kloakenpresse gegen Offenheit in der Literatur durch die Publikation eines Buches mit dem Titel *I Commit to the Flames* (Ich übergebe den Flammen). Der Titel war wörtlich gemeint, und natürlich sollten Lawrence und Joyce den allerersten Brennstoff abgeben. Das waren, wie ich schon sagte, großartige Zeiten, die Zeiten aufkommender arischer Reinlichkeit und des alten römischen Grußes.

Damals zog mich Joyce mehr an als Lawrence, hauptsächlich wegen meiner irischen Herkunft und meines Katholizismus. Dieser

Katholizismus war eine Abart aus Lancashire, die zumindest einen ziemlich unbekannten Familienmärtyrer hervorgebracht hatte und durch Heiraten in Einwandererfamilien aus Dublin und Tipperary aufgefrischt worden war. Im Alter von sechzehn Jahren verlor ich allmählich meinen Glauben, und mein Geschichtslehrer, ein Ire aus Liverpool, erklärte mir, daß in Joyces *A Portrait of the Artist as a Young Man* (JUGENDBILDNIS DES DICHTERS) eine rationale Rechtfertigung für diesen schmerzhaft irrationalen Prozeß zu finden sein könnte. Ich wußte nicht, warum ich vom Glauben abfiel, doch Joyces Held wußte es offensichtlich. Als ich Vater Arnells Predigt über die Hölle las, machte mich der Schreck, wie Stephen Dedalus, wieder zu einem guten Sohn der Kirche und hielt mich mindestens sechs Wochen lang von den Verführungen der Sünde, d.h. in erster Linie von großer Literatur, fern. Als ich siebzehn war, wußte ich, daß die Hölle wahrscheinlich ein Märchen war. Ich konnte, dachte ich, nun problemlos ein abgefallener Katholik werden und im entrückten Zustand ästhetischer Ruhe Joyce lesen. Mein Geschichtslehrer importierte die Odyssey-Press-Ausgabe von *Ulysses* aus Nazi-Deutschland, und ich wurde eine Art Joyceaner und bin es geblieben.

Niemand kann, so macht man uns glauben, gleichzeitig Joyceaner und Laurentianer sein. Richard Aldington, Lawrences bester Biograph und einer seiner besten Kritiker, weist irgendwo darauf hin, daß der joyceanische und der laurentianische künstlerische Ansatz diametral entgegengesetzt seien. »Joyce geht es um das Sein, Lawrence um das Werden.« Ich greife diesen Punkt auf: Es gibt eine Art mittelalterlicher Statik bei Joyce, und *Ulysses* ist voll von Aristoteles und Thomas von Aquin. Lawrence ist in Bewegung, flüssig, sieht Überzeugungen als Produkte von emotionalen oder sinnlichen Zuständen, die, ihrer Natur nach, Veränderungen unterworfen sind. Joyces Stil zeichnet sich durch Sparsamkeit und Exaktheit aus, bei Lawrence hingegen herrscht Weitschweifigkeit: Er sucht noch nach dem, was er sagen will, während er es schon ausspricht. Kein Schriftsteller würde sich je Lawrence als Vorbild wählen; *Ulysses* hingegen ist ein Handbuch literarischer Technik. Als ich Joyce entdeckt hatte, war ich zunächst nicht begierig, Lawrence zu lesen.

Der Stil der Bücher von ihm, die man in der Leihbücherei bekam, war nicht unmittelbar anziehend: Er war kein Neuerer, wie es Joyce auf so spektakuläre Art war (die einzelnen Fortsetzungen des Buches, das wir als *Work in Progress*[6] kannten, erschienen damals gerade). Tatsächlich wollte man in den Dreißigern nur ein einziges Buch von Lawrence lesen, nämlich jenes, dessen Lektüre verboten war: *Lady Chatterley's Lover.* Laurentianer wie Huxley und Aldington waren damals populärer als der Meister selbst. Und die Bücher, die über Lawrence geschrieben wurden, stellten den Menschen und Pseudopropheten übermäßig heraus, während sie den Schriftsteller ignorierten. Middleton Murrys *Son of Woman* (Sohn der Frau) war eine schleimige Angelegenheit. Kein wichtiger Kritiker befaßte sich mit Lawrences literarischer Technik; T. S. Eliot erwähnte ihn in *After Strange Gods* (Nach Fremden Göttern) nur, um ihn als Ketzer zu verdammen. Ein Verweis auf *The Man Who Died* (DER MANN, DER GESTORBEN WAR) in Huxleys *Eyeless in Gaza* (GEBLENDET IN GAZA) brachte einige von uns zu diesem kurzen Meisterwerk, dessen Blasphemien James Douglas unerklärlicherweise entgangen waren, doch der Christus, der von den Toten auferstand, um sich, flüchtig und heftig wie ein Hahn, mit einer Priesterin der Isis zu paaren, schockierte eher den orthodoxen Glauben als die eigene literarische Sensibilität. Die Autorin von *Gone With the Wind* (VOM WINDE VERWEHT) hatte die Erzählung offenbar gelesen: Ihr Schluß ist mit dem Lawrences identisch. (Auch *Ulysses* hatte sie gelesen: »Gone with the wind. Hosts at Mullaghmast and Tara of the kings . . .«) Die Literaturhistoriker bestätigen, daß Lawrence von seinem Tod bis zum Ausbruch des Zweiten Weltkriegs als zweifelhafter Prophet bekannt war, während der Schriftsteller völlig ignoriert wurde. Er hatte ein schmutziges Buch geschrieben, und eine Ausstellung mit schmutzigen Gemälden von ihm hatte die Polizei auf den Plan gerufen; die Brillanz von *Sons and Lovers* und *Women in Love* (LIEBENDE FRAUEN) war entweder noch nicht erkannt worden oder war nun überschattet.

Als ich 1937 begann, mich auf einen Abschluß in Anglistik an der Universität von Manchester vorzubereiten, gab es Anzeichen, daß Lawrence bald als Stilist ernst genommen werden könnte. Das

Anglistische Seminar stand unter der Leitung von Professor H. B. Charlton, dessen Spezialgebiet Robert Browning (1812-89) war und der Gerald Manley Hopkins (1844-89) für einen jungen Emporkömmling hielt, aber mein Studienleiter war L. C. Knights, der in Cambridge promoviert hatte, ein Anhänger von Leavis[7] und einer der Redakteure von *Scrutiny*. Die Neuerung von I. A. Richards[8], getreu der wissenschaftlichen Tradition Cambridges, einen literarischen Text unter dem kritischen Mikroskop zu untersuchen, hatte in Knights Seminaren in Lime Grove Einzug gehalten, und einmal pro Woche machten wir uns daran, Worte zu wägen, Bilder zu prüfen und Rhythmen zu messen in vervielfältigten kurzen Auszügen aus Werken, deren Autoren ungenannt blieben, damit ihr Ruhm das unvoreingenommene Auge nicht blenden konnte. Eine dieser Passagen war die folgende:

> Aber rings um sie her waren Himmel und Erde voll Fruchtbarkeit, und wie hätte das je anders werden sollen? Sie spürten den Andrang der Säfte im Frühling, sie kannten die Woge, die nicht innezuhalten vermag, die jedes Jahr den zeugenden Samen auswirft und verebbend das Neugeborene auf der Erde zurückläßt. Sie wußten von der Berührung zwischen Himmel und Erde, vom Sonnenstrahl, der in Brust und Schoß dringt, vom Regen, eingesogen bei Tage, von der Nacktheit, die mit dem Herbstwind kommt und die Vogelnester entblößt, die es nicht länger mehr wert sind, verborgen zu werden. Ihre Daseinsbeziehungen waren so, daß sie Puls und Leib der Erdkrume spürten, die sich ihnen öffnete, um das Samenkorn zu empfangen, die hinter ihrem Pflug weich und geschmeidig dalag und sich ihnen mit ziehendem Gewicht, wie aus Begehren, an die Füße heftete und die hart und starr lag, wenn die Ernte reif war zum Schnitt. Das junge Getreide wogte seidig, und sein Schimmer glitt an den Schenkeln der Männer entlang, die es mähten.
>
> Sie griffen das Euter der Kühe, und die Kühe gaben ihre Milch und ihren Puls in die Hände der Männer, das Pulsieren des Blutes der Zitzen der Kühe schlug in den Puls der Hände

der Männer. Sie bestiegen ihre Pferde und hielten Leben im Zugriff ihrer Knie, sie schirrten ihre Pferde vor den Wagen und lenkten mit der Hand am Zaum die Zugkraft der Pferde nach ihrem Willen.

Dies, aus der zweiten Seite von *The Rainbow*, ist ein Teil der Beschreibung des Lebens auf dem Hof der Brangwens. Uns wurde nicht nur versichert, dies sei gute Prosa: Wir wurden ermuntert, das Pulsieren des Blutes der Zitzen des Rhythmus zu fühlen, und wir fanden organische Wahrheit und andere hübsche Dinge darin. Der Himmel weiß, was gute Prosa ist. Wenn es sich dabei, wie es den Anschein hat, um eine Aneinanderreihung von Worten handelt, die dem Thema so angepaßt ist, daß wir eher den Eindruck lebendiger Haut als eines übergestreiften Handschuhs haben, dann kann man Lawrences Kunstfertigkeit hier nicht in Abrede stellen – solange wir ganz genau wissen, was das Thema ist. Das Thema ist offenbar weder die eintönige Landarbeit noch der Ablauf des agrarischen Kalenders: Es ist eine Art von mystisch-sinnlicher Verbindung zwischen Mensch und Erde – speziell zwischen dem laurentianischen Menschen und der laurentianischen Erde –, nicht ganz leicht zu akzeptieren und ziemlich einfach zu parodieren (wie in *Cold Comfort Farm*[9]). In den Begriffen von Lawrences besonderem Mystizismus hat das Sinn: Die Erfolge gehören einem Schriftsteller, der Risiken eingeht und darauf vertraut, daß sein Wagnis nicht als Unsinn abgetan wird. (Was ist dieser »Puls und Leib der Erdkrume«? Wie dringt der Sonnenstrahl in den Schoß? Wie gleitet der Schimmer des Getreides an den Schenkeln der Männer entlang, die es mähen?) Das ist nur dann gute Prosa, wenn *The Rainbow* als Roman funktioniert. Ob er das tat oder nicht, war in einem Seminar für praktische Kritik nicht Gegenstand der Untersuchung. Aber für mich, den jene »organischen« Rhythmen bewegt hatten, bildete die Passage eine schmale Gasse in das Ganze des Lawrenceschen Landes. Man gab mir ein Exemplar der ungekürzten »Lady Chatterley« und schaffte damit Lawrence als Sex-Apostel aus dem Weg; nun war ich frei, ihn ernsthaft zu lesen.

Andere, die ihn ernsthaft lasen, und das traf meinem Gefühl nach sicher auf den Cambridge-Kreis zu, suchten weniger Vergnügen und Erleuchtung als die Gewißheit, daß der proletarische Roman existierte. Es war die Zeit der »pansy left« (der weibischen Linken), wie Orwell das nannte, die Zeit des spanischen Bürgerkriegs, des Umschwungs in der Tory-Partei, der jedoch nicht marxistisch geprägt war, der Prahlerei, massiver Arbeitslosigkeit, des Überwachungsstaats, der Unzufriedenheit mit dem, was man die bürgerliche Literatur nannte. Es entstand ein Durcheinander von proletarischen und bäuerlichen Subkulturen in den Köpfen jener, die von beidem wenig verstanden. Es gab eine Sehnsucht (zum Beispiel in Q. D. Leavis' *Fiction and The Reading Public* [10]) nach einer Periode in der britischen Kulturgeschichte, die wahrscheinlich niemals existiert hatte – eine Zeit ehrlicher Wortinhalte, als Wörter noch mit der Drehbank und der Schmiede, sowie mit dem Pflug und dem Mist im Kuhstall verbunden waren. Ein Ausdruck von Gerald Manley Hopkins, der von dem Leavis-Kreis häufig verwendet wurde und der eine gleichzeitig moralische und ästhetische Wahrheit zu bezeichnen schien, war »the thew and sinew of the language« (der Muskel und die Sehne der Sprache). Es gab reichlich Muskeln und Sehnen bei Lawrence, ebenso wie Lenden und Nervenbahnen. Lawrence verkündete uns in seinen Romanen und prophetischen Schriften, daß der westliche Industrialismus zusammenbreche und das bürgerliche Christentum tot sei, daß die Rettung in einer Rückkehr zu einem Leben der Zeugungskraft und der Triebe liege. William Blake hatte Ähnliches über hundert Jahre früher gesagt, und auch er war sozusagen ein pastoraler Proletarier gewesen. Als 1939 der Krieg ausbrach, wurde praktisch jeder Prophet, der den Untergang vorausgesagt hatte, ernst genommen, und Untergangsprophezeiungen wurden selbst dort entdeckt, wo sie nicht intendiert waren. Das letzte große Werk, das in Friedenszeiten erschien, war Joyces *Finnegans Wake*. Es ähnelte dem, was Haydn in seiner *Schöpfung* »Vorstellung des Chaos« genannt hat, doch in Wirklichkeit war es eine Anleitung zur Wiederherstellung jeder beliebigen Welt nach ihrem Zusammenbruch. Die Welt der dreißiger Jahre brach, äußerst angemessen, erst zusammen, als Europa 1940 zusammenbrach, und nach dem Tod von Virginia Woolf und James Joyce im Jahr 1941 schien es, als sei die Stunde gekommen, zu überlegen – wenn einem Zeit dazu blieb –, inwieweit Literatur uns auf die schlechten Zeiten, die vor uns lagen, vorbereitet hatte. Es erwies sich als möglich, die Literatur der vergangenen fünfzig Jahre in Strömungen einzuteilen, die mit bestimmten Auffassungen von der menschlichen Natur korrespondierten, und Lawrence paßte aufs Haar in eine Kategorie mit dem Etikett Naturmensch.

Die Literatur des Naturmenschen war eine Reaktion auf die Doktrin vom Fortschrittsmenschen, deren Hauptprophet H. G. Wells gewesen war. Wells verneinte die Gültigkeit der augustinisch-christlichen Auffassung des Menschen als krankes, verlorenes Geschöpf, in die Erbsünde geboren und um Erlösung bettelnd: Der Mensch konnte vollkommen werden und, mit Hilfe der Naturwissenschaft, der Technologie, rationaler Erziehung und eines gut organisierten Staates, ein utopisches Leben verwirklichen, in welchem die Monster Krankheit, Unwissenheit und Not besiegt würden, jeder Nationalismus abstürbe und mit dem Nationalismus auch der Krieg. Dieser Optimismus drückte sich bei Bernard Shaw, ein Fabier wie Wells, anders aus[11]. Er träumte von einem Übermenschen, dessen Lebensspanne die Kreative Evolution auf mehrere Jahrhunderte verlängert hatte: Viel zu jung, um unsere aktuellen Probleme zu bewältigen, müssen wir lernen, erwachsen zu werden. Der wissenschaftliche Liberalismus, für den das Böse nur Produkt einer unvollkommenen Umwelt und aggressiver Nationalismus nur ein Wachstumsschmerz der Menschheit war, überlebte den Ersten Weltkrieg trotz der Tatsache, daß Deutschland, das Land mit der höchsten Bildung in der Welt und zur Schaffung des utopischen Staates am besten ausgestattet, Europa innerhalb von vier Jahren mit einer Barbarei zerstörte, die der fortschrittlichen Naturwissenschaft viel verdankte. Es erwies sich für Wells als unmöglich, seinen erleuchteten Optimismus beizubehalten, als der Zweite Weltkrieg kam: Der *homo sapiens* hatte versagt und mußte nun einer weniger selbstmörderischen Lebensform weichen. »Ihr Dummköpfe,« schrie er. »Ihr *verdammten* Dummköpfe.«

In den Zwanzigern schien Ernest Hemingway die Stimme des Naturmenschen zu sein, der gegen den explodierenden wissenschaftlichen Liberalismus opponiert: Er produzierte eine neue Art des Helden, der rationales Denken hintanstellt und sich auf seine Nerven und Instinkte verläßt: Doch ist er nur fast ein Tier, denn er akzeptiert fraglos einen pubertären Ehrenkodex und eine Definition von Mut als »Würde im Unglück«. Hemingway entwickelte einen literarischen Stil, der sich sehr gut seinem verminderten (oder gereinigten) Menschenbild anpaßte. Mit Hilfe von GertrudeStein sah er, daß der alte zusammengesetzte Satz aus dem Zeitalter des Optimismus in einer Epoche der Desillusionierung falsch klang. Prosa muß nackt und einfach sein, repetitiv, kunstlos aussehen und doch Produkt einer äußerst durchdachten Kunstfertigkeit sein. Vielleicht ist Hemingways Stil die größte literarische Erneuerung unseres Jahrhunderts. Sowohl Eliot wie Joyce setzen auf die ironische Wiedererweckung toter literarischer Formen und unterstellen dabei dem Leser eine Kenntnis der Literaturen vergangener Epochen. Hemingway fängt noch einmal bei null an. Neben ihm sieht Lawrence sehr altmodisch aus, doch lehnte er die rationale Zivilisation, die im Ersten Weltkrieg unterging, schon ab, als Hemingway noch ein Schuljunge war. Auf eine Weise verhält sich sein Kult des Naturmenschen komplementär zu Hemingways: Hemingways Helden sind einsame Männer, häufig mit Gewehren; Lawrences kämpfen gegen Frauen, wenn sie diese gerade einmal nicht lieben. *Sons and Lovers* auf der einen, *Men without Women* (MÄNNER OHNE FRAUEN) auf der anderen Seite.

Eine epische Literatur, deren Thema der Unvollkommene Mensch war, schien in den vierziger Jahren und danach die reale Situation des Menschen genauer zu treffen als der edwardianische Optimismus von Wells oder der Antiintellektualismus von Lawrence und Hemingway. Franz Kafka galt als die vielleicht einflußreichste europäische Figur, mit seinen fremdartigen Allegorien über unerklärliche Schuld und groteske Bestrafung. Die Erbsünde kehrte zurück. Huxley, der Lawrence über alle Maßen bewunderte, doch zu intellektuell war, um ihm in jedem Punkt zu folgen, hatte bereits in *Brave New World* den wissenschaftlichen Fortschrittsglauben karikiert; in *Eyeless in Gaza*, *After Many a Summer* (NACH VIELEN SOMMERN), *Time Must Have a Stop* (ZEIT MUSS ENDEN) und

Ape and Essence (AFFE UND WESEN) ist der Mensch eine armselige, gespaltene Kreatur, der es nicht gelungen ist, das Verlangen ihres Selbst loszuwerden; er bedarf des göttlichen Lichts und ihm wird, mit der großen didaktischen Ausführlichkeit, die ein Erbe Lawrences ist, erklärt, wie er es erreicht. Evelyn Waugh und Graham Greene suchten ihr Heil in der Katholischen Kirche, und Greene fand im theologischen Bösen einen brauchbaren Romanstoff.

1960, nach einem Gerichtsverfahren von einiger Länge und Lächerlichkeit, war *Lady Chatterley's Lover* kein verbotenes Buch und Lawrence kein subversiver Autor mehr. Man zog ihm die Zähne, und er wurde ein harmloser Klassiker, also ein Autor, der in seiner Epoche aufgeht. Wenn man Romanhelden suchte, die der Gesellschaft die Stirn boten, griff man zu den amerikanischen Beat-Autoren. Lawrence hatte sozusagen seine Arbeit zur Propagierung sexueller Befreiung getan. Er war anerkannt als ein bemerkenswerter, wenn auch nachlässiger Naturdichter. Seine Romane wurden auf die Kinoleinwand übertragen, damit ihre sexuellen Botschaften ohne die Verschleierungen eines nicht mehr gängigen Prosastils gezeigt werden konnten.

Die diversen Kategorisierungen von Lawrence als Sex-Prophet, Stimme des Naturmenschen, mutwilliger und törichter Gegner sowohl von Religion wie Wissenschaft, scheinen mir seinen wahren Kern zu ignorieren. Er ist wie Tolstoi oder Hardy ein zu großer Autor, um ihn in eine Schublade zu pressen. Kein Romancier oder Lyriker hat sich mehr um die Darstellung der menschlichen Realität bemüht – bis zu dem Grad, daß er die Geduld verliert und die künstlerischen Mittel zu umgehen scheint, um nichts mehr zwischen den Leser und die Phänomene zu setzen. Seine Schriften kommen nicht gehobelt und poliert aus der Werkstatt: Wenn wir ihn lesen, befinden wir uns in dieser Werkstatt, sind Zeugen eines tastenden Entstehungsprozesses, in dem schulmäßige Fehler – Weitschweifigkeit, Wiederholung, offenkundige Sinnwidrigkeiten – spezifische Tugenden sind. Lawrence ist zu ungeduldig für literarische Techniken; wenn man ihn liest, fühlt man sich in Kontakt mit einer Persönlichkeit, die Form und rhetorische Regeln durchbrochen hat und einem gleichsam nackt gegenübersteht. Dieser Ansatz ist das genaue Gegenteil von James Joyces. Joyce schrieb über den Künstler, der seine Spuren verwischt, in seinem Werk nicht zu finden ist wie der Schöpfergott, der »seine Fingernägel schneidet«. Lawrence ist stets in seinem Werk vorhanden und kann daraus nicht entfernt werden: Jede Darstellung seines Werks muß gleichzeitig eine Darstellung seines Lebens sein. Was man ungenau als seine Philosophie bezeichnen kann, ist an den Menschen selbst gekoppelt. Seine Helden sind immer er selbst, wie seine Heldinnen immer die Frauen in seinem Leben sind. Doch wenn man vom laurentianischen »Selbst« spricht, so meint man keine leicht zu umreißende Einheit. Eine der lautesten Forderungen der Jugend unserer Epoche ist die, eine »Identität« finden zu müssen. Lawrence wußte, daß Identität nichts bedeutet; das Wichtige war Dasein, bloßes Sein. Wir erkennen menschliche Individuen an physischen Merkmalen und reduzieren sie zu Paßphotographien: Die »Persönlichkeit« ist ein Gesicht, das man einem Körper anheftet. Lawrence wußte, daß in ihm eine Masse Menschen war, kaum je in Einklang miteinander. Walt Whitman hatte ihm die richtige Antwort an all jene, die ihn der Unbeständigkeit ziehen, gegeben: »Wie? Ich widerspreche mir selbst? Nun gut, so widerspreche ich mir selbst. (Ich bin ja umfangreich, ich enthalte Massen.)«

Wenn Lawrence irrational war, dann deshalb, weil er erkannte, wie klein die Rolle der Vernunft im Lebensprozeß ist. Das Zentrum seiner Reaktionen auf die Außenwelt war der Solarplexus und nicht die Hirnrinde. Er schlug auf seinen Solarplexus, als er die Evolutionstheorie ablehnte, und sagte: »Ich fühle das nicht *hier*.« Nun, es gibt genügend wissenschaftliche Wahrheiten, die unsere Vernunft anerkennen muß, doch gibt es keinen vernünftigen Grund, daß unser Inneres und unsere Instinkte sich diesen immer beugen müssen. Die Alltagssprache sagt, die Sonne geht auf und unter: Wir haben keine unmittelbare Erfahrung der kopernikanischen Wahrheit. Man hat mir erklärt, wie Schwerkraft, Fernsehen und Flugzeugmotoren funktionieren, aber es gibt einen Teil in mir, der nicht überzeugt ist. Das Radio, das wir nun schon lange haben, klingt noch immer wie ein tägliches Wunder. Für Blake tauchte die Sonne noch nicht wie eine goldene Guinee im Meer unter: Er hörte die himmlischen Heerscharen singen »Holy, holy, holy«. Lawrence war genauso, und die Vernunft sagte, daß er unrecht hatte. Natürlich hatte er nicht nur unrecht, sondern er war sogar gefährlich, wenn er seine rationalen Gegner mit Behauptungen über die Weisheit des Solarplexus niederschrie. Er wäre für die Nazis als Prophet sehr nützlich gewesen, wenn er die Welt überzeugt hätte, daß die heilige Einbildung im Recht war, jüdisches Blut anders zu sehen als arisches – und zum Teufel mit dem Mikroskop.

Durch sein vorwissenschaftliches oder antirationales Element war Lawrence ein authentischer Wilder, eine Art Heide. Er war Animist, fand Götter in der Natur und konnte ebenso an den Quetzalcoatl der Azteken wie an die Aphrodite der Griechen glauben. Wenn wir ehrlich wären, müßten wir uns eingestehen, daß die alten Götter nicht durch den jüdischen Monotheismus ausgetrieben worden sind. Paulus konnte die Diana von Ephesos nicht mit einem Lachen als irrationale Erdichtung abtun: Sie war da, vielbrüstig, und mußte besiegt werden. Joyce nahm den griechischen Mythos als Schablone für seinen *Ulysses*, aber die griechischen Götter sind komisch. Für Lawrence sind sie kein Spaß: Die Welt ist zu komplex und zu lebendig, um nicht von Göttern und Göttinnen bevölkert zu sein, die kein Jesuskind austreiben kann. Als er im Sterben lag, waren bayerische Enziane Fackeln, die ihm den Weg in die Unterwelt Plutos und Proserpinas wiesen: Seine Lyrik war nie Wortspiel, dies war die Wahrheit.

Das mag alles Unsinn sein, aber unweigerlich schwingt in Lawrences persönlicher Religion, oder Religionen, stets ein verstörender Sinngehalt mit. Seine Bücher verstören immer. Auch wenn er, wie in *Women in Love* oder *The Plumed Serpent* (DIE GEFIEDERTE SCHLANGE), scheinbar den alten Pfad realistischen Erzählens einschlägt, verstört er uns, indem er seine Charaktere in eine mythische Region zu versetzen scheint, wo sie nicht länger gewöhnliche Menschen sind, sondern zu Göttern und Göttinnen werden. In *The Plumed Serpent* werden die drei Hauptfiguren buchstäblich in das aztekische Pantheon aufgenommen. In allen Romanen sind die Personen bekleidet, rauchen Zigaretten, diskutieren über *Pelléas et Mälisande*, trinken Tee, doch früher oder später benehmen sie sich merkwürdig, ihre Triebe siegen über die Vernunft, sie sind nackt statt angezogen, ihre Stimmen sprechen aus dem Unbewußten. Wir erkennen, daß sie sich wie Götter und Göttinnen verhalten. Einer der Schlüssel zum Verständnis des Alten Testaments ist die Erkenntnis, daß Jehova nicht rational ist und daß die menschliche Vernunft ein höchst unzureichendes Mittel ist, um dem Göttlichen zu begegnen; was im Himmel der wache Verstand ist, das ist hier der schlafende Verstand. Lawrences Welt ist das göttliche Unbewußte, und das nimmt sich zwischen den Stühlen, Zeitungen und Aschenbechern des modernen realistischen Romans höchst merkwürdig aus. Vielleicht hätte Lawrence *Paradise Lost* (DAS VERLORENE PARADIES) oder Blakes prophetische Schriften verfassen sollen: Er wurde – glücklicherweise, möchte man sagen – in eine literarische Tradition geboren, die Poesie auf Lyrik reduziert hatte und den Roman als Ersatz für das Epos ansah. Lawrences gesamtes Werk, Romane und Erzählungen, Dramen, Gedichte, Philosophie, Psychologie und Reisebücher, ganz zu schweigen von seinen Tausenden von Briefen, stellt insgesamt ein Ganzes dar, das man lesen sollte wie die Bibel (es ist sogar ein Werk namens *Apocalypse* darunter). Es verzeichnet die Abenteuer einer Persönlichkeit, was immer der Ausdruck bedeutet, und nicht einer Rasse, doch ist eine seiner Absichten die Erlösung einer Rasse. Er wollte sein eigenes Volk, die Briten, in ein gelobtes Land führen. Wie alle britischen Propheten predigte er in der Wüste.

2

Anfänge

Cyril, der ziemlich farblose Erzähler in Lawrences erstem Roman, *The White Peacock* (DER WEISSE PFAU), spricht für seinen Autor:

> Ich wurde im September geboren und liebe diesen Monat mehr als alle anderen. Bei der Maisernte plagen weder Hitze noch Durst, noch Müdigkeit wie beim Heumachen. Verspätet sich die Jahreszeit etwas, wie bei uns üblich, dann steht der Mais noch Mitte September in Hocken. Der Morgen kommt langsam. Die Erde ist wie eine verheiratete Frau, die verblüht; sie springt beim ersten frischen Kuß der Dämmerung nicht lachend auf, sondern bleibt langsam, ruhig und erwartungslos liegen und betrachtet das Anbrechen jedes neuen Tages. Der bläuliche Dunst, wie die Erinnerung im Auge einer vernachlässigten Ehefrau, verläßt den bewaldeten Hügel nie und kriecht erst gegen Mittag von den nahegelegenen Hecken.

Um genau zu sein, am 11. September 1885. Das ist pastorale Prosa, die Thomas Hardy manches verdankt, und doch war Lawrence der Sohn eines Bergmanns, der in der Zeche Brinsley in Eastwood, etwa zehn Meilen nordwestlich von Nottingham, arbeitete. Armut, Schmutz, industrielle Versklavung hätten seine Themen sein sollen, und er wäre ein echter proletarischer Autor geworden. Doch Eastwood sieht auf Felder und Bauernhöfe, und so machte Lawrence einen Bauern aus sich.

Eastwood war voller Bergmannshäuser, doch sind nie Slums daraus geworden. Heute ist es eine ordentliche Stadt, deren

Einwohner zumeist der unteren Mittelschicht angehören, mit Supermärkten, Videotheken, gepflegten Pubs, manierlichen Leuten. Die Manieren werden ein wenig schlechter, wenn man David Herbert Lawrence erwähnt. »Wir halten hier nicht viel von ihm«, erzählte mir der Wirt eines Pub. Bei meinem ersten Besuch in Eastwood – ich war noch ein Junge – lernte ich einige alte Männer kennen, die sich an Lawrences Vater erinnerten: »ein echter englischer Gentleman alter Schule«, während Bert Lawrence ein verhätscheltes Muttersöhnchen gewesen sei. Lawrence hatte Eastwood auf die literarische Landkarte gesetzt, was in England stets als unanständig empfunden wird, und er hatte die falsche Art von Literatur produziert: Familien aus Eastwood waren verleumdet und in einen Zusammenhang mit schmutzigem Sex gerückt worden; man hatte seine Bücher verboten; er selbst war mit einer Ausländerin durchgebrannt, der Frau eines Professors aus Nottingham. Ein paar Unternehmen haben mit Lawrences Ruf Geschäfte gemacht – ein Laden für Herrenbekleidung preist seine Ware mit dem Slogan »for sons and lovers« an, ein Fernsehgeräteverleih heißt Lawrenceville, und ein Café in der Walker Street wurde »The White Peacock« getauft –, doch ansonsten ist er nahezu unsichtbar. Dublin haßt James Joyce zwar noch immer, läßt aber die Bepflasterung der Hauswände mit Gedenktafeln zu – Bloom's Hotel, die Anna Livia Bridge, die von American Express gestiftete Büste des Autors auf Stephen's Green. Auch heute noch fällt es mir schwer, zu verstehen, warum Joyce, einem derart hermetischen Autor, diese Form der Verehrung zuteil wird, während man Lawrence, einen Mann des Volkes, mißachtet. Zugegeben, das Haus, in dem er aufgewachsen ist, steht noch und genießt ein gewisses Maß an halboffiziellem Schutz, aber niemand ist stolz darauf. Es läßt keinen Stolz aufkommen, zieht man einmal den Geist Lawrences davon ab: Eine armselige Hütte, die uns daran erinnert, wie die Armen einst leben mußten. In diesem Kaninchenloch zogen John Arthur und Lydia Lawrence fünf Kinder groß.

Der Cyril aus *The White Peacock* heißt mit Familiennamen Beardsall, der Mädchenname von Lydia Lawrence. Das erinnert uns an Shakespeare, der zu Ehren seiner Mutter einen ganzen Wald der Familie Arden widmete, während für den Vater nur der Schatten seines Sohnes blieb. Die Ehe der Lawrences war von Anfang an unglücklich, da beide zu unterschiedlicher Herkunft waren, und David Herbert glaubte seinen Vater zu hassen. John Arthur Lawrence war ein Schachtmeister, der für einen ganzen Stollen verantwortlich war, eine Art Vorarbeiter unter Bergleuten, während Lydia, deren Vater Maschinenmeister auf der Sheerness Werft war, an der Legende festhielt, von adliger Abkunft zu sein. Sie hatte an einer Privatschule unterrichtet, war belesen, sprach mustergültiges Englisch. Ihr Ehemann, der zu alt war, um noch von der Erziehungsreform von 1870 betroffen zu sein, las die Zeitung langsam buchstabierend und sprach starken Dialekt. Lydia war in einen frommen jungen Mann verliebt gewesen, dessen Wunsch, Priester zu werden, von seinem Vater vereitelt wurde und der zu schüchtern gewesen war, seine Zuneigung zu gestehen. Doch schenkte er Lydia eine Bibel, die sie ihr Leben lang behielt. Vier Jahre nach dieser unglücklichen Liebe begegnete sie John Arthur Lawrence bei einer Einladung in Nottingham und war von seiner äußeren Erscheinung hingerissen. Er war groß, muskulös, bärtig und seinerseits hingerissen von ihrer Zartheit, Sanftmut und der Aura einer vornehmen Welt, weit entfernt von seiner. Die Götter der Genetik arbeiten gerne mit der Anziehung von Gegensätzen. Es war eine katastrophale Ehe, aber sie brachte D. H. Lawrence hervor.

Kein Bergmann läßt sich gerne als arm und unterdrückt bezeichnen, wenn er nicht gerade streikt. John Arthur verdiente nicht schlecht, aber er vertrank viel. Seine Frau war eine militante Abstinenzlerin, Anhängerin des »Band of Hope«, und sie beschimpfte ihn, wenn er betrunken vom Pub nach Hause getorkelt kam. David Herbert erinnerte sich:

Outside the house an ash-tree hung its terrible whips,
And at night when the wind rose, the lash of the tree
Shrieked and slashed the wind, as a ship's
Weird rigging in a storm shrieks hideously.

Within the house two voices rose, a slender lash
Whistling she-delirious rage, and the dreadful sound

Of a male thong booming and bruising, until it had drowned
The other voice in a silence of blood, 'neath the noise of the ash.

Vor dem Haus hingen der Esche schreckliche Ruten,
Und wenn des Nachts der Wind sich erhob, schrie der Baum
Und peitschte den Wind, wie eines Schiffes
Gespenstische Takelage im Sturm entsetzlich schreit.

Drinnen im Haus erhoben sich zwei Stimmen, eine dünne
  Peitsche
Pfiff in tobendem Weibs-Delir, und der gräßliche Ton
Eines männlichen Gurtes dröhnte und schlug Wunden, bis er
  ertränkt'
Die andere Stimme in blutendem Schweigen, unter dem Lärm
  der Esche.

Der Vater ist nach Hause gekommen, aufgeräumt, beschwipst und liebevoll, doch die Mutter tobt wie eine Harpye. Es ist eine gewöhnliche, häßliche Situation, so alt wie Noahs Weinberg, doch David Herbert hat sie elementar und mythisch gemacht: Zu den beiden streitenden Stimmen gesellt sich die des Baumes, eines Weltbaumes, Yggdrasil (tatsächlich eine Esche), und das Leben selbst ist der wütende Antagonismus von Mann und Frau. In Lawrences eigenem Eheleben wurde oft geschrien und mit Tellern geworfen. Eheliche Auseinandersetzungen haben ihn vielleicht als Kind geängstigt, aber Männer mußten die Frauen erst im Kampf besiegen, bevor sie mit ihnen ins Bett gingen.

Obwohl der Junge zu seiner Mutter hielt, mußte der Dichter in ihm auf die einfache, sinnliche, leidenschaftliche Natur des Vaters reagieren. Eine rauhe und brutale Einfachheit. Kein abstrakter Gedanke, nicht einmal die vagen theologischen Vorstellungen der Independenten[12] hatte je die Panzerung seines Schädels durchdrungen (merkwürdig, daß T. S. Eliot dasselbe über Henry James sagt); sein Leben bestand aus Arbeit, Schnaps, Kaninchenjagd, gelegentlichen Reparaturen am Haus, der Kameradschaft im Pub. Und was die Leidenschaft (damals ein sehr schmutziges Wort im Norden) anlangte, so bestand sie aus jener Hahn-und-Henne-Geschichte, die Lawrence gutzuheißen schien. Die Mutter war gebildet, aber engstirnig, ziemlich blutarm, frömmlerisch. Ihr Ehrgeiz für ihre Kinder erschöpfte sich in dem Wunsch, sie in geordneten Verhältnissen irgendwo in einer Vorstadt zu wissen, mit einem pensionsberechtigten Schreibtischjob (der »Bürohengste«, wie der Vater das nannte, aus ihnen machte). Fromm und abstinent wie sie war, konnte sie einfach nicht sehen, daß ein Künstlerdasein dem des Bergmannes ähnlicher ist als dem eines Bankdirektors.

Der Dichter in David Herbert erkannte auch, daß sein Vater, wenn er seinen Frühstücksspeck am Feuer gebraten und das herabtropfende Fett mit seinem Brot aufgefangen hatte, durch die grüne Landschaft ging, um Tag für Tag ein Teil des unterirdischen Mythos zu werden. Er verschwand in der Erde, wie die sizilianische Schlange in seinem sehr viel späteren Gedicht, und wurde sozusagen Pluto, Wächter des dunklen Mysteriums, in dem das Feuer schlummert; brachte er Kohlen nach Hause, war er eine Art Prometheus. Wenn das Unbewußte eine so große Rolle im Werk Lawrences spielt, so vielleicht deshalb, weil während seiner Jugend eine physische Entsprechung dafür im Bergwerk existierte. Es gab da eine Parodie der drei Reiche Dantes: das Fegefeuer der öden, rauhen Stadt, vom Geheul der Betrunkenen erfüllt, das Paradies der Felder und Höfe, und der Ort, von dem die Kohle stammte. Obwohl sein Vater ihm angeblich gar nichts vererbt hat, hatte Lawrence einen Hang dazu, die männliche Gemeinschaft und die Werte eines körperlichen Selbstvertrauens zu verherrlichen. Ihm fehlte der muskulöse Körperbau eines Tieres, wie sein Vater ihn hatte, aber er wäre gerne ein gutes Tier gewesen. Ein gutes Tier zu sein, ist eines der Ziele seiner ersten Wildhüter-Figur, des Hegers in *The White Peacock*.

Obwohl Lawrence von seiner Mutter feines Englisch, King's English, lernte, stand er seinem Vater nahe genug, um dessen Derbyshire-Dialekt zu respektieren. Er beherrschte das gesamte linguistische System und schrieb einige seiner schönsten frühen Gedichte in diesem Dialekt. Später im Leben bediente er sich des Dialekts als Verteidigung – wenn er in einem Streit, besonders mit seiner Frau, den Kürzeren zu ziehen drohte, oder wenn er einer blassen

Respektsperson begegnete, die er wohl mit seiner Mutter in Verbindung brachte. Obwohl physisch kein Bergmannssohn – er war zart, extrem empfindlich und kein Anhänger rauher Sportarten – empfand er einen gewissen trotzigen Stolz auf seinen Körper. Sein Körper war schön, denn er war männlich, und einer der kleineren Schrecken des großen Krieges war, daß er diesen Körper der unangenehmen und lächerlichen Musterung durch Stabsärzte unterwerfen mußte, um zu sehen, ob er als Kanonenfutter taugte. In seiner Jugend fehlte ihm noch die animalische Ausstrahlung seines Vaters, aber er war auf andere Weise attraktiv: Die blauen Augen, die drahtige Figur, der intellektuelle Enthusiasmus, die Sprunghaftigkeit seines Wesens gefielen Frauen wie Männern. Gegen Ende seines Lebens, als er in Mexiko lebte, bildete er sich gerne ein, er sei ein Kondor oder ein Berglöwe, aber die Eingeborenen sahen einen Fuchs in ihm. Wegen seiner roten Haare und seiner ständigen Wachsamkeit. Er war nicht erfreut, doch die Eingeborenen hatten das richtige Totem gefunden. Er räuberte in den Hühnerställen der Bourgeoisie, und man verfolgte ihn bis in den Tod.

Die Erziehungsreform von 1870 schickte Lawrence in die Schule und lehrte ihn, Wörter aneinanderzureihen – in diesem Sinne war er ein proletarischer Schriftsteller. Doch war der britische Staat nicht daran interessiert, in seinen Grundschulen literarisches Talent zu fördern; er schien eher eine Rasse schlecht bezahlter Lohnschreiber, Bürohengste, züchten zu wollen, um Handel und Industrie zu dienen. Literatur bekam man nebenbei mit, aus der Bibel, wie John Bunyan. Und tatsächlich war Lawrence für die Bibel ebenso empfänglich wie für die eindringlichen Kirchenlieder der Independenten: Die Bilder von Galilea und Juda speisten seine Sehnsucht nach dem Fernen und Geheimnisvollen. Es war der Priester der Independenten, sein Taufpate, der ihm die Bruchstücke Französisch und Deutsch beibrachte, die er in seinen ersten Romanen zur Schau stellt. Er hatte eine rasche Auffassungsgabe und ein bemerkenswertes Gedächtnis. Die Fähigkeit, sich alles zu merken ohne die Hilfe jenes kleinen Notizbuches, das laut Samuel Butler jeder wahre Autor in der Jackentasche hat, ist einer seiner erstaunlichsten Charakterzüge. Der scharfe, registrierende Blick ist stets im Einsatz, im

Unterschied zu Joyce, der extrem lichtempfindlich war und sich daher mehr den Geräuschen widmete.

Lawrence war ein Mann mit großer visueller Begabung, dessen erstes Ziel es war, Maler zu werden. Seine erhaltenen Bilder zeugen von einer Freude an Farben, leiden jedoch an der mangelnden Ausbildung in Perspektive und Anatomie. Lawrence haßte jede Art von Unterricht in künstlerischer Technik. Er lehnte das Piano ab und mißtraute der »Kunst«-Musik: Man mußte Tonleitern üben, um jenes zu meistern, und diese war angefüllt mit harmonischem und kontrapunktischem Unsinn. Ein Gedicht oder gar einen Roman konnte man hingegen schreiben, ohne daß einem jemand etwas beibrachte. Lawrences literarisches Talent verwirklicht sich außerhalb der Regeln der Kunst. Man läßt die Dinge einfach aus sich herausfließen.

Er ging auf die Beauvale Volksschule, und mit zwölf Jahren gewann er ein Stipendium für die Nottingham High School. Er war nicht glücklich darüber. Er glaubte, daß die Strapazen der täglichen Zugfahrt seine schon immer schwächliche Gesundheit angriffen und den Grundstein zu der Lungenkrankheit legten, die ihn töten sollte. Mit fünfzehn stand er vor der Aufgabe, Arbeit zu finden, um seiner Mutter zu beweisen, daß er im Leben ebensogut vorankam wie sein älterer Bruder William Ernest, der bereits Karriere machte. William Ernest war in London und verdiente zehn Pfund in der Woche mit der Aussicht auf Beförderung. David Herbert schwitzte in der städtischen Bücherei über den Stellenanzeigen, sah sich bereits als »Gefangener des Industrialismus« und »versklavt«, doch bildete er sich ein, wenn er ohne Arbeit bliebe, würden die Leute im Ort über ihn spotten: »Wahrscheinlich liegt er seiner Mutter auf der Tasche.« Der Job, den er dann schließlich fand, war bei Messrs. Hayward of Nottingham, wo chirurgische und orthopädische Prothesen gefertigt wurden. Drei Monate lang arbeitete er als Hilfsbuchhalter für acht Shilling die Woche. Während dieser Zeit wurde die Familie Lawrence von einem schrecklichen Ereignis erschüttert, das allen den Wahnwitz vor Augen führte, Karriere machen zu wollen. Überarbeitung (und der Kummer wegen einer unglücklichen Liebesaffäre) hatten William Ernest entkräftet. Er bekam eine

Lungenentzündung und Wundrose und starb im Beisein der Mutter in seiner schäbigen Londoner Behausung. Das brach ihr das Herz, sie zog sich von den übrigen Kindern zurück und fiel in eine Erstarrung aus Trauer und Selbstvorwürfen. Daraus erwachte sie erst, als David Herbert mit der gleichen Lungenentzündung aus Nottingham nach Hause kam. Die Notwendigkeit, ihn zu pflegen, stellte sie psychisch wieder her. Der Sohn wurde ebenfalls gerettet – nicht nur vom Schicksal seines Bruders, sondern auch von den Qualen einer unliebsamen Arbeit. Der Arzt warnte die Eltern (obwohl Lawrence das später nie zugab) vor der Gefahr einer Tuberkulose und verordnete sechs Monate absolute Ruhe. Lawrence blieb sein Leben lang tuberkulös, doch weigerte er sich immer, das zu akzeptieren, und sprach lieber von Bronchialproblemen oder einer besonders starken Erkältung oder einer Grippe. Tuberkulose war ein schreckliches Wort. Nichtsdestoweniger war es die Tuberkulose, die ihn im Alter von vierundvierzig Jahren umbrachte.

Während des Winters 1901-02 entwickelte sich jene Dreieckskonstellation, die das Hauptthema von *Sons and Lovers* bildet. Lawrences hingebungsvolle Liebe zu seiner Mutter war immer erwidert worden, doch mußte sie ihre Liebe auf alle Kinder verteilen (für ihren Mann blieb nichts übrig) und den größten Anteil ihrem Ältesten geben. Während seiner Genesung beanspruchte Lawrence ihre Liebe ganz für sich allein und begann eine Beziehung, die manchem pathologisch erscheinen mag. Der pathologische Besitzanspruch der Mutter zeigt sich in ihrer Haltung zu einer Freundschaft, die Lawrence bereits früher geschlossen hatte und nun vertiefen konnte. Er war zu Besuch auf einem Bauernhof gewesen, der Haggs hieß und von der Familie Chambers geführt wurde. Mrs. Lawrence kannte die Familie aus den Gottesdiensten. Dabei hatte er die Tochter Jessie kennengelernt, ein vierzehnjähriges Mädchen, hübsch, intelligent, scheu, zurückhaltend und »von etwas hochfahrender Art«. Die Freundschaft mit Jessie war für Lawrence von allergrößter Bedeutung, und sie hat ihren festen Platz in seinen frühen Romanen – als Emily in *The White Peacock* und als Miriam in *Sons and Lovers* – und in einigen der Erzählungen. Seine Mutter legte beträchtliche Eifersucht an den Tag, als sie bemerkte, was Jessie für ihren Sohn bedeutete. Die Geschichte ist, wie wir noch sehen werden, in *Sons and Lovers* festgehalten.

Ich schreibe weder eine umfassende Biographie noch eine wissenschaftliche Studie über Lawrences Werk. Ich versuche die Wirkung dieses Werkes auf ein Temperament zu schildern, das wie seines zur Literatur getrieben wurde. *Anch'io sono pittore*, wie selbst der übelste Kleckser sagen kann, wenn er über Leonardo spricht. Ein Punkt bei Lawrence, den ich nicht leicht nachvollziehen kann, ist die Beziehung zu seiner Mutter. Und zwar deshalb, weil ich, wie viele der im Ersten Weltkrieg Geborenen, meine Mutter durch die Grippeepidemie, die nach dem Krieg wütete, verlor und sie daher niemals kannte. Das bedeutet, daß der Ödipuskomplex für mich eine Frage von rein akademischem Interesse ist und mir das Dreieck, in das Lawrence verstrickt war, wie eine vom Mars importierte Konfiguration erscheint. Die Bindung zwischen Mutter und Sohn hat in meinem Leben keine Rolle gespielt, und ich neige dazu, ihre Bedeutung anzuzweifeln. Wie sie in *Sons and Lovers* dargestellt wird, ist sie für mich eine entlegene Krankengeschichte, die durch Lawrences literarisches Genie in ein Gedicht verwandelt wurde. Daß Lawrence von einer lebenslangen Fixierung auf die Mutter nur durch einen Zufall bewahrt blieb, auf den wir später zu sprechen kommen, scheint sicher, doch die Beziehung mit Jessie Chambers, die emotional und sexuell hätte erfüllend sein müssen, war von Anfang an zum Scheitern verurteilt.

Auf der anderen Seite war es Jessie, die den Künstler in ihm ermutigte, und der Bauernhof und ihre gastliche Familie brachten ihn mit einem natürlichen, produktiven Rhythmus in Kontakt, der so ganz anders war als die klaustrophobische Atmosphäre seines Zuhauses. Natürlich war er gespalten. Er liebte die Dunkelheit des unschuldigen Schlafes bei seiner Mutter ebenso wie die winddurchwehte, sonnige Weite des Hofes. Jessie hätte ihn zum Mann machen können, aber er wollte lieber der kleine Junge seiner Mutter bleiben; das ging so weit, daß er sich weigerte, den sprießenden jungen Bart zu rasieren. Wenn er Jessie zur Frau machen wollte, so nur in dem Sinne, sie vom Hühnerhof und dem rauhen Umgangston ihrer Bauernbrüder zu lösen und in eine Welt der Bücher, Gedanken und

Kultur zu versetzen. Als Lawrence und seine Schwester Ada 1903 zur Ausbildung als Volksschullehrer ans Pupil Teacher Centre nach Ilkeston gingen, kam Jessie mit ihnen.

Lawrence war siebzehn und begann, sich seiner intellektuellen Fähigkeiten bewußt zu werden. In Ilkeston schätzte man seine schriftlichen Arbeiten; mit Jessie diskutierte er über Bücher; seine Schwester Ada spielte Chopin und Brahms für ihn auf dem Familienpiano, diesem Bindeglied zur vornehmen Gesellschaft. Die halbe Woche Bergarbeiterkinder zu unterrichten und die andere halbe Woche selbst unterrichtet zu werden, dabei viel von sich an unaufmerksame Lümmel zu verschwenden und wenig dafür zu bekommen, sei es Geld oder die nicht quantifizierbare Genugtuung, ein wenig Licht in die Welt gebracht zu haben, versetzte ihn in einen Zustand von Frustration und Erschöpfung – das übliche Los des Lehrers in einem Land, das der Pädagogik stets nur Geringschätzung entgegenbrachte. Da er den ganzen Tag im Klassenzimmer Worte verströmen mußte, ohne großen Erfolg, fühlte er kein Bedürfnis, in seiner Freizeit zu schreiben. Bis zwanzig war er ein Hobbymaler. 1905 schlug er Jessie vor, sich gemeinsam ein wenig in der Poesie zu versuchen: Er war zu scheu, hatte zuviel Angst, von der Mittelschicht als Bergmannssohn abgelehnt zu werden, um sich mit seinen Worten an die Öffentlichkeit zu wagen. Sein erster Schritt in die Literatur war eine Zusammenarbeit in dem Sinn, daß Jessie eine Art ästhetische Verantwortung für das, was er schrieb, übernahm: Er machte die Arbeit, doch die Entscheidung, ob sie gut oder schlecht war, lastete allein auf ihren Schultern. Er schrieb Gedichte, später Erzählungen. 1907 setzte eine Zeitung einen Preis von drei Guineen für eine Short story aus: Er sandte zwei unter seinem eigenen und eine unter Jessies Namen ein. Sie waren sich im klaren über den Wert ihrer Produkte: Dasjenige mit Jessie Chambers' Namen, konventionell und rührselig, gewann den Preis leicht; die anderen, in denen bereits ernsthafte Kunst versucht wurde, blieben ohne jeden Erfolg. Von Anfang an wußte Lawrence alles über den Literaturmarkt: Es gab zwei streng geschiedene Arten von Literatur, eine reine und eine nachgemachte, und dies war ein Effekt der Erziehungsreform von 1870, die das Phänomen des Lesefutters fürs

Proletariat geschaffen hatte. Während Lawrence arbeitete, malte und zu schreiben versuchte, bereitete er sich gleichzeitig auf sein Studium an der Universität von Nottingham vor. Er gewann ein Universitätsstipendium (King's Scholarship) und war gerade einundzwanzig, als er eine zweijährige Ausbildung im sogenannten Normal Department begann. Hier hatte er Französischunterricht bei Ernest Weekley, mit dessen Frau er später durchbrennen sollte. Und er arbeitete an seinem ersten Roman, schrieb und korrigierte mit einer Sorgfalt, die er in seinem reiferen Werk nicht mehr für notwendig erachtete. Dann erhielt er – nach einer Prüfung, in der er sich in sämtlichen Fächern außer Englisch auszeichnete – sein Lehrerdiplom und zog in den Süden, wo er an einer Schule in Croydon unterrichtete. Dort entdeckte er die Zeitschrift *The English Review*, die Ford Madox Hueffer herausgab, und nach langem Ringen mit seiner Schüchternheit und Unentschiedenheit, maskiert durch die Arroganz des Künstlers, dessen Werk zu gut für diese Welt ist, befand er, daß er eigentlich auch ein paar Beiträge einsenden könnte. Oder vielmehr war es Jessie, die sie einsenden mußte: Wurden sie abgelehnt, war es allein ihre Schuld. Hueffer bekam drei Gedichte und die Erzählung »Odour of Chrysanthemums« (CHRYSANTHEMENDUFT). Er hatte als Herausgeber vielleicht das feinste Gespür in seiner Zeit, wenn nicht gar in diesem Jahrhundert, und es genügte ihm, den ersten Abschnitt der Erzählung zu lesen:

> Die Klein-Lokomotive Nummer vier kam mit sieben vollen Loren rasselnd von Selston heruntergetorkelt. Mit bedrohlichen Anzeichen hoher Geschwindigkeit tauchte sie hinter der Kurve auf. Das Fohlen jedoch, das sie aus dem Ginster aufgescheucht hatte, der im unfreundlichen Nachmittagslicht noch immer verschwommen flackerte, ließ mit seinem leichten Galopp die Lokomotive rasch hinter sich. Eine Frau, die auf dem Geleise nach Underwood gehen wollte, drückte sich in die Hecke hinein, hielt den Korb auf die Seite und blickte auf die Fußplatte der sich nähernden Lokomotive. . .

Weiter las er nicht; er erkannte Qualität. Lawrences Karriere begann. Er und Jessie aßen mit Hueffer in London zu Mittag und trafen Ezra Pound. Vermutlich ohne es zu wissen, war der Dichter Lawrence wegen seiner mangelnden Geduld mit literarischen Techniken ins Zentrum der Moderne gesprungen, indem er seinen Gedichten jenes Prosa-Element beigab, das nach Ansicht von Hueffer und Pound notwendig war im Prozeß der Überwindung des »Georgianismus« – abgelebte romantische Rhythmen, »poetische« Inversionen, Gefühle aus zweiter Hand. In seinem Frühwerk hatte Lawrence gelegentlich noch die ihm von seinem Dialekt vertraute Anredeform »thee« und »thou« benutzt, statt des modernen »you«, und Inversionen wie »sweet it is« stellten ein unentschlossenes Tribut an den damaligen Poesiebegriff dar. Doch selbst die frühesten Gedichte sind schon ausgereift in dem Sinne, daß sie wissen, was sie tun: Etwas muß ausgedrückt werden, und zwar dringend; es ist nicht so, daß dem Dichter plötzlich eingefallen wäre, ein Gedicht zu schreiben:

I have opened the windows to warm my hands on the sill
Where the sunlight soaks the stone: the afternoon
Is full of dreams, my love; the boys are still
In a wistful dream of Lorna Doone.

The clink of the shunting engines is sharp and fine
Like savage music striking far off; and there
On the great blue palace at Sydenham, lights stir and shine
Where the glass is domed on the silent air.

Ich habe die Fenster geöffnet und wärme meine Hände dort,
wo der Stein das Sonnenlicht einsog: der Nachmittag nun
ist voller Träume, Liebling; die Jungen sind weit fort
in einem sehnsuchtsvollen Traum von Lorna Doone.

Der Metallklang der Loks auf dem Abstellgleis ist scharf und rein
Wie eine wilde Musik, die von weither klingt; und da
Auf dem großen blauen Palast von Sydenham spielt
 Sonnenschein,
Wo Glas sich kuppelt über stiller Luft ganz nah.

Schließlich erhielt Hueffer das Manuskript von *The White Peacock*. Während einer Busfahrt durch London mit dessen Autor gab er sein Urteil ab: »Er hat sämtliche Fehler, die ein englischer Roman haben kann.« Aber er fügte hinzu: »Sie haben Genie.« Lawrence kommentierte später bissig: »In der ersten Zeit sagten mir immer alle, ich hätte Genie – wie um mich zu trösten, daß ich nicht ihre unvergleichlichen Vorzüge besäße.« Da spricht das Arbeiterkind: »Genie« entschuldigte sein linkisches Benehmen in bürgerlichen Künstlerkreisen, seinen unfeinen Akzent etwa und seine provinzielle Erziehung. Er wurde vom literarischen Establishment akzeptiert, aber mit unausgesprochenem Vorbehalt, und stets begegnete er allem, was nach Protektion aussah, mit Mißtrauen. Immerhin reihte er sich unter die edwardianischen Romanciers ein. Auf Hueffers Empfehlung hin nahm der Verlag William Heinemann das Buch an, und Lawrence erhielt einen Vorschuß von fünfzig Pfund. Wie groß meine Unterlegenheit gegenüber Lawrence auf dem Gebiet des Romans auch sein mag, so bin ich doch stolz darauf, für meinen eigenen Romanerstling die genau gleiche Summe als Vorschuß erhalten zu haben, und zwar vom selben Verleger. Das jedoch war fünfzig Jahre später.

Die meisten Biographen Lawrences kritisieren Hueffer wegen seiner herablassenden Haltung dem ersten Roman eines großen Autors gegenüber, doch wir sollten nicht vergessen, daß Hueffer – unter seinem nach dem Krieg von deutschem Einschlag befreiten Namen Ford Madox Ford – als einer der großen britischen Romanciers dieses Jahrhunderts in die Geschichte einging, trotz all der wertlosen Lohnschreibereien, die er am laufenden Band produzierte, um sein Brot zu verdienen. Die Tetralogie *Parade's End*, in der britischen Ausgabe schändlicherweise zu einer Trilogie verkürzt (was ich dem Herausgeber, Graham Greene, nie verzeihen werde), ist der beste aller Romane über den Ersten Weltkrieg und eine erstaunliche Studie über den Verfall der britischen Gesellschaft, für den dieser Krieg eher ein Symptom war als der eigentliche Grund; *The Fifth Queen* ist wohl der beste historische Roman, der je geschrieben wurde; *The Good Soldier* (DIE ALLERTRAURIGSTE GESCHICHTE) hat Tiefe und ist erzähltechnisch wegweisend. Ford, der unter dem Einfluß der großen französischen Stilisten, allen voran Flaubert, stand, war ebenso wie sein Freund und Mitarbeiter Conrad besessen von Problemem der Erzähltechnik, und in Lawrence sah er unweigerlich einen primitiven Autor, der an diese Problematik nicht einmal gedacht hatte. Er bewunderte die Kraft, aber er mißbilligte, was für ihn mangelnde Sorgfalt, Wiederholungen, ein Kriechen vor literarischen Traditionen und Verachtung moderner Stilmittel waren. In seinen Augen war der erste Roman wenig mehr als ein mittelmäßiges Stück edwardianische Prosa. Abgesehen natürlich vom »Genie«.

Lawrences Mutter hatte Krebs und lag mittlerweile im Sterben. Der Vorschuß von fünfzig Pfund ging an einen Arzt, einen Spezialisten, der allerdings zu spät herangezogen wurde. Immer dringender verlangte Lawrence nun ein gedrucktes und gebundenes Exemplar seines Buches, um es der sterbenden Mutter in die Hände zu legen – nicht als die erste künstlerische Leistung, sondern als Beweis seiner ernsten Absicht, »in der Welt voranzukommen«. Wenn sie in der Lage gewesen wäre, den Roman zu lesen, hätte sie darin diverse indirekte Huldigungen an sich gefunden – eine höchst moralische Anprangerung des Dämons Alkohol, die Erhebung der von ihr zusammengehaltenen Familie in soziale Höhen, die im wirklichen Leben unerreichbar waren, die völlige Ablehnung des Vaters, der diese Familie gezeugt hatte. Sie starb zumindest in dem Bewußtsein, daß ihr geliebter Sohn etwas aus seinem Leben machte. Durch ihren Tod stürzte sie Lawrence in eine Verzweiflung, die letztlich nur durch die Schaffung eines Meisterwerkes überwunden werden konnte. Indem er die Mutter aus dem Totenreich zurückholte und in *Sons and Lovers* zu neuem Leben erweckte, errang sie aus dem Grab heraus den Sieg über ihre Rivalin, Jessie. Jede Möglichkeit, daß die lange Jugendfreundschaft sich nun zu reifer Liebe entfalten könnte, war damit ausgeschlossen: Jessie gehörte in seine Jugend, als die Mutter noch am Leben war, und ein großer Teil ihrer Wirklichkeit hatte im Konflikt zwischen der Frau und dem Mädchen bestanden. Jessie hätte härter kämpfen sollen; ihr Heldenmut war echt, jedoch der einer Heiligen und damit negativ. Sie hätte beide, Mutter und Sohn, angreifen sollen; stattdessen war sie die Märtyrerin oder

Zeugin eines sich entfaltenden Talentes, nährte eine stumme Liebe und wurde schließlich brutal verstoßen. Lawrence lernte ein anderes Mädchen kennen, Louie Burrows, und verlobte sich mit ihr in einer Art wahnsinniger Selbstaufgabe. Das Verlöbnis hielt nicht und konnte nicht halten. Eine stärkere weibliche Kraft war nötig, um ihn seiner Jugend zu entreißen und den Bann seiner Mutter zu brechen. Doch sein Schreiben half ihm dabei.

Wir werden *Sons and Lovers* am chronologisch richtigen Ort zu betrachten haben. Im Moment muß noch einiges über die Bücher, die eine Vorbereitung darauf darstellen, gesagt werden. *The White Peacock* kam 1911 heraus, und seine Frische und Originalität haben in den über siebzig Jahren kaum abgenommen. Die Kritiker ignorierten das Buch entweder, oder, noch schlimmer, protegierten es. Die einzige Kritik, wenn man das so nennen kann, die heute noch erwähnenswert ist, stammt von Lawrences Vater, der sich mit der ersten Seite abmühte und dann aufgab. »Und was ha'm se dir dafür gezahlt, Junge?« – »Fünfzig Pfund, Vater.« – »Fünfzig Pfund! Und dabei has' du in dei'm Leb'n kein' Tag gearbeitet.« Über eine so brutale und spießbürgerliche Persönlichkeit war bereits im Roman der Stab gebrochen worden. Die Beardsalls sind die Lawrences, befreit vom ältesten Lawrence, der weit weg von ihnen mit vom Alkohol durchlöcherten Nieren im Sterben liegt. Er schickt einen rührseligen, reuigen Brief, der kein Mitleid weckt, und stirbt dann. Die Beardsalls kommen zu viertausend Pfund und leben wie armer Landadel. Lettice (einer von Ada Lawrences Taufnamen) bereitet sich auf die Hochzeit mit dem Sohn eines Minenbesitzers vor. Lawrence, der Cyril des Buches, hatte von einem Landsitz und dreißig Shilling pro Woche geträumt, wo er mit seiner Mutter leben und ihr bei der Hausarbeit helfen würde, wenn er nicht gerade malte oder Shelley las. Hier wird dieser Traum mehr als verwirklicht. Die Mutter wird etwas im Hintergrund gehalten, während Lettice einen Großteil der Bühne beherrscht, um ihre Schönheit, Eleganz und ihre Kenntnisse ausländischer Literatur zu verbreiten. Es ist, kann man sagen, ein ziemlich snobistisches Bild, in dem selbst die Nachbarn der Beardsalls, nach der Familie Chambers gestaltete Bauern, von jeglicher ländlicher Derbheit gereinigt sind, selbst von ihrem

Dialekt, um eine passende Gesellschaft für Cyril, Lettice und ihr »Mütterchen« abzugeben.

Lawrences Titel besagen nicht immer viel, und einige Leser haben an der Angemessenheit von diesem gezweifelt, doch in der Mitte des Buches findet sich eine Szene, in der ein weißer Pfau schreiend auf einem verwitterten, grauen Friedhofsengel sitzt und der Heger Annable ausruft: »Der stolze Tor! – Sieh ihn dir an! Thront auf einem Engel, als sei es ein Sockel für seine Eitelkeit. Das ist die Seele einer Frau – oder es ist der Teufel.« Der Vogel verschwindet im Dunkel, und er fügt hinzu: »Das ist die Seele einer Frau, ja, unbedingt. Verdammtes Ding, das auf einem alten Engel hockt. Ich würde ihm gern den Hals umdrehen.« Die adlige Frau, die Annable geheiratet hat, war ein weißer Pfau. Er ist eine genaue Umkehrung des Hegers Mellors in Lawrences letztem Roman, der seine Erfüllung in der Heirat mit einer Adligen findet, während Annable in den Ruin getrieben wird. Wie Mellors kann er bruchlos vom lokalen Dialekt ins King's English wechseln, doch hat er sich für ein einfaches Leben mit einer ungebildeten Frau und einer Horde Kinder entschieden. Er liebt die Kaninchen in dem Revier, das er hütet, und sie scheinen für ihn (und für seinen Autor) eine Bedeutung zu besitzen, die über ihre enorme Vermehrungsfähigkeit hinausgeht. »Sei ein gutes Tier, vertraue deinen tierischen Instinkten«, sagt er hoffnungslos, wie es vielleicht Lawrences Vater gesagt hätte, wäre er fähig gewesen, den Gedanken zu verstehen. Nachdem er seine Philosophie losgeworden ist und den weißen Pfau verflucht hat, bleibt ihm nicht mehr viel zu tun, außer sich willkürlich beseitigen zu lassen. Das muß geschehen, damit wir uns besser auf die Hauptfigur konzentrieren können, George Saxon, für den einer der Chambers-Brüder Pate gestanden hat.

Er ist eine vollkommen ausgestaltete Figur, rothaarig und gutaussehend; er wird von Lettice prätentiös »Mon Taureau« genannt, ist aber bereit, seine animalische Natur durch gescheite Gespräche mit Cyril veredeln zu lassen. Er will Lettice, doch sie steht weit über ihm, ein weiterer weißer Pfau. Sie wird Leslie heiraten, der eine erste Skizze für den Gerald Crich aus *Women in Love* ist, aber sie kann der Versuchung nicht widerstehen und macht George Hoffnungen, nur um ihn dann fallenzulassen. Als sie schon ganz die Frau eines aufstrebenden Industriellen ist, heiratet George die Tochter eines Pub-Besitzers, Meg. Es geht ihm nicht schlecht; er verdient Geld mit Pferden und wird später ein nicht allzu engagierter Verfechter des Sozialismus, aber er ist sich über die mißliche Tatsache im klaren, daß er vom großen Fest des Lebens ausgeschlossen ist. Cyril und Georges Schwester Emily gehen zum Tee in das Gasthaus, das er jetzt führt, und lassen ihn aus Grausamkeit oder Dummheit die kulturelle Kluft zwischen ihnen spüren: »Unsere Sprache war der Präzision halber von Kürzeln durchsetzt, als wir über Strauss und Debussy diskutierten . . . George saß verdrossen dabei und hörte zu. Meg war völlig teilnahmslos.« Lawrence gibt sich die größte Mühe, zu zeigen, wie hoch er, der Bergmannssohn, auf einer kulturellen Leiter gestiegen ist, die durch einen Taschenspielertrick als die soziale Leiter erscheint. Das Gerede über die Möglichkeit eines proletarischen Romans war immer hohl: Eine der Funktionen von Literatur ist die Bestätigung des bürgerlichen Wertesystems. Dieses Werk, mit seinen lateinischen und französischen Redensarten und seinem Geschwafel über klassische Musik, stellt die Erfüllung von Lawrences (oder seiner Mutter) Wunsch nach Vornehmheit dar. Dadurch wird es kein schlechter Roman. Ganz und gar nicht.

George, dessen weißer Pfau von den zerbrochenen Engeln weggeflattert ist, beginnt zu trinken. Lawrence, eingeschriebenes Mitglied des »Band of Hope«, zieht die Erinnerungen an den eigenen Vater heran, um den traurigen Prozeß seines Untergangs zu schildern. Er lebt, nachdem er Frau und Kinder verlassen hat, bei seiner Schwester Emily, verheiratet mit Tom Renshaw, einem neunundzwanzigjährigen ehemaligen Soldaten, »ein wohlgebauter, schöner Mann, mit gleichmäßig, beinahe zart gebräunter Haut«, der den Hof seines Vaters führt. Cyril hat es sich ein bißchen zu spät überlegt, Emily selbst zu heiraten: Hier gibt Lawrence eine Erklärung für Jessie ab, der er zu seiner Erleichterung keine weiteren Schritte folgen lassen muß. Mit seinem Instinkt für das richtige Maß an Erniedrigung zeigt Lawrence den verkaterten George beim mittäglichen Frühstück. Die Magd bedient und verachtet ihn.

»Es ist gebratener Weißfisch,« sagte sie. »Nehmen Sie etwas davon?«

Er hob den Kopf und sah auf den Teller.

»Hm,« sagte er. »Hast du den Essig mitgebracht?«

Das ist eine der Stellen in der Literatur, die im Gedächtnis haften bleiben. Ich merkte nicht, daß ich sie zitierte, als ich in meinem dritten Roman über Malaya einen Trinker in einer chinesischen Frühstücksbar dasselbe Gericht bestellen, wenn auch nicht erhalten, ließ. Es ist diese fast naturwissenschaftliche Genauigkeit von Lawrence, die uns gefangennimmt.

Und dieser Roman, ohne die unheilschwangere Schwere von Hardy, ist wunderbar genau in seiner plastischen Schilderung der englischen Landschaft. Wie Saul Bellows' Charles Citrine bin ich ein Stadtkind, und Blumen sind für mich ein Buch mit sieben Siegeln oder eine unverständliche Pflanzenfibel. Joyce, ebenfalls ein Stadtkind, sagte, daß er Blumen nicht mag – eine Umschreibung seiner Unkenntnis auf diesem Gebiet. Ben Jonson[13] zufolge gab es einen elisabethanischen Wirtshausschilder-Maler, der nur Rosen malen konnte. »Denn,« sagte er, »keine andere Blume ist wie die Rose.« Das ist ungefähr auch mein Standpunkt. Es machte einmal eine Anekdote die Runde, jemand habe Thomas Hardy erzählt, daß ein neuer junger Autor aufgetaucht sei, der in einem Roman namens *The Black Peahen* (Die schwarze Pfauhenne) oder so ähnlich eine weit größere Kenntnis der Feldblumen bewiese als der Meister aus Wessex. Hardy bekam einen Wutanfall und schrie: »Ich kenne eine *Million* Feldblumen. Da ist die Heil-Batunge und die stinkende Ragwurz und dieses lange violette Ding und – ich kenne eine *Million Milliarden* Blumen.« Es gibt einen Wettstreit unter Blumenkennern, der einem Stadtkind absurd erscheint, und Lawrence nahm daran von Anfang bis Ende teil. In *The White Peacock* finden wir ein ganzes Kompendium der Heimatkunde eines Müßiggängers, verbunden mit der sehr genauen Kenntnis des Landlebens. Und der Humor und das Mitleid sind bemerkenswert:

Ich traf George, der zwei Eimer Schweinefutter über den Hof

schleppte, während elf Ferkel zwischen seinen Beinen herumsprangen und vor Aufregung quiekten. Er kippte das Zeug mit verheißungsvollem Gurgeln in einen Trog, und sofort tauchten zehn Nasen hinein, und zehn kleine Mäuler begannen zu schlabbern. Obwohl genügend Platz für alle zehn war, rieben sie sich aneinander und schubsten sich im Kampf um mehr Raum, und viele kleine Rüssel sabberten und verschütteten das Zeug, und die zehn saugenden, schmatzenden Schnäuzchen zuckten mächtig, und zwanzig kleine Augen starrten mißtrauisch zur Seite wie ebensoviele Dolchspitzen. In ihrer Hast gaben sie unzufriedene, seufzende Töne von sich. Das unglückliche elfte rannte von einer Stelle zur nächsten in dem Versuch, seine Schnauze hineinzuquetschen, aber für all seine Mühe erhielt es nur derbe Püffe und Bisse in die Ohren. Da hob es das Gesicht zum Abendhimmel und stieß Schreie des Schmerzes und Zorns aus.

Doch die zehn kleinen Fresser spitzten nur die Ohren, um sicherzugehen, daß von dem Lärm keine Gefahr ausging, sogen noch kräftiger und verspritzten und versabberten viel. George lachte wie ein sardonischer Zeus, doch schließlich erbarmte er sich, stieß die zehn Fresser vom Trog weg und überließ den Rest dem elften. Der arme Kerl weinte fast vor Glück, als er in hastigen Schlucken saugte und schlang und dabei ängstlich nach oben sah, obwohl er die Nase nicht aus dem Trog hob, als er das Rachegeschrei von zehn kleinen Furien hörte, die von George in Schach gehalten wurden. Der einsame Fresser rieb vor Angst zitternd mit seiner Schnauze das Holz blank und ging dann mit dankbar zum Himmel erhobenen Augen widerwillig vom Trog weg. Ich erwartete, daß die anderen sich auf ihn stürzen und ihn auffressen würden, doch das taten sie nicht; sie rannten an den leeren Trog und rieben das Holz unter elendem Quieken noch trockener. »Wie im Leben,« lachte ich.

Wie, um genau zu sein, im literarischen Leben.

The White Peacock ist, neben anderen Dingen, eine Studie über ein sehr englisches Bestreben, das später ›Hypergamie″ genannt wurde – Einheirat in eine Gesellschaftsschicht oberhalb der eigenen. Es gibt Gefahren bei diesem Unterfangen, wie die Geschichte des Hegers beweist, doch es stecken ebenfalls Gefahren in der Enttäuschung des Gescheiterten. Es sind die Männer, die leiden: Frauen sind zu sozialer Anpassung ungleich besser befähigt. Tatsächlich sind Frauen in der Welt zuhause, und Männer müssen das übelnehmen. Es gibt eine Reihe von Urteilen, die über Lettice gefällt werden müßten, doch der Erzähler hält sich ganz zurück. Überhaupt ist die Zurückhaltung des Erzählers in diesem Buch bemerkenswert. Romanerstlinge quellen für gewöhnlich geradezu über von der Weltsicht des Autors; es ist das einzige Material, das ihm bislang zur Verfügung steht: Lawrence, immer ein Egozentriker, zeigt wenig von sich und überläßt die Qualitäten eines Erstlings seinem dritten Roman. Cyril-Lawrence ist ein Beobachter, den dieser bildhafteste aller Romanciers uns nie klar sehen läßt (erst gegen Ende und ganz zufällig erfahren wir, daß er eine Brille trägt). Vor uns liegt etwas, was zunächst wie eine pastorale Idylle anmutet, in der eine wohltätige Natur uns umwuchert (selbst eine angebetete Mutter wird davon verschluckt: siehe das Zitat am Beginn des Kapitels), doch findet ein darwinistischer Kampf mit genügend Blutvergießen unter den Tieren statt, und Männer stellen Fallen: Frauen ebenfalls. Es ist ein sehr reifer Roman und, trotz Ford Madox Hueffers Einwänden, nicht ohne formale Raffinesse. Es ist sogar ein wichtiger Roman, doch als er herauskam, erkannte das niemand. Ich bin nicht sicher, daß es heute viele erkennen.

3

Absage an das Leben

Jeder kann einen ersten Roman schreiben. Wenn es einem Autor gelingt, die Hürde des zweiten zu überspringen, so kann er sich ohne allzu große Probleme – außer Geldmangel, schöpferischer Verzweiflung und der Feindschaft oder Gleichgültigkeit von Kritikern und Publikum – auf eine Karriere einstellen. Lawrence schrieb seinen zweiten Roman, *The Trespasser* (AUF VERBOTENEN WEGEN)[14], im Sommer 1910. Heinemann willigte ein, ihn herauszubringen, wenn auch mit Bedenken. Hueffer sagte: »Es ist ein übles Geniestück. Es hat weder Aufbau noch Form – es ist grauenhaft schlechte Kunst, nichts als Variationen über ein Thema. Außerdem ist es erotisch.« Lawrence sollte später mit Recht fragen, was denn falsch daran sei, dem Gott Eros Tribut zu zollen (immerhin steht sein Bildnis am Piccadilly Circus). Zunächst erschreckten ihn Hueffers Anwürfe mehr als Heinemann. *Erotisch* war ein gefährliches Wort, und ein Lehrer aus Croydon mußte Angst haben, daß es seinen Freizeitkritzeleien angehängt werden könnte. Der große erotische Skandal der Zeit hatte sich an einem Buch entzündet, das uns heute völlig harmlos vorkommt – Wells' *Ann Veronica* –, und Lawrence befürchtete, *The Trespasser* könnte auf eine »*Ann-Veronica*-Art« besprochen werden. Er zog das Manuskript zurück und begann mit der Arbeit am ersten Entwurf von *Sons and Lovers*, der zwar seine Mutter ins Leben zurückbrachte, gleichzeitig jedoch seinen Schmerz über ihren Tod verschärfte. Er schrieb Gedichte über sie:

My little love, my dearest,
Twice you have issued me,

Once from your womb, sweet mother,
Once from your soul, to be
Free of all hearts, my darling,
Of each heart's entrance fee.

Meine süße Liebe, mein Teuerstes,
Zwiefach entließt du mich ins Sein
Einmal aus deinem Schoß, geliebte Mutter,
Einmal aus deiner Seele, um freizusein
Von allen Herzen, mein Liebling,
Von aller Herzen Eintrittsschein.

Er lebte in Einsamkeit, von Trauer zerrissen, Jessie entfremdet, seinen einzigen Trost bildeten die Briefe von Edward Garnett, der damals Lektor beim Verlag Duckworth war: Garnett erkannte seinen Wert und drängte ihn, weiterzuschreiben. Es gab zu jener Zeit einen Markt für Short stories, jedoch nicht für die von Lawrence. Dennoch lieferte er einige: Sie stehen zumeist in der Mitte zwischen seinen Gedichten und den Romanen, versuchen sich an Themen, die später in Romanform entwickelt werden, und bemühen sich, Gefühle vor einem genau erfaßten ländlichen Hintergrund zu fixieren. Daneben arbeitete er hart in der Schule, und er war nicht gesund. Gerade ein Jahr nach dem Tod seiner Mutter, im November 1911, brach er mit einer doppelseitigen tuberkulösen Lungenentzündung zusammen. Die Schule in Croydon übernahm für ihre Angestellten keine Haftung im Krankheitsfall und stellte darüber hinaus noch klar, daß Lawrences Rückkehr an die Schule nicht erwünscht sei, da er möglicherweise Bazillen auf die Schüler übertragen würde. Dieser höchst einleuchtende hygienische Grundsatz galt generell, und Lawrence, an der Ausübung seines erlernten Berufes gehindert, war gezwungen, nun sein Auskommen als Schriftsteller zu suchen. Zuerst jedoch mußte er, von seiner Schwester Ada umsorgt, mit dem Tod ringen; aber seine natürliche Lebensenergie gewann die Oberhand. Sein Arzt schickte ihn zur Erholung nach Bournemouth, ein un-laurentianischer Ort voller

Kriegswitwen und Kaffeehaustrios, und dort schrieb er *The Trespasser* um. Nebenher bezauberte er seine biederen Mitbewohner in der Pension, die er sich kaum leisten konnte. Er hatte stets Charme, wenn er ihn haben wollte; zudem besaß er viel Mut und die Fähigkeit, hart zu arbeiten. Nach Beendigung von *The Trespasser* sandte er das Manuskript nicht an Heinemann, sondern an Garnett bei Duckworth. Man sagt, Schriftsteller sollten ihren Verleger nicht wechseln, besonders nicht so früh in ihrer Laufbahn, aber Lawrence mußte immer dort publizieren, wo er konnte. Es gibt Romanciers wie Sir Hugh Walpole und Dame Agatha Christie, die sich zu aller Vorteil an einen Verlag binden können. Das nennt man Treue, was bedeutet, daß der Verleger stets Werke mit immer größerem Verkaufspotential erwarten kann, ohne jede Gefahr eines ästhetischen oder moralischen Schocks beim Lesepublikum, das seinerseits dadurch zur Treue angehalten wird.

The Trespasser ist ein sehr kurzer Roman, wie viele zweite Romane (warte nicht zu lange mit dem Nachfolger deines Erstlings!), und er könnte als erotisch bezeichnet werden, wenn sexuelle Frustration unter diesen Begriff fiele. Es ist weder ein Roman über die soziale Sphäre, die Lawrence kannte, noch beschreibt er die proletarisch-ländliche Szenerie Nottinghamshires. Er spielt hauptsächlich auf der Isle of Wight, die Lawrence besucht und geschätzt hat, und seine Protagonisten sind Musiker. Wie wir wissen, bekannte Lawrence offen, »Kunst«-Musik zu verachten, aber drei seiner Helden – hier, in *Mr. Noon* (MR. NOON) und in *Aaron's Rod* (Aarons Stab) – komponieren oder spielen sie. Siegmund in *The Trespasser* trägt einen aggressiv wagnerianischen Namen, und er spielt Geige in einem Opernhaus. Er hat das absolute Gehör, ebenso wie seine Geliebte, Helena, und Lawrence erwähnt die extreme Seltenheit dieser Begabung mit keinem Wort. Nacht für Nacht kehrt Siegmund vom Geigen in ein düsteres Vorstadthaus zurück. Seine Frau, Beatrice, kümmert sich nicht um ihn.

> Die Küche war düster und öde. Der Fußbodenbelag war abgetreten und zeigte neben der Tür ein Loch. Auf dem Fußboden lagen verstreut Schuhe und Stiefel verschiedener

> Größe, während das Sofa mit Kinderkleidern bedeckt war. In dem schwarzen Herd tote Asche; auf dem Herd Holzspäne, Zeitungen, Papierabfall, Brotkrusten und angebissene Marmeladenbrote. Als Siegmund durch die Küche ging, zertrat er zwei Bonbons. Er mußte unter dem Sofa und der Anrichte nach seinen Pantoffeln suchen. Und dabei war er noch im Frack.

Hier haben wir wieder die fast naturwissenschaftliche Genauigkeit. Der Unordnung erinnert er sich nicht aus dem blitzsauberen Haus seiner Mutter, doch die Situation des unerwünschten Ehemanns und Vaters ist diejenige des verachteten und brutalen Schachtmeisters, in eine höhere soziale Tonart übertragen.

Siegmunds Sünde ist größer als die von Lawrences Vater, der nichts Schlimmeres tat, als betrunken nach Hause zu kommen. Siegmund ist ein Ehebrecher oder versucht zumindest, einer zu werden. Er hat sich in seine ehemalige Schülerin Helena verliebt, und sie hat gesagt: »Du bist so müde, Liebster. Komm in der ersten Augustwoche mit mir und ruhe dich aus.« Das sagte sie in Richmond Park, während sie im Gras lagen und er seinen Kopf in ihren Schoß gebettet hatte.

> Sie streichelte sein Gesicht und küßte ihn sacht. Siegmund lag da, gehüllt in alle Verwirrung der Liebe. Helena aber war, wenn es keine Schändung des Wortes bedeutet, tugendhaft: eine widerspruchsvolle Tugend, die für Siegmund viel Grausames und Häßliches in sich barg.

Und dann werden sie ein paar frustrierende Tage auf der Isle of Wight verbringen. Das ist so nahe an einem verbotenen Territorium, wie es Lawrence nur möglich war, die Insel symbolisiert eine verbotene Zone, die Siegmund widerrechtlich betreten[15] soll. Heute müssen wir feststellen, daß Siegmund nicht Manns genug ist, sich widerrechtlich Eintritt zu verschaffen. Er erreicht niemals die sexuelle Erfüllung mit dem Mädchen, das ihn schließlich in diese verbotene Zone gelockt hat. Sie gestattet Küsse, welche ihr, der Erzählung zufolge, genügend sinnliche Befriedigung verschaffen: Sie ist eine jener »träumenden Frauen«, was immer das sein mag, deren erotische Erregbarkeit auf die Lippen beschränkt ist. Wie die Isle of Wight befindet sie sich stets in sicherer Nähe des Festlandes edwardianischer Ehrbarkeit. Siegmund versucht, ganz natürlich, weiterzugehen, als die Moral erlaubt. Er ist ein verheirateter Mann mit Kindern, doch jetzt keusch und sensibel, rücksichtsvoll, ein Musiker von hohem technischem wie künstlerischem Niveau, und ihre Reaktion auf ihn ist, nach unseren heutigen Maßstäben, hochgradig hysterisch:

> Sie begann zu schluchzen, als verlöre sie den Verstand. Er versuchte, ihr ins Gesicht zu sehen, und sie haßte ihn deshalb noch mehr. Und immer noch hielt er sie umschlungen, immer noch war sie gefangen in der Umarmung dieses rohen, blinden Wesens, dessen Herz sich nur in seinem dumpfen Schlag offenbarte . . . Ihr Schluchzen war wie das Rascheln welker Blätter. Wie von Sinnen bemühte sie sich, sich zu befreien. Wenn sie noch länger in diesem Gefängnis blieb, dann erstickte sie, verlor den Verstand. Sein Rock rieb an ihrem Gesicht. Während sie sich wehrte, sah sie die angespannten Muskeln seines Halses. Sie kämpfte gegen ihn; in wilder Angst kämpfte sie um ihre Freiheit.
>
> »Laß mich los«, schrie sie. »Laß mich los!« Verwirrt und entsetzt hielt er sie fest. Sie stemmte die Hände gegen seine Brust und stieß ihn zurück. Ihr Gesicht, das er nicht sah, war von Qual verzerrt. Wütend stieß sie ihn mit großer Kraft von sich.

Mit ähnlicher Kraft hat sie ihn bei vergangenen Gelegenheiten an sich gezogen, und dabei eine Schwellung verursacht, auf die sie weder Literatur noch religiöse Moral, noch die elterliche Erziehung vorbereitet hatten, von Vögeln und Bienen ganz zu schweigen. Was glaubt sie denn, hat ein Mann da unten?

Heute gibt es harte Schimpfworte für jemanden wie sie, das freundlichste davon ist *allumeuse*. Aber sie ist nicht außergewöhnlich und trägt keine Schuld. Das ganze Ethos dieser Zeit war darauf angelegt, sexuelle Unwissenheit zu fördern und sexuelles Verlangen mit dem Etikett Todsünde zu behaften. Gerade die untere Mittelschicht litt am meisten. Auf dem Land konnten sich die Paare in den Feldern austoben, und die Aristokraten hielten sich Mätressen, doch die Opfer der Heuchelei waren die Bewohner völlig durchschnittlicher Straßen, über denen die Kirchenglocken läuteten. John Keats ist das Urbild des Opfers: Zu arm, um zu heiraten, nach seinem einzigen tollkühnen Bordellbesuch mit Syphilis infiziert, sind ihm und Fanny Brawne selbst gegenseitige Masturbation und der Gebrauch des Kondoms versagt. In der literarischen Tradition, welche Lawrence vorfindet, ist nicht einmal der Raum für eine offene Diskussion über das wirkliche Problem vorhanden. Die Jungfräulichkeit des Mädchens, ihre »Trumpfkarte«, wie man das nannte, bei der Beschaffung eines Ehemannes, mußte mit ihrer »Keuschheit« identisch sein, die, wie Lawrence später zeigen sollte, etwas ganz anderes bedeutete als Angst vor Sex. Jungen Leuten von heute muß Helenas Hysterie unglaubhaft vorkommen und die ganze Situation noch entlegener als die Isle of Wight, aber ihre Freiheit mußte erst erkämpft werden, und Lawrence war der Häuptling der Krieger.

Siegmund geht nach Hause, wie Lawrences vergleichsweise tugendhafter Vater, zu trotzigen Kindern, die ihn verachten, und einer Frau, die ihm pflichtgetreu das kalte Essen auf den Tisch stellt. Er liebt eine andere Frau, doch kann diese Liebe nicht in einer Ehe Erfüllung finden, geschweige denn in einem heimlichen Verhältnis. Nach den edwardianischen Maßstäben hat er nicht gesündigt, doch zuhause behandelt man ihn als Sünder. Er hat im streng christlichen Sinn die Ehe gebrochen, indem er eine andere Frau mit sinnlicher Begierde ansah, wenn eine Mischung aus Zärtlichkeit und sehr rücksichtsvollem Verlangen überhaupt unter diesen Begriff fällt. Siegmund sitzt unglücklich in seinem Zimmer und denkt über sein nächstes Engagement nach – bei einer seichten Operette im Orchestergraben zu spielen. Er kommt zu dem Schluß, daß sein Leben nicht länger lebenswert ist, und erhängt sich an seinem Ledergürtel. Das ist der einzige Selbstmord in Lawrences gesamtem erzählerischem Werk. Vielleicht hat er nach dem Tod der Mutter selbst daran gedacht und vorsichtshalber entschieden, die Tat erst einmal in einem Roman auszuprobieren. Doch er war eine zu starke Kämpfernatur, um dem Druck des Lebens so einfach nachzugeben, obwohl wir Siegmund für sein zweites und endgültiges widerrechtliches Betreten nicht verachten dürfen. Es ist ein Maß für Lawrences Abneigung gegen eine lebensverneinende Welt, daß er seinem alter ego dieses häßliche Ende aufzwingt. Lawrence wußte alles über sexuelle Frustration, und dieser Selbstmord ist, paradoxerweise, ein Symbol des Kampfes um klarere Verhältnisse. Am Ende des Buches will Helena noch immer nicht viel mehr als »Ruhe und Wärme«, und ihr neuer Liebhaber, Byrne, ein weiteres Allomorph Lawrences, ist bereit, ihr das zu geben. Wir dürfen vermuten, daß er ihr zuvor etwas anderes gibt. Siegmunds Violine liegt inzwischen stumm da, der Bogen abgespannt.

Zu Anfang des Jahres 1912 dachte Lawrence an eine wesentlich weitere Reise als zur Isle of Wight. Es ist behauptet worden, dieser neue Drang zu reisen entspringe einer inneren Unruhe, die Teil des tuberkulösen Syndroms sei, doch es gab einen ganz praktischen Grund. Er wußte nicht, ob er vom Schreiben leben könnte, und da er nach den Regeln des Board of Education nicht weiter unterrichten durfte, hielt er es für denkbar, im Ausland zu unterrichten – insbesondere in Deutschland. Deutschland war ein Zentrum der Kultur und Aufklärung für die Briten, schon seit der Periode der Romantik, als Schriftsteller begannen, ihre lateinischen Wurzeln geringzuachten und ihre germanischen höher einzuschätzen. Zwei Jahre später sollte sich das alles wieder ändern; für den Augenblick jedoch sah Lawrence ein Deutschland voller *Gemütlichkeit* und voller Respekt vor dem Talent, vielleicht sogar voller Toleranz einer freieren Sexualtiät gegenüber; darüber hinaus hatte er eine Tante aus Leicester, die einen Krenkow in Waldbröl am Rhein geheiratet hatte; Familienbande konnten eine Hilfe sein. Doch zunächst konsultierte er seinen alten Französischlehrer, Professor Ernest Weekley, der akademische Verbindungen nach Deutschland unterhielt und sogar eine Deutsche geheiratet hatte. Im April 1912 aß Lawrence mit den beiden zu Mittag, und sein ganzes Leben veränderte sich. Er verliebte sich heftig in seine Gastgeberin, und sie erwiderte seine

Zuneigung. Siegmund war seiner Sieglinde bereits in Jessie begegnet, Schwester und Geliebte, aber hauptsächlich Schwester; jetzt traf er Brünnhilde.

Brünnhilde war Emma Maria Frieda Johanna Freiin von Richthofen, Sohn des Barons von Richthofen, eines preußischen Offiziers, der nach einer Verwundung im Französisch-Russischen Krieg nun Gouverneur der Stadt Metz war, die heute französisch ist, damals jedoch zum Deutschen Reich gehörte. Ihre Mutter war eine geborene Marquier, aus einer Aristokratenfamilie, die der Revolution entkommen war und sich im Schwarzwald angesiedelt hatte. Friedas Vetter war der von Richthofen, der später als Roter Baron berühmt wurde, As der deutschen Luftwaffe und komischer Erzfeind in der Traumwelt der Peanuts. Frieda war sechs Jahre älter als Lawrence; ihr Mann, Professor Weekley, war wesentlich älter als seine Frau und gab sich seinem ehemaligen Schüler gegenüber zweifellos als Patriarch: Seine Lebensdaten – 1865 bis 1954 – zeigen, daß die Ehetragödie, die ihm bevorstand, keinen bleibenden Schaden hinterließ. Und da wir einmal bei diesem Thema sind: Frieda starb im reifen Alter von siebenundsiebzig, nachdem sie mit einundsiebzig noch einmal geheiratet hatte. Der Kontakt mit Lawrence schien die Langlebigkeit zu fördern; sich selbst konnte er nicht erhalten.

Friedas Leben mit dem Professor, das drei Kinder hervorbrachte, schien einigermaßen glücklich. Weekley war kein trockener Gelehrter. Den literarisch Interessierten nur als Lawrences Hahnrei bekannt, genießt er unter Philologen hohes Ansehen als Autor von *The Romance of Words* und *Adjectives and Other Words*, gelehrte, aber sehr gut lesbare Bücher, die noch vor dem Aufkommen der Linguistik ein Interesse an Sprache unter den nur an Literatur Interessierten förderten. Ich las ihn mit Vergnügen zu jener Zeit, als ich nach *Lady Chatterley's Lover* suchte, und hatte keine Ahnung von der Verbindung zwischen beiden Autoren: Diese wurde in den Lexika bis zu Weekleys Tod diskret verschwiegen. Es ist einige Male gefragt worden, weshalb eine offenbar lebenslustige und ganz und gar nicht provinzielle deutsche Dame, blond, von großer Schönheit und emanzipierten Umgangsformen, einen kleinen englischen

Akademiker heiratete und bereit war, drei Kinder mit ihm im öden Nottingham großzuziehen. Wahrscheinlich vermuteten die Richthofens, als sie Weekley in Deutschland kennenlernten, ein größeres Sozialprestige hinter der Position eines britischen Professors, als Großbritannien ihm zubilligte: *professor* war in England immer ein abschätziges Wort, während es in Deutschland noch heute ein hoher Ehrentitel mit großer Bedeutung ist. Frieda stieg ein paar Stufen auf der sozialen Leiter herab, als sie Weekley heiratete, doch sie sollte in tiefste soziale Tiefen sinken, als sie mit einem mittellosen Bergmannssohn, der ein Schriftsteller sein wollte, durchbrannte. Sie war leichtherzig und hatte zuviel der geborenen Aristokratin und des Naturkindes in sich, um sich aufs hohe Roß zu setzen. Ihre Liebesaffären waren überaus zahlreich, und die sexuellen Eskapaden, die Nottingham bot, müssen ihr auf angenehme Art die Zeit ausgefüllt haben, in der sie nicht nach ihren drei Kindern sehen oder Ernests Pantoffeln anwärmen mußte.

Lawrence erklärte ihr, daß sie zusammen durchbrennen müßten, und das taten sie. Die Geschichte ihrer Flucht und der Aufregung, die sie verursachte, verarbeitete Lawrence sofort in einem Drama mit dem Titel *The Fight for Barbara* (Der Kampf um Barbara). Darin tritt der Autor als er selbst auf, wenn auch unter dem Namen Wesson, und Frieda wird zur englischen Aristokratentochter, mit Weekley als ihrem gelehrten, vornehmen Ehemann, der seine verlorene Sache eloquent verteidigt und den proletarischen Verführer in guten, wohlgesetzten laurentianischen Reden beschimpft. Die Geschichte ist vollständiger erzählt in einem kompletten, unlängst entdeckten Roman, *Mr. Noon*, der erst 1984 veröffentlicht wurde, obwohl seine erste Hälfte bereits posthum in *A Modern Lover* (EIN MODERNER LIEBHABER, 1934) erschienen war und dann 1968 in die Sammlung vermischter Schriften unter dem Titel *Phoenix* aufgenommen wurde. Es war eine für Lawrence übliche Arbeitsweise, die Hälfte eines Romans zu schreiben, ihn dann liegenzulassen und irgendwann wieder vorzunehmen, ohne großen Wert auf einen plausiblen inneren Zusammenhang zu legen: Im Zweifelsfall ändere einfach den Charakter deiner Hauptfigur, unter Beibehaltung des Namens, und laß ihn oder sie irgendwo ein neues Leben anfangen, vorzugsweise in Italien. Das geschah sowohl bei *The Lost Girl* (DAS VERLORENE MÄDCHEN) als auch bei *Aaron's Rod.*

Lawrence schrieb, was wir *Mr. Noon 1* nennen wollen, als abgeschlossene Erzählung, dann produzierte er *Mr. Noon 2*, ließ das Manuskript jedoch unvollendet. Es gab gute Gründe dafür, daß er *Mr. Noon 2* zu seinen Lebzeiten nicht veröffentlicht sehen wollte, und diese hatten hauptsächlich mit dem Recht zu tun, auf Schadensersatz wegen Verleumdung zu klagen. Der Durchschlag des Typoskriptes von *Mr. Noon 1* gelangte 1934 an den literarischen Agenten Curtis Brown und wurde gedruckt. *Mr. Noon 2* verschwand bis 1972, als es zusammen mit anderen Papieren Lawrences bei Sotheby Parke Bernet zur Versteigerung kam und vom Humanities Research Center an der University of Texas erworben wurde, das es, etwas verspätet möchte man meinen, fünfzig Jahre nach *Mr. Noon 1* zum Druck freigab. Das ganze Werk, *Mr. Noon* ohne Numerierung, stellt mehr als eine Kuriosität dar. Es ist sogar mit all seinen Fehlern – meist willkürlichen, abartigen und sehr laurentianischen – hinreißend. Es ist, als hätte man *Love's Labour's Won* (Gewonnene Liebesmüh) ausgegraben und festgestellt, daß es genausogut wie *Much Ado About Nothing* (VIEL LÄRM UM NICHTS) ist.

Das Vorbild für den Gilbert Noon in Teil 1 scheint ein gewisser George Henry Neville abgegeben zu haben, den Lawrence in Eastwood kannte. Er war Lehrer wie Lawrence, doch er verursachte einen Skandal, als er heiraten mußte und es nicht schnell genug tat. Sein Kind kam keine drei Monate nach der Hochzeit zur Welt, und er mußte seine Stelle in Amblecote, Stourbridge, aufgeben. Lawrence interessiert weniger der Mann selbst als das Doppelthema mangelnde sexuelle Enthaltsamkeit und provinzielle Scheinheiligkeit. Sein Held ist Mathematiker und Musiker – ein sehr versierter offenbar, denn er arbeitet an einem Violinkonzert und stellt in Teil 2 musikalisches Material für eine Symphonie zusammen. Wie alle jungen Männer in der Provinz poussiert er heftig, und Lawrence läßt sich ausführlich über das Poussieren aus. Jungen warten nach dem Gottesdienst am Sonntagabend auf die Mädchen und küssen und umarmen sie in dunklen Hauseingängen. Wir wissen nicht, ob Lawrence das auch tat, doch seine Informationen scheinen aus erster

Hand zu stammen. Manchmal verlangt das Liebesspiel nach einer Fortsetzung, und Noon geht im Holzschuppen des Vaters einer gewissen Emmy aufs Ganze. Der Vater hat einen Wutausbruch, zeigt Gilbert bei der Schulbehörde an und erzwingt damit seine Kündigung. Nach einiger Zeit erreichen Gilbert Noon Berichte, Emmy habe eine »Unterleibsneuralgie«, und er vermutet eine Schwangerschaft. Er geht nach Deutschland, um zu promovieren. Hier endet Teil 1.

Dieser Teil ist herrlich komisch, rührend und äußerst scharf in der Beobachtung der Sitten und Gebräuche in der Provinz vor dem Ersten Weltkrieg. Er kann gut für sich allein stehen, wie er es gezwungenermaßen lange tat, doch er ist ein zweitklassiges Werk. Erst mit Teil 2 zusammen haben wir etwas wie einen erstklassigen Roman von immenser autobiographischer Bedeutung. Denn Gilbert Noon ist nicht mehr G. H. Neville, sondern D. H. Lawrence. Noons Name war einmal lustig und rührend zugleich, da er sich auf *spoon* (poussieren) reimte und damit signalisierte, daß sein Träger die Grenzen seiner Möglichkeiten in der Provinz erreicht hat und jetzt sein Abstieg beginnen muß. Doch Noon ist in Deutschland, wo Teil 2 beginnt, *nun*, und Gilbert wird ein Geschöpf, das ständig in Bedrängnis, immer auf dem Sprung ist. Er verwandelt sich gleichsam in eine phallische Kraft, die eine deutsche Aristokratenfamilie durcheinanderwirbelt, in einen Umstürzler der teutonischen Ordnung, die sich versteift, um Europa zu zerstören.

Die Geschichte ist ein beinahe ungeschminkter Bericht über die Flucht von Lawrence und Frieda. Die stürmische Affäre ist vonNottingham nach München verlegt. Johanna von Hebenitz, Frau eines englischen Akademikers in Boston, Massachusetts, kehrt nach Deutschland zurück, um ihre Familie zu besuchen, besteht nach zweistündiger Unterhaltung mit Noon darauf, mit ihm zu schlafen, und erkennt am nächsten Morgen, ebenso wie er, daß die Welt sich verändert hat. Sie muß ihrer Familie mitteilen, daß sie vorhat, mit einem mittellosen Engländer durchzubrennen, deshalb begeben sich die beiden nach Metz, von Lawrence in Detsch umgetauft, ein Ort voller Soldatenlärm und teutonischer Steifheit. Johanna und Gilbert wollen eine Scheidung, was in Deutschland drei Jahre dauert; Baron und Baronin beschimpfen den Verführer von niederem Geblüt aus Nottinghamshire, rufen alle Götter der ewigen Unwandelbarkeit an, erreichen nur, daß die Umstürzler um so fester auf ihrem Entschluß beharren, und sehen dann die Tochter mit ihrem Liebhaber in die Nacht aufbrechen – über die österreichischen Alpen nach Italien.

Lawrences Beschreibungskraft erreicht ihren Höhepunkt in Teil 2. Er fängt die Atmosphäre einer deutschen Garnisonsstadt ein, blickt in die *gemütliche* deutsche Seele, die mit ihren Träumen von Ordnung ihr eigenes Grab schaufelt, durchstreift dann Berge und Wälder, wobei er alles aufzeichnet – seine spezielle Begabung –, als erhole er sich eben von einer Krankheit (was in gewissem Sinne tatsächlich immer der Fall war) und sähe die Natur zum ersten Mal. Johanna, die wir physisch so gut kennenlernen wie kaum eine andere Heldin der Literatur, ist anbetungswürdig, aber nervtötend – mit einem Wort, sie ist Frieda. Intimitäten zwischen dem so gar nicht zusammenpassenden Paar werden offen, doch ohne Schlüpfrigkeit geschildert. Wann immer Lawrence sich in feierlichen Ansprachen an den Leser über Sex-Mystik ergeht, weiß er rechtzeitig damit aufzuhören. Nie kommen ihm Humor und Ironie ganz abhanden.

Seine Erzähltechnik ist dreist, sogar unverschämt. Er wendet sich immer an die liebe Leserin, männliche Leser sind nicht zugelassen, und nicht gerade in einem schmeichelhaften Ton. Manchmal geht er so weit, die unterstellte Prüderie des Lesers angesichts einer Toilettentür zu schmähen. Seine Haltung den beiden Turtelnden gegenüber ist von leicht spöttischer Zuneigung geprägt. Johanna ist durch viele Betten gegangen; diese Betten haben sie zu Gilbert geführt, doch endet ihr erotischer Weg nicht bei ihm. Sie gesteht, ein amerikanischer Freund, den sie auf ihrer Wanderung durch die Alpen auflasen, habe sie »gehabt«. Gilbert vergibt ihr. Lawrence weiß, daß Vergebung die Sache nicht in Ordnung bringt – keine noch so verständnisvolle, doch bekümmerte Reaktion auf das, was die Welt Untreue nennt, vermag dies. Gilbert muß eine Menge über Frauen lernen, und wir sehen ihm beim Lernen zu. Lawrence betrachtet ganz offen sein früheres Ich.

Was seinen Stil angeht, den Lawrence 1912 erst noch entwickeln mußte (Ford Madox Ford würde es als ein Überbordwerfen selbst der minimalen künstlerischen Züge aus *The White Peacock* ansehen), habe ich vorgegriffen. Bald werde ich, was seine Themen angeht, zurückgreifen müssen in die unemanzipierten Zeiten seiner Jugend in Eastwood. Zunächst jedoch gilt es, Lawrence als verwandelten Menschen zu betrachten. Ein Element in seinem neuen Wesen ist eine große Unstetigkeit, die er mehr förderte denn zu verlieren trachtete. Der verheiratete Lawrence wurde der große Sex-Prophet, der an die Treue und, wenn die Umstände es erforderten, an strenge Keuschheit glaubte (*Lady Chatterley's Lover* handelt ebensosehr von Keuschheit wie von Liebesglut): Er trat mit einem beinahe christlichen Puritanismus für den Wert der Ehe ein und vergaß dabei ganz, daß er einen Ehebund gebrochen hatte. Da er ebenso für gewisse »natürliche« Rechte eintrat, verachtete er Friedas Schmachten nach ihren Kindern, die sie wegen einer äußerst unnatürlichen Strenge der britischen Gesetze nicht sehen durfte. Sein Werk zeigt eine intensive Liebe zu Kindern wie zu allen Lebewesen, die noch nicht von der Zivilisation korrumpiert sind. Doch da er die Kinderlosigkeit ihrer Ehe mit Gleichmut hinnahm, war er nicht willens, den mütterlichen Gefühlen seiner Frau nachzugeben. Er wurde intolerant, dogmatisch und ziemlich unausstehlich.

Auf der anderen Seite hatte er zuviel natürlichen Charme und Vitalität, um Vorbehalte gegen ihn wegen seiner schlechteren Eigenschaften groß werden zu lassen. Frieda erfaßte seinen Charme und seine Liebenswürdigkeit früh. Sie sah ihm zu, wie er mit ihren Kindern spielte, vollauf damit beschäftigt, Papierschiffchen schwimmen zu lassen, um ihnen eine Freude zu machen: »Plötzlich wußte ich, daß ich ihn liebte,« erinnert sie sich. »Eine ungekannte Weichheit hatte mich ergriffen.« Es besteht kein Zweifel, daß es Frieda war, die in guter Shawscher Manier die Entscheidung traf, mit ihm durchzubrennen. Gleichzeitig gestattete sie ihm jedoch, den männlichen Stolz, die Befürchtungen und die Verantwortung zu tragen. Ihre Flucht führte sie, wie *Mr. Noon* berichtet, nach München, Tirol und schließlich an den Gardasee. Für den ersten Winter mieteten sie sich in Riva ein, das damals noch österreichisch war.

Hier mußte Lawrence ernsthaft arbeiten, den sie hatten beide kein Geld. Das bedeutete nicht nur Schreiben, sondern auch den Haushalt zu führen, was er von Mutter und Vater gemeinsam, oder getrennt, gelernt hatte. Er schrubbte, kochte, wusch, stopfte, während Frieda im Bett lag und rauchte oder unterhalten werden wollte. Er war einer der ganz wenigen bewundernswerten Schriftsteller, die für ihre Arbeit weder Ruhe noch Abgeschlossenheit brauchen. Er besaß eigentlich nie ein Haus, der Luxus eines von Regalwänden gesäumten Arbeitszimmers war ihm also fremd. Er konnte seine Arbeit mitten im Satz unterbrechen, um nach einem Kuchen im Ofen zu sehen oder Frieda aus einer Verschlingung von nassen und verhedderten Bettlaken zu befreien. Um *Sons and Lovers* zu beenden, richtete er seinen inneren Blick auf die Vergangenheit, doch seine Augen erblickten um ihn her eine neue, paradiesische Welt. Sein erstes Reisebuch ist angefüllt von der Sonne Österreichs und Italiens, trotz des Titels (der aufs Konto des Verlegers geht). *Twilight in Italy* (ITALIENISCHE DÄMMERUNG) zeigt die überschäumende Liebe einer ekstatischen Beziehung, die noch keine Ehe war. Diese Liebe umschließt die menschliche wie die natürliche Pracht einer neuen Welt.

Von der alten Welt hatte er genug. Die Arbeit an *Sons and Lovers* brachte ihn zurück in eine Zeit, da er gleichsam noch im Garten Eden weilte, doch erinnerte sie ihn zugleich an die gigantische kommerzielle und industrielle Maschinerie, die so viele Menschen zerstört hatte und der er nur durch einen Zufall entkommen war. Eine hübsche Reihe anti-britischer Schmähungen beginnt in Deutschland im Sommer 1912. Er schreibt Edward Garnett:

> Ein Fluch über die verdammten, gallertknochigen Schweine, die schleimigen, bauchkrümmenden Wirbellosen, die elenden schurkischen Lumpen, die verwünschten Luder, die wimmernde, geifernde, zitternde, pulslose Horde, die heute England bewohnt. Sie haben Eiweiß in ihren Adern, und ihr Zunder ist so wäßrig, daß es einen wundert, wie sie sich vermehren können. Sie können nichts zeugen als Froschlaich – die Schnatterer! O Gott, wie ich sie hasse! Gott möge sie

verfluchen, die Klatschmäuler, in die Luft jagen, die Jammerlappen. Ausrotten, das Schleimzeug! . . . Warum nur, warum bin ich als Engländer auf die Welt gekommen! – meine verfluchten Landsleute mit ihren verfaulten Knochen und verweichlichten Herzen, warum wurde ich ausgerechnet zu denen geschickt? Christus am Kreuz muß seine Landsleute gehaßt haben. »Kreuziget mich, ihr Schweine,« muß er zwischen den Zähnen hervorgestoßen haben. Es ist leichter, die Diebe am Kreuz neben einem zu lieben. Aber die Hohepriester da unten – »Kreuziget mich, ihr Schweine.« »Treibt eure Nägel und die Lanze in mein Fleisch, ihr dreckigen, hochnäsigen Schweine mit eurem ranzigen Blut, ich werde zuletzt lachen!« Gott, wie ich sie hasse – sie ekeln mich an – sie stinken nach Fäulnis.

Sie verdienen, daß jeder große Mann sich ertränkt. Ich aber nicht (ich bin ein bißchen groß).

Diese üble Stimmung hatte eine Menge mit Weekleys vorläufiger Weigerung, sich von Frieda scheiden zu lassen, zu tun. Und sie spiegelte den gescheiterten Versuch, seine Landsleute dazu zu bringen, ihn zu lesen (*The White Peacock* erlebte eine zweite Auflage und verschwand dann langsam aus dem Handel; vom ersten Gedichtband wurden gerade hundert Exemplare verkauft). Der Wunsch, nicht als Engländer geboren zu sein, war jedoch nicht ganz ernst gemeint. In Wahrheit sah er es auf jedem seiner Vorposten im Exil als seine Pflicht an, den Engländer herauszukehren und seine Landsleute davon zu überzeugen, genauso englisch zu sein wie er selbst. Richard Aldington sagt, er sei so englisch gewesen wie ein regnerischer Sonntag in Hull. In einem Brief an Edward Garnetts Sohn David, drei Wochen nach dem eben zitierten geschrieben, mit einer Einladung, ihn in Icking bei München zu besuchen, heißt es: »Es wird bestimmt ein großes Vergnügen, Dich zu sehen . . . Ich muß Dir zuerst erklären, daß ich mit einer Dame zusammenlebe, die nicht meine Frau ist . . . Ich sehe furchtbar englisch aus, Du ebenso, nehme ich an, also wird keiner von uns den Union Jack tragen müssen, damit wir uns erkennen.« Der ganze Brief wimmelt von umgangssprachlichen Redewendungen. Er war nicht nur furchtbar englisch, sondern manchmal geradezu ängstlich darauf bedacht, dem zu entsprechen, was er als eleganten Sprachgebrauch ansah, obwohl sein Jargon für gewöhnlich leicht antiquiert war. Gleichzeitig war er stolz darauf, ein Produkt der englischen Arbeiterklasse zu sein. Darüber hinaus sah er sich, wie der Brief an Garnett *père* andeutet, gelegentlich als Jesus Christus. Eines der störenden Elemente in *Twilight in Italy* ist der Hang zu Bergpredigten, in welchen die Symbolik der Religion, die Lawrence aufgegeben hatte, verzerrt als Vehikel für einen neuen unbestimmten Glauben eigener Prägung wieder vorkommt. Das war ein Glaube des Blutes, der Triebe, des Körperbewußtseins und weiterer Imponderabilien. Aber Frieda war stets zur Stelle, um seine hochtrabenden Ideen zu verspotten. Sie war sogar zur Stelle, ihn aus der heiligen Schwermut zu reißen, die ihn beim Schreiben von *Sons and Lovers* befiel. Der Arbeitstitel des Buches war *Paul Morel*, und Frieda schlug den Untertitel »oder Mamas Liebling« vor. Das gefiel Lawrence gar nicht.

4
Sohn und Liebhaber

David Herbert Lawrence wurde als Junge Bert genannt; er mochte seinen ersten Vornamen nicht. Dennoch schrieb er gegen Ende seiner Laufbahn ein sehr gutes biblisches Drama, *David*, in das er die eigene Person einzubringen scheint. Der Prophet Samuel, verärgert über Saul, weil dieser Agag nicht in Stücke hieb, entreißt ihm zornig das Königtum und erwählt einen jungen Schäfer, der den Riesen der Philister erschlägt und, als Erwachsener, die Frau eines anderen Mannes so sehr begehrt, daß er deren Gemahl in den Tod schickt. Außerdem singt er Psalmen zur Harfe. Man kann den David Herbert hier nicht übersehen. Als Lawrence mit Frieda durchbrannte, wurde er Lorenzo. Aber als dieser neue Lorenzo, der über sein vergangenes Ich schreibt – welchen Namen sollte er diesem Ich geben? Er entschied sich für Paul Morel. Joyces *Portrait of the Artist as a Young Man*, das drei Jahre nach *Sons and Lovers* erschien und der andere große *Bildungsroman* der Epoche ist, hat uns daran gewöhnt, nach symbolischen Bedeutungen in Namen zu suchen. »Stephen Dedalus« trieft vor Bedeutung: Der erste Märtyrer der Kunst ist gleichzeitig der Erbauer eines legendären Labyrinths und der Erfinder des Fliegens. Aber man sucht vergebens nach einem Widerhall in »Paul Morel«. *Morel* heißt schwarz und hat vielleicht etwas damit zu tun, daß der Held in die schwarzen Tiefen der eigenen Seele hinabtaucht, aber ganz sicher ist die Wahl des Namens Lawrences Snobismus zu verdanken: Er weiß, daß es ein französischer Name ist; die Bergmannsfamilie erhält ein wenig soziales Prestige dadurch. Was seinen Vornamen angeht, so wird Paul im Roman manchmal »Postle« genannt, aber es hat keinen Sinn, darin nach versteckten

Anspielungen auf die Bekehrung der Heiden zu suchen. Der Roman ist sehr wichtig, aber er ist nicht nach den Prinzipien der Moderne konstruiert. Seine Modernität liegt nicht in der Form, sondern im Inhalt.

Der Inhalt ist Lawrences eigene Jugend, der Schauplatz Bestwood oder Eastwood, die Erzähltechnik so schlicht wie bei Wells oder Bennett. Jedenfalls bis zum ersten großen Höhepunkt, einem Streit zwischen dem brutalen Schachtmeister und seiner gebildeten Frau. Er sperrt sie aus. Sie fürchtet die Nachtkühle, nicht ihrer selbst wegen, sondern wegen des ungeborenen Paul, der sich in ihr bewegt. Dann übernimmt die äußere Natur:

> Leicht schwankten im Mondlicht die großen, weißen Lilien, fast greifbar füllte ihr Duft die Luft. In leichter Furcht atmete Frau Morel tief. Sie berührte die großen blassen Kelchblätter der Blumen und erschauerte. Sie schienen im Mondlicht zu wachsen . . . Dann beugte sie sich, blickte in den Kelch mit dem gelben Blütenstaub, er sah schwärzlich aus. Sie sog tief den Duft der Blumen ein, er machte sie fast schwindlig.
>
> Frau Morel lehnte sich gegen das Gartentor, sah in die Ferne, vergaß sich kurze Zeit. Sie wußte nicht, was sie dachte. Wohl war ein leichtes Schwächegefühl da und das Leben des Kindes in ihr, aber sie selbst verging wie Duft in die schimmernde, fahle Luft. Und nach einiger Zeit verging mit ihr auch das Kind in dem Schmelztiegel des Mondlichtes, und mit den Hügeln, den Lilien und Häusern ruhte sie wie in einer Ohnmacht.

»Sie selbst verging . . .« Schon früh im Buch erfahren wir fast beiläufig von der Zerbrechlichkeit menschlicher Identität. Und während in *The White Peacock* Blumen und Mondlicht meist nur dekorative Funktion haben, werden sie hier in das Drama einbezogen. Und noch etwas ist neu, nämlich die fast halluzinatorische Exaktheit der Aufzeichnung. Beim nächsten Streit wirft Morel eine Schublade nach seiner Frau, die das Baby Paul auf dem Arm hat. Er trifft sie an der Stirn, und es blutet.

> Düster wandte er sich um, als er sah, wie aus der Wunde des abgewandten Gesichts ein Blutstropfen in des Kindes dünnes, glänzendes Haar fiel. Wie gebannt sah er den schweren, dunklen Tropfen in der glänzenden Wolke hängen, wie er den feinen Haarschleier zerdrückte. Wieder fiel jetzt ein Tropfen. Der würde durchsickern auf die Kopfhaut des Kindes. Er sah gebannt hin, fühlte, wie er versickerte; da brach seine Männlichkeit zusammen.

»Da brach seine Männlichkeit zusammen«: Der Satz ist pathetisch wie in einem Heldenepos, und keineswegs ironisch. Wir sind in einer Welt jenseits des traditionellen Realismus. Sie verdankt manches dem Naturalismus von Thomas Hardy, bei dem die Naturgötter an Männern und Frauen als Foltermaterial interessiert sind, doch bei Lawrence ist die Natur selten anthropomorph, und die Menschen sind verdammt frei, sich selbst und andere zu verletzen. Es gibt bei ihm eine Ebene, auf welcher Männer und Frauen über ihre Identität hinausreichen. Wir müssen diesen Begriff *Männlichkeit* ernst nehmen.

Doch pflegen die Figuren einen lockeren und humorvollen Umgang mit der Welt des Alltags, der einförmig, doch nie langweilig ist. Es ist eine Welt, die für uns von prickelndem historischem Interesse ist – zum Beispiel Morels Arzneien: »In der Bodenkammer hingen dicke Bündel getrockneter Kräuter: Wermut, Raute, Andorn, Erlenblüten, Ohmkraut, Eibisch, Eisenkraut, Löwenzahn und Tausendgüldenkraut. Meist stand auf dem Herd ein Krug mit dem einen oder anderen Aufguß, von dem er reichlich trank.« Diese Menschen sind die Diener des neuen Industrialismus, aber sie bewahren noch immer zäh ihre Verbundenheit mit den Feldern und Wäldern, die langsam von Minen und Kanälen geplündert werden. Nachdem dieser Hintergrund voll entfaltet ist, sind wir nun bereit für den Auftritt des jungen Paul: »Es sah aus, als würde Paul zart und klein bleiben, wie seine Mutter es war. Sein helles Haar wurde rötlich und dann dunkelbraun; seine Augen waren grau. Er war ein blasses, ruhiges Kind mit Augen, die zu lauschen schienen, und mit dicker, hängender Unterlippe.« Wer sagt, er ist? Wer ist der Beobachter? Wir stehen hier dem Erzählproblem gegenüber, mit dem Ford Madox Ford rang. *A Portrait of the Artist as a Young Man* löst es mit Hilfe der lyrischen Methode – der Standpunkt der zentralen Figur, die wir nie von außen sehen, wird eingenommen. Lawrence nimmt das Problem nicht zur Kenntnis. Obwohl wir meist bei seinem Helden bleiben, gibt es plötzliche, schnelle Schnitte auf andere Standpunkte. Das ist altmodisch, aber es erlaubt einen kritischen Ansatz, der für Lawrences Methode unerläßlich ist: Paul Morel ist zu unbeständig, seine Empfindungen wechseln zu rasch, um ihm die ganze Erzählung anzuvertrauen.

Der junge Paul beweist Verwandtschaft mit seinem apostolischen Namensvetter nur, als er die Puppe seiner Schwester, Arabella, verbrennt, als wäre sie eine heidnische Göttin, und dann inbrünstig betet – daß sein Vater entweder sterben oder das Trinken aufgeben möge. Es ist eines der Paradoxe in der Literatur, daß verabscheuungswürdige Figuren oft unser Mitgefühl mehr erregen als tugendhafte. Walter Morel ist die zerstörerische Kraft, die am Ende jedes idyllischen Tages betrunken, schmutzig, egoistisch, aggressiv hereinbricht, aber er ist nicht wirklich unsympathisch. In Krisensituationen bricht er leicht zusammen, er ist komisch in seiner Reue, sein Dialekt ist anziehender als das kalte, vorwurfsvolle Englisch, das Mrs. Morel ihm an den Kopf wirft. Wie Falstaff wird er alt und schlurft von der Szene. Aber mit seiner sorglosen Stärke repräsentiert er ein Prinzip, an dem Lawrence immer mit großer Sehnsucht hing – eine rohe und schöne Maskulinität, die sich gegen die weibliche Herrschaft behauptet. Verglichen mit ihm, gibt der junge Paul viel zu leicht dem weiblichen Element in sich selbst nach. Außerdem ist er ein Angeber und ein subtilerer Tyrann als sein Vater. Hier ist er mit Miriam zu Beginn ihrer so genannten »Jungen- und Mädchenliebe«:

»Warum bist du immer traurig?« fragte er sie.
»Traurig!« rief sie und sah ihn mit ihren erstaunten, wundervoll braunen Augen an.
»Ja«, erwiderte er. »Immer, immer bist du traurig.«

»Das bin ich nicht – gar nicht«, rief sie.
»Selbst deine Freude ist wie eine Flamme, die aus der Traurigkeit aufschießt«, beharrte er. »Du bist nie froh oder auch nur in seelischem Gleichgewicht.«
»Nein«, überlegte sie. »Warum nur nicht?«
»Weil du es nicht bist; weil du innerlich anders bist, wie eine Kiefer, und dann flammst du auf; aber du bist nicht wie ein gewöhnlicher Baum, mit unruhigen Blättern und fröhlichen ...« Er verfing sich in seinen Worten; aber sie dachte nach über sie, und er empfand mit seltsamer Erregung, daß neue Gefühle in ihm erwachten.

Sehr gut; hier haben wir einen Jugendlichen, der seiner Klasse entwächst und Haltungen einnimmt, die er noch nicht richtig versteht. Er kann keine Festigkeit finden, die der des Bergmanns, der sein Vater ist, entspräche. Seine Mutter erkennt seine Formbarkeit und beginnt ihr Spiel damit zu treiben. Über Miriam sagt sie zu sich: »Sie gehört zu denen, die dem Mann die Seele aus dem Leibe saugen, bis er keine eigene mehr hat, und er gehört zu den Dummköpfen, die sich das gefallen lassen. Sie will ihn nie zum Mann werden lassen, nie.« Solche Worte könnten über ihren ungenügenden Ehemann nie gesagt werden.

Nun beginnt der Konflikt zwischen Mrs. Morel und Miriam um den Besitz Pauls. »›Sie jubelt, sie jubelt, daß sie ihn mir nimmt‹, schrie Frau Morel in ihrem Herzen auf, wenn Paul gegangen war. ›Sie ist nicht wie ein gewöhnliches Weib, das mir meinen Anteil an ihm läßt. Sie will ihn ganz, sie will ihn aussaugen, will ihn ganz, bis nichts mehr von ihm übrig ist, bis er sich selbst nicht mehr hat. Nie wird er ein Mann sein, der auf eigenen Füßen steht – sie saugt ihn aus.‹ So saß die Mutter da, kämpfte, und bittere Gedanken füllten ihr Herz.

Bald darauf bereitet Lawrence sehr sorgfältig die erotische Szene vor, in der Mrs. Morel ihren eigenen Wunsch, ihn ganz zu besitzen, ausspricht. Die Passage beginnt mit dem Vater, der sich in der Spülküche wäscht:

> Er hatte immer noch einen wunderbar jungen muskulösen Körper, ohne irgendwelchen Fettansatz. Seine Haut war glatt und rein. Es hätte der Körper eines Achtundzwanzigjährigen sein können, nur hatte er vielleicht da, wo der Kohlenstaub sitzengeblieben war, zuviel blaue Narben, die an Tätowierungen erinnerten. Auch war seine Brust zu behaart.

Seine Frau erinnert sich daran, wie er war:

> »Eine eiserne Gesundheit hast du gehabt«, sagte sie, »und wenn es sich nur um den Körper handelte, hatte nie jemand bessere Aussichten als du. Hättest ihn mal als jungen Mann sehen sollen«, sagte sie plötzlich zu Paul und richtete sich auf, um die früher so schöne Haltung ihres Mannes nachzumachen. Scheu beobachtete sie Morel.
>
> Wieder sah er die Leidenschaft, die sie für ihn empfunden hatte. Einen Augenblick flatterte sie wieder über sie hin. Er war scheu, fast erschrocken und demütig. Wieder fühlte er seine alte Glut. Dann aber empfand er sofort, was alles er in diesen Jahren zerschlagen hatte. Er mußte jetzt was tun, irgend etwas, um nicht mehr daran zu denken.

Nach dieser Gefühlswallung werden wir schon bald für die nächste bereit sein. Pauls Mutter geht einkaufen und läßt ihn zuhause, um nach den Broten im Ofen zu sehen. Miriam kommt herein, »und ihre dunklen Augen waren eine einzige Liebesflamme.« Paul will diese Flamme nicht und flirtet lieber, in Miriams Anwesenheit, mit einem Mädchen namens Beatrice, die irgendwie zufällig auftritt. Sie küßt ihn frech auf die Wange, und er sagt: »Gleich küsse ich dich auch, Beatrice.« Dann fällt ihm das Brot ein, das verbrannt ist. Miriam war zu einer Französischstunde gekommen, Beatrice verabschiedet sich, Pauls Überschwenglichkeit geht in Scham über: »Er wußte nur, daß sie ihn liebte. Und er hatte Angst vor ihrer Liebe zu ihm. Sie war für ihn zu gut, und er war ihrer nicht wert. Seine Liebe war falsch, nicht ihre.« Die Liebe wird beiseite geschoben, in eine Zeile von Baudelaire – »*Tu te rapelleras la beauté des caresses*.« Dann bringt Paul Miriam nach Hause. Bei seiner Rückkehr findet er seine Mutter in ihrem Schaukelstuhl, das verbrannte Brot ist entdeckt. Paul wird nicht wegen seiner Unachtsamkeit getadelt, sondern wegen seiner offenkundigen Schwäche für Miriam. Paul muß sagen: »Nein, Mutter, ich liebe sie wirklich nicht. Ich spreche mit ihr, aber ich will immer wieder zu dir, nach Hause.«

> Er hatte Kragen und Schlips abgetan und stand nackthalsig auf, wollte zu Bett. Als er sich bückte, um die Mutter zu küssen, schlang sie ihm die Arme um den Hals, legte das Gesicht auf seine Schulter und weinte wimmernd; und ihre Stimme klang so fremd, daß er sich in Qual wand. »Ich kann es nicht ertragen. Jedes andere Weib, ja, aber sie nicht. Mir ließe sie kein Plätzchen, kein kleinstes Plätzchen . . .«
>
> Und er haßte Miriam bitter.
>
> »Und weißt du, Paul – nie, nie habe ich wirklich einen Mann gehabt.«
>
> Leicht strich er der Mutter über das Haar, und sein Mund berührte leicht ihren Hals.
>
> »Und sie jubelt innerlich, daß sie dich mir nimmt – sie ist anders als andere Mädchen.«
>
> »Ich liebe sie nicht, Mutter«, sagte er leise, senkte den Kopf und verbarg in seiner Not seine Augen an ihrer Schulter.
>
> Die Mutter küßte ihn, lange, glühend. »Mein Junge«, sagte sie, und in ihrer Stimme bebte leidenschaftliche Liebe.

War Iokaste die Verführerin? Als Morel beschwipst nach Hause kommt, sagt er »giftig«: »Macht ihr wieder Unfug?« An welchen Unfug denkt er? Er geht in die Speisekammer und stiehlt das Stück Schweinepastete, das Mrs. Morel für ihren Sohn gekauft hat. Als sie ihn deswegen beschimpft, wirft er es ins Feuer. Vater und Sohn erheben die Fäuste gegeneinander, die Mutter fällt in Ohnmacht, die Szene ist zu Ende. »Der ältliche Mann begann die Schuhe aufzuschnüren. Er torkelte zu Bett. In diesem Hause hatte er seinen letzten Kampf gekämpft.« Ödipus hat die Macht übernommen.

Aber da der Roman 1913 erschien, muß nicht betont werden, daß es sich bei diesem Drama nicht um körperlichen Inzest handelt. Mrs. Morel sieht in Miriam keinesfalls eine Rivalin auf sexuellem Gebiet: Sie und wir sind auf beiden Seiten mit einem weiblichen Besitzanspruch konfrontiert, der nicht leicht zu definieren ist. Wir begeben uns nun in das Dunkel, wohin Worte nicht zu folgen vermögen. Es ist eine Art sekundärer Sexualität, die da von der Mutter im Sohn stimuliert wird: Er will, daß sie jung und elegant ist, kraftvoll Treppen steigen kann, wenn er sie mit nach Lincoln nimmt. Aber er überlegt gleichzeitig, eine Affäre mit der Suffragette Clara Dawes zu beginnen, einer Freundin Miriams, die verheiratet ist, jedoch von ihrem Mann getrennt lebt. Sie arbeitet in derselben Fabrik für orthopädische Bandagen usw. wie Paul. Was die äußeren Umstände angeht, sind wir nun weit entfernt von Autobiographischem. Wir brauchen die Einheit des Ortes, damit das persönliche Drama sich entfalten kann: Lawrence läßt seinen Helden nicht den Arbeitsplatz wechseln; die Qualen des Klassenzimmers bleiben für *The Rainbow* aufgespart. Und wir können keinen Paul brauchen, der, als angehender Schriftsteller wie sein Schöpfer, womöglich anfinge, das Buch zu schreiben, das Lawrence gerade schreibt: Er könnte zu gut zu verstehen lernen, was sich in seiner Seele abspielt. Paul ist auf dem Weg, ein erfolgreicher Maler zu werden, und verkauft seine Bilder sogar. Dies rechtfertigt seine scharfe Beobachtungsgabe, die ein herausragendes Charakteristikum des Buches ist. Seine Mutter erfährt von Clara und scheint nicht viel gegen die Affäre zu haben, die ihr Sohn im Sinn hat:

> Sie wäre froh gewesen, wenn ihr Sohn jetzt eine Frau geliebt hätte, die etwas tun würde, sie wußte nicht was. Aber er zerquälte sich so, wurde plötzlich wütend und war dann wieder niedergeschlagen. Sie wünschte, er kennte irgendeine hübsche Frau. Sie wußte nicht, was sie wünschte, ließ das auch ganz unbestimmt. Auf jeden Fall lehnte sie den Gedanken an Clara nicht ab.

Nein: sie ist nur gegen Miriam. Eine »hübsche Frau« hätte nicht Miriams gefährliche emotionale – und intellektuelle – Tiefe.

Miriam könnte zu der Frau werden, die sie selbst gern gewesen wäre, und würde vielleicht – verheiratet mit einem gleichgesinnten Ästheten und Intellektuellen – eine glücklichere Ehe als ihre eigene führen. Sie wird durch Sanftmut und den Anschein von Passivität gewinnen. Paul würde sicherlich niemals mehr ihr kleiner Junge werden: Besser wenn er mit irgendeiner »hübschen Frau« poussierte, die der Mutter den Platz nie streitig machen kann. Sie ist sehr freundlich zu Clara, als sie zum Tee kommt.

Wir wissen, wer die wirkliche Miriam war; wo kommt Clara her? Sie ist eine Mischung, einiges verdankt sie einer Freundin aus Eastwood, Alice Dax, einer bekannten Pionierin des Feminismus. Sie ist schön, blond, ziemlich kräftig gebaut, ein Stadtkind, das, wie sich zeigt, der Erde verbunden ist, während das Landkind Miriam nach oben, zum Licht hin strebt – zur *lux clara*. Wir können nicht umhin, Züge von Friedas Gestalt in Clara zu erkennen: Frieda, gleichfalls schön und blond, war keine Sylphe. Es besteht keine Ähnlichkeit im Temperament, aber Clara ist eine verheiratete Frau, die Paul aus einem sexuellen Vakuum, das ihr Mann verursacht hat, herausholt, und sie ist dreißig, während Paul »dreiundzwanzig wird«. Es wäre absurd, Spuren von Ernest Weekley in dem brutalen Baxter Dawes, einer armseligeren Version von Pauls Vater, entdecken zu wollen, aber Pauls Gefühle Dawes gegenüber lassen auf Lawrences Gefühle dem Hahnrei Ernest Weekley gegenüber schließen:

> Seit sich die beiden Nebenbuhler geschlagen hatten, war das zwischen ihnen bestehende Gefühl der Verbundenheit immer stärker geworden. In gewisser Beziehung fühlte Morel sich dem andern gegenüber schuldig und mehr oder weniger verantwortlich. In seiner augenblicklichen seelischen Verfassung fühlte er sich Dawes fast qualvoll nahe, denn auch er litt und war verzweifelt. Außerdem waren sie einander in wildestem Haß begegnet, und das verband sie. Auf alle Fälle hatte das Elementarste in ihnen sich gegenübergestanden.

Dieses Absinken zum »Elementarsten« unterhalb der Identität bildet das Kernthema der Bücher von Lawrence. Doch Identitäten müssen zuerst einmal geschaffen werden. Wie die Claras.

Wir wissen nicht, wieviel von diesem Buch während jenes harten, mit Schreiben ausgefüllten Winters am Gardasee entstanden ist. Es gibt nur eine Episode, die wir zuverlässig auf diese erste Station des Exils datieren können, und das ist die Szene im Pub, wo Paul unsympathisch und angeberisch erscheinen muß, um damit Dawes' Hohn, Beleidigungen und schließlich tätlichen Angriff zu rechtfertigen:

> »Die Aristokratie«, fuhr er fort, »ist tatsächlich eine durchaus militärische Einrichtung. Für sie ist der Krieg die einzige Möglichkeit, vorwärtszukommen. Solange es keinen Krieg gibt, sind sie faule Nichtstuer. Bricht aber Krieg aus, dann sind sie Führer und Befehlshaber. Und deshalb wollen sie einfach den Krieg.«

»Er reizte die Älteren durch seine bestimmte Art und seine selbstbewußte Sicherheit«, erfahren wir unmittelbar anschließend. Er reizt auch den Leser, nicht zum ersten Mal, aber Lawrence weiß für gewöhnlich, was er tut. Er kann sich nicht leicht über seine puritanische Erziehung hinwegsetzen, und Paul ist im Grunde ein Snob, ein Besserwisser und ein Verführer. Keine Figur, die auf dem Autor selbst basiert, zwingt je der von Lawrence entworfenen Welt ihre eigenen unsicheren Normen auf. Das ist ein Maß für seinen gesunden Verstand.

Welchen Ursprung im wirklichen Leben Clara hatte, ist unwichtig. Die gegensätzlichen Rollen des dunkelhaarigen und blonden Mädchens waren zu Lawrences Zeiten ein Gemeinplatz im britischen Roman. Die Polarität blond-brünett kann bis zu Madame de Staëls *Corinne* zurückverfolgt werden, und ihr *locus classicus* im britischen Roman des neunzehnten Jahrhunderts ist *The Mill on the Floss* (DIE MÜHLE AM FLOSS). Die dunkle Miriam, in deren Name – der von Moses' Schwester – die Macht einer hebräischen Prophetin, also eine asexuelle Kraft, anklingt, ist eine Variation von Maggie Tulliver ohne deren Burschikosität, während Clara eine Art verarmte Lucy Deane[16] ist. Lawrence verdankt George Eliot einiges, nichts jedoch bei der verdrehten sexuellen Situation, die auf einige offene Worte Claras über Miriam folgt. Paul schildert Clara seine Beziehung zu dem anderen Mädchen:

»... sie aber will mich auf ihre Art so sehr, daß ich mich nicht geben kann.«
»Aber wie denn?«
»Sie will meine Seele; immer weiche ich vor ihr zurück.«
»Und doch lieben Sie sie!«
»Nein, ich liebe sie nicht. Ich küsse sie nie.«
»Warum nicht?« fragte Clara.
»Ich weiß es nicht.«
»Ich glaube, Sie haben Angst«, sagte sie.
»Nein. Etwas in mir weicht vor ihr zurück wie vor der Hölle – sie ist so gut, wenn ich nicht gut bin.«
»Wie wissen Sie denn, wie sie ist?«
»Ich weiß es. Ich weiß, sie will so etwas wie Seelengemeinschaft.«
»Aber woher wissen Sie, was sie will?«
»Sieben Jahre habe ich mit ihr verkehrt.«
»Und haben das Einfachste noch nicht erkannt.«
»Und das wäre?«
»Daß sie Ihre Seelengemeinschaft gar nicht will. Das bilden Sie sich ein. Sie will Sie.«
Er dachte über ihre Worte nach. Vielleicht hatte er unrecht.
»Aber sie scheint ...« begann er.
»Sie haben es ja noch nie versucht«, antwortete sie.

Also versucht er es nun. Miriam »gibt sich ihm«. Sprachlos steht er vor der Schönheit ihrer Nacktheit, und er liebt sie, endlich auch körperlich, »bis in die letzte Fiber seines Wesens«. Aber bei Paul Morel ist nichts einfach. »Als er nach Hause fuhr, fühlte er, daß er endlich eingeweiht war. Er war kein Jüngling mehr. Aber warum nur hatte er den dumpfen Schmerz in der Seele? Warum war ihm der Gedanke an Tod, an Leben nach dem Tode so süß und so tröstend?« Warum nur? Darauf gibt es keine einfachen Antworten, obwohl die nächstliegende ist, daß Paul eine Art von Inzest-Tabu verletzt hat, da seine Beziehung zu Miriam stets die zu einer Schwester war: Inzest hat, soviel steht fest, nichts mit Blut zu tun. Dann ist da das Problem von Miriams Passivität; sie nimmt es hin, aber ohne Freude. »Alles wäre gut, wenn wir verheiratet wären«, sagt sie zur Entschuldigung. Langsam begreift er, daß Sex nicht darin besteht, in das eigene unpersönliche Dunkel zu tauchen: Es muß ein gemeinsames Dunkel geben, in dem zwei Personen ihre Identität abstreifen. Seine eigene abzustreifen, macht ihn zum Tier: »Er mußte sie, fast wissentlich, ganz außer acht lassen und aus der rohen Kraft seines eigenen Gefühls heraus handeln. Und das konnte er nicht oft, und immer blieb das Gefühl des Mißlingens und des Todes.« Eine Heirat würde diesen Zustand nur perpetuieren. Seine schließliche Absage an Miriam ist brutal, aber er schreckt sie damit aus ihrer Passivität. »Sie hatte ihre Liebe zu ihm von dem Augenblick an gehaßt, in dem sie zu stark für sie wurde. Und im tiefsten Innern haßte sie ihn, weil sie ihn liebte und er sie beherrschte.« Sie schilt das Kind in ihm, »das sich sattgetrunken hat und den Becher wegwirft und zerschmeißt.« Wütend sagt sie: »Du bist wie ein Vierjähriger.« Worauf er antwortet: »Dann schön, wenn ich ein vierjähriges Kind bin, was willst du denn mit mir? Ich brauche keine zweite Mutter.«

Von der Mutter ist wenig in Clara, bei der weder Besitzansprüche noch übrigens Diskussionen über Corot und Verlaine dem im Wege stehen, was eine eindeutige Kapitelüberschrift »Leidenschaft« nennt. Aber sie bleibt nicht lange ein ausgezeichnetes Objekt körperlicher Liebe. Paul spricht über sie mit seiner Mutter. Er sagt: »Weißt du, Mutter, etwas ist bei mir nicht in Ordnung, ich kann einfach nicht lieben. Wenn ich mit ihr zusammen bin, liebe ich sie meistens. Manchmal, wenn ich in ihr nur das Weib sehe, liebe ich sie, und wenn sie dann anfängt zu reden und zu kritisieren, höre ich nicht einmal zu. . . . Ich habe sie lieber als Miriam. Aber warum fesseln sie mich nicht?« Er kennt die Antwort: »Solange du lebst, treffe ich nie die richtige Frau.«

Seine Mutter hat nicht mehr lange zu leben. Während Lawrence am Gardasee gerade mit der Erinnerung an den Todeskampf seiner unheilbar krebskranken Mutter rang, kam die wenig einfühlsame

Frieda auf die Idee des scherzhaften Untertitels »Mamas Liebling«. Wir wissen, wie er darauf reagierte, jedoch bewahrte er bei seiner Arbeit einen kühlen Kopf und konnte sich so innerlich von seinem alter ego distanzieren: Die Sticheleien über »Mamas Liebling« kamen zu spät, um noch zu treffen. Lawrence hatte immer sozusagen eine glückliche Hand mit dem Tod, indem er ihn eher wie Flaubert als wie Dickens behandelte. Als William, Pauls älterer Bruder, anLungenentzündung und Wundrose stirbt, sind seine letzten Worte (er hat in einem Speditionsbüro gearbeitet): »Infolge eines Lecks im Schiffsrumpf war der Zucker zusammengebacken und steinhart geworden. Er mußte losgehackt werden.« Die ›Krankheit″ einer Fracht steht für seine eigene. Paul beschließt, den Tod der Mutter durch eine Überdosis Morphium zu beschleunigen, und zieht seine Schwester, Annie, ins Vertrauen: »Dann lachten beide wie zwei sich verschwörende Kinder. Über all ihrem Entsetzen flackerte dies bißchen Verstand.« Dieser Ton ist richtig. Der Mord, oder Euthanasie, hat keine Entsprechung im realen Sterben von Lawrences Mutter, aber er ist mit großer Geschicklichkeit ausgeführt. Doch nach dem Tod wird der Ton etwas schwankend: »Wie nur halb wirklich vergingen die Wochen ohne zu große Qual, eigentlich ganz leer, vielleicht ein wenig Erleichterung, meist eine nuit blanche.« Dieses französische Einsprengsel ist absurd in einer so elementaren Situation. Später, in seiner kalten Behausung in Nottingham, ruft Paul: »Mater!«, als wäre er Coriolanus. Er ist innerlich zerbrochen, aber er kann immerhin noch anregen, Claras zerbrochene Ehe zu kitten. Und Miriam? Sie besucht ihn, zieht seinen Kopf an ihre Brust und schlägt ihm vor, sie zu heiraten. Will er das? »Nicht gern«, sagt er gequält. Aber er würde es vielleicht akzeptieren, wenn sie »froh und stark sagte: ›Höre auf mit dieser Unrast und diesem Kampf gegen den Tod! Du bist mein, bist mein Gefährte.″ Hierzu hatte sie nicht die Kraft. Oder wollte sie einen Gefährten? Oder wollte sie einen Christus in ihm?« Das geht zu weit; es erhebt Paul zum Abbild heiligen Leidens, das angebetet werden muß. Sie sagt, sie müsse gehen. »An dem Klang ihrer Stimme erkannte er, daß sie ihn verachtete.« Auch wir werden ihn verachten, wenn er andauernd »Mutter!« schreit, falls er den Roman so beendet. Aber der letzte

Absatz ist genau richtig:

> Doch nein, er wollte nicht nachgeben. Er wandte sich plötzlich um, ging auf das goldene Schimmern der Stadt zu. Seine Fäuste waren geballt, sein Mund fest geschlossen. Er wollte nicht in die Dunkelheit, wollte ihr nicht folgen. Er ging auf die leise summende, funkelnde Stadt zu, schnell.

Lawrence muß darüber nachgedacht haben, wohin er dieses letzte Adverb plazieren sollte. »Er ging schnell« wäre zu klar gewesen. Es ist richtig, daß es unruhig am Ende des Satzes baumelt.

Da ich mich in diesem kurzen Abriß auf einen Sohn und Liebhaber konzentriert habe, soll nun Lawrences eigene Zusammenfassung des Buches den Plural im Titel rechtfertigen – einem Titel, den es noch gar nicht hatte, als er das Manuskript am 14. November 1912 von Gargnano aus an Duckworth schickte. In seinem Brief an Edward Garnett schreibt er über die Mutter:

> Doch als ihre Söhne heranwachsen, erwählt sie sie zu Liebhabern, zuerst den ältesten und dann den zweiten. Diese Söhne werden durch die gegenseitige Liebe ihrer Mutter ins Leben *gedrängt* – immer wieder gedrängt. Doch als sie ins Mannesalter kommen, können sie nicht lieben, weil ihre Mutter die stärkste Macht in ihrem Leben ist und sie festhält. . . Sobald die jungen Männer in Kontakt mit Frauen kommen, sind sie zerrissen. William verplempert seinen Körper an eine Puppe, und seelisch hält ihn seine Mutter fest. . . Der zweite Sohn bekommt eine Freundin, die um seine Seele kämpft – also die Mutter bekämpft. Der Sohn liebt die Mutter – alle Söhne hassen den Vater und sind eifersüchtig auf ihn. Der Kampf geht weiter zwischen der Mutter und der Freundin, und der Sohn ist der Preis. Die Mutter erweist sich allmählich als die stärkere, wegen der Blutsbande. Der Sohn beschließt, seine Seele in den Händen seiner Mutter zu lassen und wie der ältere Bruder nach Sex auszuschauen. Er findet Sex. Dann beginnt sich wieder die Zerrissenheit auszuwirken. Doch die

Mutter gewahrt fast unbewußt, was sich abspielt, und nähert sich dem Tode. Der Sohn verstößt seine Geliebte und umsorgt seine sterbende Mutter. Zuletzt verbleibt ihm nichts, und er treibt zum Tod hin.

Er fügt hinzu: »Es ist eine große Tragödie, und glauben Sie mir: Ich habe ein großes Buch geschrieben. Es ist die Tragödie von Tausenden junger Männer in England ... Ich glaube, es war auch die Tragödie Ruskins und der ihm gleichgearteten Männer.« Und noch einmal: »Es ist ein großer Roman.«

Lawrences Einschätzung ist richtig. Als der Roman im Mai 1913 veröffentlicht wurde, gab es natürlich die erwarteten Einwände wegen seiner Offenheit, und bestimmte Bibliotheken und Läden weigerten sich, ihn zu führen, doch die Intellektuellen sahen seine Kraft und Originalität, hörten eine neue Stimme, priesen Lawrence als den kommenden Mann. Henry James, Gott steh' ihm bei, plazierte Lawrence »in die staubigen Kulissen«, reservierte die Bühne für seinen homosexuellen Protégé Hugh Walpole. Doch es ist durchaus möglich, daß *Sons and Lovers* James Angst eingejagt hatte. Der Roman hat noch immer die Kraft, auch sehr viel weniger sensible Naturen zu ängstigen, und die Elemente Furcht und Mitleid rechtfertigen Lawrences Beschreibung des Buches als Tragödie fast, obwohl mehr von einer sophokleischen Starrheit in seiner Inhaltsangabe zu finden ist als in dem blühenden, blattreichen, wuchernden Buch selbst. Einige Intellektuelle nahmen es erfreut als Tatsache hin, daß der Autor Freud gelesen und einen Roman zur Erklärung des Ödipuskomplexes geschrieben hatte, doch hörte Lawrence erst relativ spät von dem Meister aus der Berggasse 19 – von Frieda, die mit einem Psychoanalytiker[17] befreundet war und aus eigenem Antrieb einiges gelesen hatte, natürlich im deutschen Original.

Wenn man *Sons and Lovers* als freudianischen Roman bezeichnet, so kann dies zweierlei bedeuten – daß er Kenntnisse über die Theorie des Ödipuskomplexes enthält, was nicht der Fall ist, oder daß die Motivationen seiner Figuren, wie bei *Hamlet*, in einem Dunkel liegen, das nur Freud oder Jones oder Ferenczi erhellen können. Doch Freud starb in dem Bewußtsein, daß jedes Kindermädchen, oder jede Bergmannsfrau aus Eastwood, schon längst wußte, was für ihn eine epochemachende Entdeckung war: Daß die Macht der Mutter über ihre Söhne und Töchter bis in die verbotenen Regionen des Geschlechtlichen reicht und das Liebesleben der Heranwachsenden verkrüppelt und auf grausame Weise Ehen zerbricht. Daran ist nichts tragisch: Es ist ein Faktum der Liebe (meine Schreibmaschine hat sich für *Liebe* statt *Leben* entschieden; sie scheint zu wissen, was sie tut) und hat sogar, wie in den Schwiegermutter-Witzen, eine komische Seite. Wenn, wie Lawrence sagt, »Tausende junger Männer in England« an einer Mutterbindung leiden, um wieviel schlimmer ist dann die Situation in matriarchalischen Kulturen, wie der jüdischen oder der italienischen oder gar im malaysischen Negri Sembilan. In *Sons and Lovers* wird das Faktum der Liebe mit der Intensität des Genies dargestellt, und die Mutter-Sohn-Beziehung verdankt ihre einzigartige Kraft dem Naturell des Sohnes, der gleichzeitig der Autor ist, der mehr an der eigenen Sensibilität zerbricht als an der Unersättlichkeit mütterlicher Besitzansprüche. Der Roman hätte nicht viel später geschrieben werden können. Als die Theorie des Ödipuskomplexes überall verbreitet war, hätte der Autor eines solchen Buches zwangsläufig dessen Inhalt befangen mit den Begriffen Freuds betrachtet. Die Größe eines Buches zeigt sich nicht in seinem Thema, sondern in der Behandlung dieses Themas. Durch seine nachträgliche Entdeckung Freuds hätte sich Lawrences Haltung der Mutter gegenüber ändern müssen, doch das geschah nicht. Noch während seiner Flitterwochen schrieb er Elogen auf sie. Aber sein unermeßliches Glück, eine Frau wie Frieda zu finden, entriß ihn einem Zustand, den er so beschreibt: »Zuletzt verbleibt ihm nichts, und er treibt zum Tod hin.« Die Antwort auf sein Ödipus-Problem ist die Ehe mit einer Frau wie Frieda (oder offener Ehebruch, der auf seine Sanktionierung durch das Gesetz wartet). Die wirkliche Tragödie für Paul wäre gewesen, Miriam zu heiraten, oder für Lawrence eine Ehe mit Jessie Chambers.

Hier der letzte Brief, den Lawrence seiner alten Partnerin in der Jungen- und Mädchenliebe schrieb. Er schickte ihn ihr aus Gargnano im Frühling 1913:

> Ich sende Dir die Fahnen des Romans, ich denke, Du solltest ihn kennen, bevor er veröffentlicht wird. Von Ada höre ich, daß Du wieder in einer Studentenbude wohnst. Schicke den Roman an sie weiter, wenn Du damit fertig bist . . . Das vergangene Jahr war nicht immer rosig für mich. Ich hatte meine Höhen und Tiefen mit Frieda. Aber wir wollen heiraten, sobald ihre Scheidung durch ist. Wir lassen uns dann irgendwo ziemlich ruhig nieder, wahrscheinlich in Berkshire. Frieda und ich sprechen endlos über Dich. Wir würden uns freuen, wenn Du uns irgendwann einmal besuchst, wenn Du Lust hast. Aber wir gehen in ungefähr einer Woche von hier weg, es wird zu heiß für uns, ich meine das Wetter, nicht den Ort. Ich muß jetzt Schluß machen, man wartet auf mich.

Jessies eigenen Erinnerungen an Lawrence zufolge, »erstickte« sie dieser Brief. Sie schickte ihn kommentarlos an ihn zurück.

5
Manna

Wie der Brief an Jessie zeigt, respektierte Lawrence die Gefühle anderer nicht. Zudem war er arrogant, dogmatisch, messianisch, unstet; und doch war er liebenswert. Sein Selbstporträt in *Sons and Lovers* macht keine Konzessionen an das herkömmliche Bild eines Romanhelden; in dieser Beziehung ähnelt er dem Joyce des *Ulysses*; dieser läßt seinen autobiographischen Stephen Dedalus spotten, in der Nase bohren, Leopold Bloom beleidigen, mit seiner Bildung protzen und sich überhaupt wie der grüne Junge benehmen, der er ist. Paul Morel fängt zwar keine Läuse aus seinem Kragen, aber es gibt genug Unreines in seinem Inneren, um ihn unsympathisch zu machen. Er ist vielleicht ein guter Sohn, aber ein jämmerlicher Liebhaber. Sein Autor zeigt einen neuen Grad an Offenheit im Roman, und er weist den Leser darauf hin, wie Joyce es ein paar Jahre später tun sollte, daß man eine Hauptfigur nicht unbedingt mögen muß: Wichtig ist allein der Zwang, sie zu lieben. Wir lieben *malgrado, malgré, in spite of*, trotz (wie der neue polyglotte Lawrence angeberisch sagen würde). Auch wenn wir ihm für seine üble Behandlung Miriams das Fell über die Ohren ziehen wollen, müssen wir Paul wegen seiner kläglichen, gespaltenen Nacktheit lieben. Man sollte über seinen Schöpfer stets im Hinterkopf behalten, daß er seine eigenen Fehler kannte und niemandem böse war, der ihm diese vorhielt. Er hegte keine frommen Vorstellungen, wie eine menschliche Persönlichkeit zu sein habe. Fehler waren nur die Gischt auf der See der Identität; die Wirklichkeit lag tiefer.

In den beiden phantastischen philosophisch-psychologisch-ethischen Büchern, die er nach dem Ersten Weltkrieg veröffentlichte –

Psychoanalysis and the Unconscious (Psychoanalyse und das Unbewußte) und *Fantasia of the Unconscious* (SPIEL DES UNBEWUSSTEN) – betont Lawrence eine wohlbekannte Wahrheit: Das Kind mag die Summe der elterlichen Gene sein, doch seine Individualität kommt von nirgendwo. Weder Lawrences Mutter noch sein Vater »machten« den großen Schriftsteller, aber der große Schriftsteller konnte nicht leugnen, daß er eine Kombination aus der Mäkelei seiner Mutter und der Aggressivität seines Vaters war. Und er war ein Produkt seiner Umwelt. Angehörige des Bürgertums schreien sich nicht gegenseitig an und werfen nicht mit Kochtöpfen, wie es die alte Arbeiterklasse tat: Ihre Aggressivität ist durch Erziehung gemäßigt und wird in Spielen auf dem Schulhof geläutert. Lawrence hatte für derlei Spiele nichts übrig, und die traditionelle Erziehung in einer Bergarbeiterhütte legte es nicht darauf an, Gefühle zu verbergen. Aber wenig Wohnraum und eine große Familie erlauben kein nachtragendes Wesen. In einem Mittelklasseheim kann selbst ein erstklassiger Streit damit abbrechen, daß einer der Kontrahenten das Zimmer verläßt und über lange Zeit eine große Kälte an den Tag legt. Das war in einer Bergarbeiterfamilie unmöglich. Einem großen reinigenden Zornausbruch folgten stets Bekundungen unverbrüchlicher Liebe. Dieses Verhaltensmuster brachte Lawrence in seine Beziehung zu Frieda ein; Frieda, die als Aristokratin nicht der Bourgeoisie angehörte, brachte dem mehr Verständnis entgegen, als es zum Beispiel Katherine Mansfield getan hätte. Ein Junge aus derArbeiterklasse sollte stets in die Aristokratie einheiraten, am besten in eine ausländische. Die Engländer der Mittelklasse sind kühl und haben ihren traditionellen Herrschern Zurückhaltung beigebracht. In einer guten schlesischen oder toskanischen Familie gibt, oder gab, es keinen Puffer zwischen dem Leben des ungehemmten Landvolks rings umher und einer peitschenknallenden, trinkfreudigen Klasse von *rentiers*. Lawrence hat nicht die Ehrbarkeit sozusagen mitgeheiratet; die ist eine Erfindung der Mittelklasse.

Die Aggressivität, die es sowohl Lawrence wie seinem Vater unmöglich machte, die zweite Geige zu spielen, zeigte sich im jungen Bert wie im reifen Lorenzo in dem Verlangen, alles zu bestimmen. Bert Lawrence führte Kinderausflüge aufs Land durch, organisierte die Nahrungsmittelversorgung, ließ die erschöpfte Truppe zum nächstgelegenen Bahnhof marschieren. Er bestimmte die Weihnachtsfeiern und war die schöpferische, dominierende Kraft bei Scharaden. Lawrence verlor seine Liebe zu Scharaden nie. Da er keinen starken Glauben an die Festigkeit menschlicher Identität hatte, konnte er schauspielern, nachäffen, sich in einen Frosch oder Fisch verwandeln. Einige seiner Tiergedichte sind eine Art Scharade, worin er mit einem intuitiven Verständnis dessen prahlt, was kein Mensch je hoffen kann zu verstehen – die innere Traurigkeit eines Esels oder die Mischung aus Wasser und Honig in den Adern der Forelle. Er aber sagte tatsächlich: »So sind die Dinge: Ich *weiß* es.«, und niemand konnte ihm widersprechen. Wenn es doch jemand wagte, verlor er jegliches Interesse an seiner eigenen These. Er verstand es nicht, eine vernünftige Diskussion zu führen, und wollte es auch nicht: Diskussionen waren nur eine schwache Konzession an die Wirklichkeit, die mit dem Bauch erfahren werden mußte und nicht durch gedankensblasse deduktive Schlüsse erklärt werden konnte.

In seinem Leben mit Frieda der dominierende Partner zu sein, war ein Erbe der Tradition Eastwoods, wo der Ernährer der Familie wirklich noch »t'master« genannt wurde, doch darüber hinaus hatte er seinen eigenen gottgegebenen Drang, zu tyrannisieren, der von Friedas Weigerung, sich tyrannisieren zu lassen, und ihrer Lust am Zurückschlagen verstärkt wurde. Das war faszinierend und mußte durch noch entschiedenere Tyrannisierungsversuche gefördert werden. Zu viele andere Frauen neigten zu Unterwerfung und Anbetung, Jessie Chambers etwa, die Frieda angeblich so unbedingt kennenlernen wollte. Tatsächlich gab es in Lawrences ganzem Leben nur drei Frauen, die sich nichts gefallen ließen und sich damit seinen ewigen Respekt erwarben. Alle waren Mütter – seine eigene, Friedas und Frieda selbst. Friedas Mutter, Erbin zweier aristokratischer Traditionen, denen die Verachtung der *canaille* gemein war, behandelte ihn anfangs als den ungewaschenen Gernegroß, der ihre Tochter aufs Niveau einer *Kellnerin* hinabgezogen hatte (sie war zu aristokratisch, um sich etwas noch Niedrigeres vorstellen zu können). Er sah das ein. Später dann lernte sie ihn lieben, wie fast jedermann, aber diese Liebe begann man am besten mit einem verdammt kräftigen Tritt in den *Arsch*.

Dieser Drang, alles zu bestimmen, zu tyrannisieren oder auch nur patzig zu sein wie sein Vater, gewinnt mit der Publikation von *Sons and Lovers* und der warmen Aufnahme des Buches in britischen Intellektuellenkreisen an Bedeutung. Er kam nun in Kontakt mit zahlreichen Personen, die sich, obwohl sie sozial höher standen als er, nun dem zyklischen Verlauf laurentianischer Freundschaft unterwerfen mußten: zuerst einschmeichelnder und ehrerbietiger Charme; dann ein Tyrannisieren um einer guten Sache willen, die man für gewöhnlich nicht verstand; schließlich bittere Verstoßung mit der Coda satirischer Verewigung in dem Roman, an dem er gerade schrieb. Einige dieser neuen Bekanntschaften waren Berühmtheiten – der Ehrenwerte Herbert (»Beb«) Asquith und seine Frau, Lady Cynthia; E. M. Forster, der große, aber wenig produktive Romancier; Lord Glenavy, der Direktor der Bank of Ireland wurde; Dikran Koujoundijan, der den Namen Michael Arlen annahm und *The Green Hat* (DER GRÜNE HUT) schrieb, womit er Mayfair[18] eigentlich erst kreierte; Amy Lowell, die amerikanische Dichterin, die den Dichter Lawrence überzeugte, er sei ein Imagist[19]. Sir Edward Marsh, Herausgeber der Anthologien von *Georgian Poetry*, der Lawrence überzeugte, er sei ein Georgianer[21]; John Middleton Murry, der Literaturkritiker, und Katherine Mansfield, die neuseeländische Autorin von Short stories, zunächst Murrys Geliebte, später seine Frau; Lady Ottoline Morrell, eine bekannte Gastgeberin und Liebhaberin der Künstler, deren Haus in Garsington, Oxfordshire, einigen von ihnen, die im Ersten Weltkrieg zur Arbeit aufs Land geschickt wurden, als Zuflucht diente; Philip Heseltine, der Komponist, und sein Freund Cecil Gray, Komponist und Musikologe; Bertrand Russell, Philosoph und Pazifist, später Lord Russell. Und es gab da noch Samuel Solomonovitch Koteliansky, den Lawrence »Kot« nannte, ein Auswanderer aus Kiew, der russische Literatur ins Englische übersetzte. Lawrence, in dem noch immer ein ganzes Stück des Volksschullehrers aus Croydon steckte, »verbesserte« die Übersetzungen. (Anderer Leute Werke zu »verbessern«, war ein Hobby, das später einen Roman hervorbrachte namens *The Boy in the Bush*, geschrieben von M. L. Skinner, aber so gründlich laurentianisiert, daß er in den Kanon der Werke Lawrences aufgenommen wurde.) Mit »Kot« stritt er sich selten, denn er war Ausländer.

Lawrence lernte einige dieser Leute kennen, als Frieda und er im Sommer 1913 England besuchten. Der Band *Love Poems and Others* (Liebesgedichte und andere) war im Februar und *Sons and Lovers* im Mai veröffentlicht worden, also brachte er doppeltes Ansehen mit. Seine Schmeichelkunst demonstrierte er in einem Brief an Edward Marsh, den er im Juli aus Broadstairs, Kent, schrieb: »Welch eine Freude, wie vom Himmel gefallen 3 £ zu erhalten. Das nenne ich Manna. Sie sind wahrscheinlich der Jehova, der alles anordnet. Ich werde Ihnen ein kleines Te Deum singen. Ich möchte wünschen, daß man Ihnen die Sachen zum Verlegen bringen könnte – dann hätte ich bald einen pelzgefütterten Mantel.« Er wußte, daß Marsh von Dichtung wenig verstand. Er bewies seine Großzügigkeit in allen Fragen, die nicht ästhetische oder pseudophilosophische Gegenstände berührten, auch Middleton Murry gegenüber, dem er einen Kredit von fünf Pfund offerierte, damit er nach Broadstairs kommen konnte. Da wuchs eine Freundschaft heran, die bald reifte, später jedoch verdorrte. Doch hatte es die Lawrences nicht nach England getrieben, um neue Freundschaften zu schließen: Frieda wollte unbedingt ihre Kinder wiedersehen, was auf legalem Weg unmöglich war. Man hatte ihrem Sohn Monty Weisung erteilt, »nicht mit Personen zu sprechen, die in die Schule kamen, um ihn zu sehen.« Lawrence schrieb an Garnett: »Weekley ist ein unbeschreiblicher Dummkopf. Er schrieb einen ganz entsetzlichen Brief an die Frau Baronin – er geht ganz darin auf, die Irrenrolle des ›*mari trompé*‹ zu spielen.« Die enttäuschte Frieda wollte zurück nach Deutschland. »Nun lassen wir uns wieder hier nieder. Frieda erholt sich langsam von dem Kummer wegen ihrer Kinder. Zumindest scheint es im Moment so.« Diese Einschränkung ist wichtig: Frieda verwand diesen Kummer nie. Lawrence wollte, daß sie seine Frau war und nicht die Mutter der Kinder eines anderen Mannes. Das war der Hauptgrund für den Zwist zwischen ihnen.

Während des Krieges veröffentlichte Lawrence einen Gedichtband mit dem Titel *Look! We Have Come Through!* (Sieh nur! Wir haben es geschafft!). Das ist der treffendste aller seiner Titel und gehört zu einem Gedichtzyklus, der eine Geschichte erzählt. Das Buch ist eine Art Roman, in dem sich oberflächliche Individuen heroischen allgemeinen Aussagen beugen, aber es steckt voller scharfer Beobachtungen, voller Gefühle, die zwischen tiefster Verzweiflung und höchster Euphorie schwanken, und es handelt von Lawrence und Frieda. Hier die »Inhaltsangabe«:

> Nach langen Kämpfen und Niederlagen in der Liebe wie in der Welt der Männer tut sich der Protagonist mit einer Frau zusammen, die bereits verheiratet ist. Gemeinsam gehen sie in ein anderes Land, sie ist gezwungen, ihre Kinder zurückzulassen. Der Konflikt aus Liebe und Haß vollzieht sich zwischen dem Mann und der Frau und zwischen diesen beiden und der Welt um sie her, bis eine Art Lösung erreicht ist und sie in einen Stand der Gnade eintreten.

In einem langen Erguß in freien Rhythmen, in Beuerberg entstanden, nennt der Mann die Frau »Lots Weib!«

The pillar of salt, the whirling, horrible column of salt,
like a waterspout
That has enveloped me!
Snow of salt, white, burning, eating salt
In which I have writhed.

Die Säule aus Salz, die wirbelnde, schreckliche Säule aus
Salz, wie eine Wasserhose,
Die mich umfangen hat!
Schnee aus Salz, weißes, brennendes, beißendes Salz,
In dem ich mich gewunden habe.

Frieda hat es gewagt, nach England zurückzublicken, wo ihre Kinder sind, und wird in der wundervollen Unlogik der Poesie mit einer anderen Frau identifiziert, die ebenfalls zurückblickte. Lots

Weib erstarrte zur Salzsäule und gab Lot die Freiheit, weiterzuziehen und sich von seinen Töchtern verführen zu lassen, doch Lawrence gerät in einen Salzwirbel, der ihn mehr schmerzt als Frieda. Sogar die Bezeichnung *Weib* wird ihr entrissen:

Lot's Wife! – Not Wife, but Mother.
I have learned to curse your Motherhood,
You pillar of salt accursed.
I have cursed motherhood because of you,
Accursed, base motherhood!

Lots Weib! – Nicht Weib, Mutter vielmehr.
Ich habe gelernt, Deiner Mutterschaft zu fluchen,
Du verfluchte Salzsäule.
Ich habe der Mutterschaft geflucht um deinetwillen,
Verfluchte, gemeine Mutterschaft!

Vermutlich war nur seiner eigenen Mutter die Mutterschaft erlaubt. Am Gardasee, von Frieda über den Ödipuskomplex aufgeklärt, kann er - nekrophil – zum Beispiel das hier schreiben:

To you, my little darling,
To you, out of Italy,
For what is loveliness, my love,
Save you have it with me!

An dich, mein kleiner Liebling
An dich, von Italiens Strand,
Denn was ist Lieblichkeit, mein Leben,
Halt' ich nicht deine Hand!

Er ist noch immer ein unbefriedigender Liebhaber und will nicht eingestehen, daß sein Zustand genau dem Friedas entspricht – mangelnde Bereitschaft, die Vergangenheit auszulöschen. Aber Friedas Sorge gilt wenigstens den Lebenden.

Er ist nicht immer selbstgerecht:

Since you have a passion for me,
as I for you,
does not that passion stand in your way like a Balaam's ass
and am I not Balaam's ass
golden-mouthed occasionally?
But mostly, do you not detest my bray?

Da du eine Leidenschaft für mich hast,
wie ich für dich,
steht diese Leidenschaft dir nicht im Weg wie Bileams Esel,
und bin nicht ich Bileams Esel,
silberzüngig manchmal?
Aber verabscheust du nicht meist mein Eselsgeschrei?

Lawrence erinnert uns mit diesen Versen daran, daß eine der Aufgaben des Gedichtes darin besteht, Stimmungen festzuhalten, selbst gefährliche. Einige der Stimmungen hier sind sehr gefährlich:

For I am quite indifferent
To your dubious state,
As to whether you've found a fortune
In me, or a flea-bitten fate.

Make a good investigation
Of all that is there,
And then, if it's worth it, be grateful –
If not, then despair.

Denn mir ist dein ungewisser Zustand
Von Herzen egal,
Ob du nun in mir dein Glück gefunden
Oder ein lausiges Schicksal.

Prüfe alles ganz genau,

Was hier vorzufinden,
Ist es der Mühe wert, sei dankbar –
Wenn nicht, wirst du dich in Verzweiflung winden.

Doch kommen die Liebenden durch den Sumpf von Verzagtheit und das Tal der Finsternis hindurch, obwohl körperliche Ekstase ausbleibt (»Die Nacht war ein Fehlschlag / doch warum nicht – ?«) und der Mann einen verdammenswerten Widerwillen dagegen hat, physisch begehrt zu werden:

»Don't touch me and appreciate me.
It is an infamy.
You would think twice before you touched a weasel on a fence
as it lifts its straight white throat.«

»Faß mich nicht an und finde keinen Gefallen an mir.
Das ist schändlich.
Du würdest es dir gut überlegen, bevor du ein Wiesel auf
einem Zaun anfaßt,
wenn es den glatten weißen Hals reckt.«

Lawrence ist, um Saul Bellows' Ausdruck zu benutzen, eine *noli me tangerine*. Ein gewisser Stolz auf seinen Körper wehrt sich dagegen, daraus ein bloßes Instrument der Lust zu machen. Er erreicht sein Ziel im Geiste von Donne[21], indem er in der Geliebten Amerika berührt, doch mit weniger Humor, mehr Pathos:

My God, but I can only say
I touch, I feel the unknown!
I am the first comer!
Cortes, Pisarro, Columbus, Cabot, they are nothing, nothing!
I am the first comer!
I am the first discoverer!
I have found the other world!

Mein Gott, ich kann nur sagen,

Ich berühre, fühle das Unbekannte!
Ich bin als erster hier!
Cortes, Pisarro, Columbus, Cabot, sie sind nichts, nichts!
Ich bin zuerst gekommen!
Ich bin der Entdecker!
Ich habe die andere Welt gefunden!

Wir müssen diese letzte Zeile ernst nehmen. Lawrence suchte nach dem Anderssein. Im Liebesakt war er fähig, die Obsessionen eines mächtigen Ego, das er nicht durch die Kraft seines Willens bezwingen konnte, abzuschütteln. Wie ein Heiliger sein Selbst durch Meditation, Gebet oder Geißelung bezwingen konnte, so sollte der neue laurentianische Mensch die heilige Vision und den göttlichen Frieden durch den Körper des geliebten Menschen finden. Er glorifizierte Sex nie als eine unpersönliche Lust, und er stand weit über dem Gekicher des Engländers der Mittelklasse über »Matratzengymnastik«. Die Liebe zu einer Person sollte sich in einer Vereinigung ausdrücken, in der beide beteiligte Personen verschmolzen. Frieda und Lawrence sind Frau und Mann, oder es könnte auch umgekehrt sein.

The Lord of Hosts and the Devil
Are left on Eternity's level
Field, and as victors we travel
To Eden home.

Back beyond good and evil
Return we. Even dishevel
Your hair for the bliss-drenched revel
On our primal loam.

Der Herr der Heerscharen und Satan
Bleiben zurück auf der Ewigkeit Bahn
Und als Sieger wir uns nah'n
Der Heimat im Paradies.

Jenseits von Gut und Böse kommen wir an.
Zaus' dir das Haar ganz wie im Wahn,
Denn nun wird Gnade und Ehr' uns getan
Zu Urlehm man uns werden hieß.

Der Körper der Geliebten kann freimütig verherrlicht werden, als sie ihr morgendliches Bad nimmt:

She spreads the bath-cloth underneath the window
And the sunbeams catch her
Glistening white on the shoulders,
While down her sides the mellow
Golden shadow glows as
She stoops to the sponge, and her swung breasts
Sway like full blown yellow
Gloire de Dijon roses.

Sie breitet das Badetuch unterm Fenster aus,
Und die Sonnenstrahlen erhaschen ihr
Schimmerndes Weiß auf den Schultern,
Auf ihren Seiten erglüht
Der weiche goldene Schatten, als
Sie sich nach dem Schwamm beugt, und ihre geschwungenen
Brüste
Wiegen sich wie voll erblühte gelbe
Rosen, Gloire de Dijon.

Und mit dem Herannahen des Frühlings wendet sich alles für immer zum Guten, der Dichter erholt sich als Bert Lawrence:

It is gorgeous to live and forget
And to feel quite new.
See the bird in the flowers? – he's making
A rare to-do!

He thinks the whole blue sky
Is much less than a bit of blue egg

He's got in his nest – we'll be happy,
You and I, I and you.

With nothing to fight any more –
In each other, at least.
See, how gorgeous the world is
Outside the door!

Herrlich ist es, zu leben und zu vergessen
Und sich ganz neu zu fühlen.
Siehst du den Vogel in den Blumen? – Er ist
Emsig ohne Ruh'!

Er meint, der ganze blaue Himmel
Ist weniger als ein Stück blaues Ei
In seinem Nest – wir werden glücklich sein,
Du und ich, ich und du.

Kein Grund mehr, zu kämpfen –
gegen einander, wenigstens.
Sieh, wie herrlich die Welt ist
Vor unsrer Tür!

Ich hatte Mühe, diese Zeilen abzuschreiben, wegen der Tränen in meinen Augen. A. E. Houseman[22] sagte, die Reaktion auf Dichtung sollte stets körperlich sein – Barthaare, die sich aufrichten und den Rasierapparat behindern, ein Schauer, der über den Rücken läuft, ein Zusammenziehen der Kehle, Tränen. Es ist nicht unbedingt die erhabenste Dichtung, die derlei Reaktionen hervorruft, doch sollte man diese höher achten als bloß zerebrale Reaktionen. Ich weine beim Lesen dieser Zeilen, weil sie die einfachsten Bedürfnisse auf der Welt ausdrücken – zu leben, zu lieben, glücklich zu sein. Das sind Bedürfnisse, die im allgemeinen nicht befriedigt werden.

Ich werde nie verstehen, warum *Look! We Have Come Through* keine größere Wirkung auf die Leser von Gedichten in den ersten beiden Jahrzehnten dieses Jahrhunderts hatte. Vieles ist, legt man

Eliots unerbittliche Maßstäbe an, ungeschickt komponiert, doch mindestens ebensoviel ist so modern wie *The Waste Land* (DAS WÜSTE LAND), wenn auch weniger reich an Anspielungen: Das Südeuropa Lawrences stammt nicht aus Büchern. Ein Gedichtzyklus, der den Triumph der Liebe feiert, verwirrte vermutlich ein Publikum, das vertrauter war mit trocknenden Hemdhosen und einem Öl und Teer schwitzenden Fluß. Im viktorianischen Zeitalter hielt man *The Angel in the House*[23] und dessen Gegenstück, *Modern Love*,[24] für nicht besonders geschmackvoll, und die Georgianer müssen sich vor Lawrences Zurschaustellung von Liebe und Haß gescheut haben. Er beschreibt mehrmals weibliche Brüste, und nicht in einem ernährungswissenschaftlichen Zusammenhang. Er geht nicht so weit, die Existenz von Schamhaar (dessen Entdeckung, und nicht die Dominanz seiner Mutter, Ruskin den Verstand verlieren ließ) zuzugeben, aber es kann kein Zweifel daran bestehen, daß es um nackten Geschlechtsverkehr geht. Der Zyklus feiert die moderne Liebe und den Engel im Haus, wobei dieser Engel, wie Brangwen in *The Rainbow* erläutert, eine neue Art von Ganzheit ist, zusammengesetzt aus Mann und Frau.

Im Herbst 1913 wohnte dieser Engel in Lerici, wo der Dichter Shelley ertrunken war, und eine Hälfte des Engels arbeitete hart, hauptsächlich an Short stories und Dramen, von der Hausarbeit ganz zu schweigen. Heidnische Liebe hatte einen puritanischen Widerpart, der aus Bodenschrubben und Kochen bestand. Frieda tat nichts, außer sie selbst zu sein, und sie war, abgesehen von der *mater dolorosa*, eine wunderschöne Heidin. Sie sah zu, wie Lawrence sich die Hosenträger um den Leib band und den Schrubber schwang. »Himmel, den schwarzen Fußboden erröten und den Morgenglanz rötlicher Ziegelsteine aus diesem nachtschwarzen Dreck auftauchen zu sehen, das genügte, um Lob- und Dankgesänge anzustimmen.« So schreibt Lawrence an Lady Cynthia, die er zu »Mrs. Asquith« degradiert. Er erzog sie sozusagen. Irgendwann in diesem Herbst schaffte es Lawrence, bis zur dreihundertvierzigsten Seite eines neuen Romanmanuskripts zu gelangen, das den vorläufigen Titel *The Sisters* (DIE SCHWESTERN) trug. Es sollte nach Fertigstellung in zwei Romane aufgeteilt werden – *The Rainbow* und *Women in Love*.

Im Juli 1914 waren Lawrence und Frieda in London. Die Scheidung war ausgesprochen, und am dreizehnten heirateten sie im Standesamt von South Kensington. Ein paar Wochen später brach der Erste Weltkrieg aus, und sie saßen in England fest. Für viele Menschen begann ein vierjähriger Alptraum – kürzer nur für jene, die in Europa starben. In einem Europa, aus dem sich Lawrence und Frieda exiliert fühlten. Niemanden quälte dieser Alptraum so sehr wie Lawrence. Was nun folgt, ist sehr schmerzlich zu schreiben.

6
Wahnsinn

Mehrere Male während des Ersten Weltkrieges hatte Lawrence das Gefühl, den Verstand zu verlieren. Denen, die in diesem Krieg kämpften, was Lawrence nie tat und nie konnte, muß das wie intellektueller Luxus vorgekommen sein: Sich Tag für Tag dem Schmutz und der Absurdität des Soldatenlebens stellen zu müssen und dem Risiko, in Flandern in Stücke gerissen zu werden, bildete eine Art Schutz gegen zuviel Nachdenken und gegen den Schrekken, der Zerstörung der Zivilisation zusehen zu müssen. Aber Lawrence war weit genug von diesem Massenselbstmord entfernt, um ihn als eine pervertierte Abart des großen Heilsprinzips zu erkennen, das seinen Gedichten und Romanen zugrunde lag: Der Mensch gehörte dem Kosmos an und war erfüllt von seinen natürlichen Trieben, deren größter die Liebe war; er hatte die Vernunft benutzt, um ein riesiges Arsenal von Maschinen zu errichten, das ihn nun selbst zerstörte. Krieg war das natürliche Ergebnis eines aggressiven Industrialismus; Technik war als Mittel zur Vervollkommnung des Menschen gepriesen worden, doch stets wurde sie zu einem destruktiven Instrument. Diese Erkenntnisse sind heute Gemeinplätze, aber damals wurden Dichter und Seher gebraucht, um die Menschheit vor der Sinnlosigkeit des Krieges, jedes Krieges, zu warnen. Wenn Lawrence manchmal, von seinem Zufluchtsort in Chesham, Buckinghamshire, aus, wie ein Verrückter zu schreiben scheint, so deshalb, weil er fast verzweifelt bemüht war, eine Philosophie zusammenzuzimmern, welche die Menschen und ihre Regierungen zur Besinnung bringen sollte, und diese Philosophie war, wie bei Lawrence nicht anders zu erwarten, auf innere

Überzeugung und nicht auf Vernunft gegründet. So wurde er gleichsam ein wilder Prophet, dem keiner zuhören wollte, und die Frustration machte die Prophezeiungen noch wilder. Lawrence tappte in jene gefährliche Falle, die Dichter seiner Art stets erwartet. »Dichter sind Trompeten, die zum Kampfe blasen,« schrieb Shelley. »Dichter sind die nicht anerkannten Gesetzgeber der Welt.« Das ist Unsinn und war immer Unsinn, aber zu viele Dichter glauben daran. Ezra Pound glaubte daran, als er im italienischen Rundfunk wetterte. Lawrence glaubte daran.

Er mußte seinem Metier, dem Schreiben, treu bleiben, um den Lebensunterhalt zu verdienen, da selbst Propheten nicht von Luft satt werden, doch erwies es sich als gefährlich für ihn, sich an irgend etwas außerhalb des Gebietes der erzählenden Prosa zu versuchen. Erzählung oder Roman, mit ihren fest in der Handlung verwurzelten Figuren und dem Bemühen um Lebensnähe, hielten Lawrence davon ab, allzusehr ins Philosophieren zu geraten, doch als er anfing ein Buch über einen anderen Romancier, Thomas Hardy, zu schreiben, ließ er seinen Gedanken freien Lauf, und diese Gedanken zeugten weitere Gedanken, und schon bald verschwand Hardy in der Versenkung. Der Verleger eines Buches über Hardy hatte das Recht, vom Autor zu erwarten, daß er beim Thema bliebe, doch dazu war Lawrence zu verwirrt oder sogar zu wahnsinnig. Das Buch war nicht publizierbar, wie Lawrence selbst erkannte, und was er davon geschrieben hatte, erschien posthum in der Sammlung seiner verstreuten Schriften mit dem Titel *Phoenix*. Es ist laurentianische Prosa von großer Schönheit, doch mit wenig Gehalt. Ein nicht publizierbares Buch zu schreiben, war kein geeigneter Weg, Geld zu verdienen. Es ging nicht allein darum, die Miete und Lebensmittel zu bezahlen, sondern er mußte noch 150 Pfund auftreiben, um die Rechnung des Scheidungsanwaltes zu begleichen. Seine Unfähigkeit oder Unwilligkeit, für Friedas Befreiung aus Weekleys Klauen zu bezahlen, führte dazu, daß er für bankrott erklärt wurde. Das war ein Vorbote der Armut, die er die nächsten vier Jahre lang erdulden mußte.

Eine der Tugenden von Ford Madox Fords *Parade's End* ist die Fähigkeit, uns klarzumachen, daß ein großer Krieg unser

Privatleben nicht restlos liquidiert, es sei denn durch eine Bombe. Privates Leid scheint angesichts der brennenden Städte und der Leichen im Niemandsland nichtig, doch verliert es darum nicht die Macht, uns leiden zu lassen. So dauerte Friedas Leid ihrer Kinder wegen an. In einem Brief an Amy Lowell versuchte Lawrence mit einem fein geschliffenen Dialog, sich von diesem Leid zu distanzieren. Frieda ist Frieda und Weekley der frühere Ehemann:

> Frieda: Ich bin hier, um mit dir über die Kinder zu sprechen.
> Früherer Ehemann: Schämst du dich nicht, hier aufzutauchen, wo dich jeder kennt? Ist nicht die gemeinste Hure besser als du?
> Frieda: Oh nein.
> Früh. Ehem.: Willst du mich um die ganze Erde jagen, Weib? Gibt es denn keinen Ort, wo ich Frieden finden kann?
> Frieda: Verstehst du nicht, ich muß mit dir über die Kinder reden.
> Früh. Ehem.: Du wirst sie *nie* bekommen – sie wollen dich nicht sehen . . . Wenn du schon durchbrennen mußtest, warum dann nicht wenigstens mit einem *Gentleman*? . . . Siehst du nicht, daß du das verdorbenste Geschöpf dieser Erde bist? . . . Weißt du nicht, daß meine Anwälte instruiert sind, dich verhaften zu lassen, falls du es wagst, dich in das Leben der Kinder einzumischen?
> Frieda: Das kümmert mich nicht.

Lawrence konnte philosophieren und sich in Prophezeiungen ergehen, aber Frieda mußte ihr Leid tragen und erfuhr dabei wenig Trost von dem Ehemann, der über Lots Weib geschrieben hatte. Darüber hinaus war Frieda eine Deutsche inmitten von rabiaten britischen Patrioten, die fast so weit gingen, Henry James' Dackel Max rituell zu opfern. Währenddessen predigte Lawrence:

> Ich glaube nicht, daß wir eine Vision haben können . . ., solange unser Geschlechtsleben nicht in Ordnung ist: Solange unsere Seele nicht vom *Weiblichen* befruchtet ist. Ich meine

> nicht ein feminines Element: Ich meine das Weibliche schlechthin. Denn das Leben neigt dazu, sich in zwei Ströme aufzuspalten, männlich und weiblich, und nur ein weiblicher Einfluß (nicht unbedingt durch eine Frau, aber am deutlichsten durch eine Frau) kann die Seele des Mannes fruchtbar machen für die Vision oder das Sein. Und die Vision, nach der wir streben, ich weiß nicht, was es ist – aber es ist etwas, das Ehrfurcht und Scheu und Unterwerfung enthält, nicht Stolz oder sinnlichen Egoismus oder Selbstgewißheit. . . Wir wollen die kolossale *nicht-menschliche* Qualität des Lebens erfahren – es ist wunderbar.

So ist es. Aber diese Worte, aus einem Brief an Gordon Campbell oder Lord Glenavy (der er wurde), mußten den Beigeschmack von Irrelevanz haben. Es war Krieg.

Durch die Veröffentlichung eines Erzählungsbandes im Dezember 1914 profitierte er sogar in gewisser Weise vom Krieg. Der Titel, *The Prussian Officer* (DER PREUSSISCHE OFFIZIER), ist zugleich Titel der eindrucksvollsten und damals wohl aktuellsten Erzählung dieser Sammlung. Sie handelt von der instinktiven Feindschaft zwischen einem deutschen Hauptmann der Infanterie und seinem Burschen, die dazu führt, daß der Bursche seinen Offizier tötet und schließlich selbst den Tod findet. Sie ist glänzend geschrieben und beschwört das Süddeutschland, das Lawrence kannte; hinzu kommt eine Kenntnis des deutschen Soldatenlebens, die man eher bei Erich von Remarque vermutet hätte als bei dem tuberkulösen Bergmannssohn aus Nottinghamshire. Lawrence hatte eine immense Gabe, hinter die Dinge zu sehen, zu raten und damit recht zu haben. Die Erzählung beunruhigt nicht wegen der Brutalität des Militärs, die sie zeigt (und von der die Briten nur allzugern glaubten, daß der deutsche Feind ein Monopol darauf habe), sondern aufgrund ihrer laurentianischen Fähigkeit, unter die Oberfläche der Identität zu dringen, wo Nerven und Triebe und unbewußte Kräfte die Menschen, und sogar preußische Offiziere, in Richtungen treiben, für die das Bewußtsein keine Landkarte bereithält. Man findet darin eine Anspielung auf pervertierte Homosexualität, eine Besessenheit vom männlichen Körper, einen Sinn für elementare Prozesse, die Lawrences Leser unangenehm berühren mußten. Das war nicht die Art von Erzählung, die man in Kriegszeiten publizierte, in welchen die Aussagen immer simpler wurden und das Wort Literatur die Sonette von Rupert Brooke[25] bezeichnete. Es gab sogar Bestrebungen, Lawrences Buch zu verbieten, doch führten sie zu nichts.

Eine Erzählung des folgenden Jahres, »England, My England« (ENGLAND, MEIN ENGLAND), verdient Beachtung wegen des außergewöhnlichen Talentes von Lawrence, jederzeit unangenehme Dinge auszusprechen. Den Anstoß zu der Erzählung gab der Tod des Bruders von Lady Cynthia Asquith an der Front, doch konnte diese Geschichte eines ehrbaren Engländers mit dem schönen angelsächsischen Namen Egbert, der wie Lawrence sein Land liebt und dennoch unglücklich ist, für es kämpfen zu müssen, nicht eben leicht als Teil der literarischen Kriegsanstrengungen interpretiert werden. Hier sind zwei subversive Abschnitte:

> Als also der Krieg ausbrach, wehrte sich sein ganzer Instinkt dagegen: gegen den Krieg. Er hatte nicht den leisesten Wunsch, irgendwelche Ausländer zu besiegen oder zu ihrem Tode beizutragen. Das Imperium England war ihm kein Begriff, und ›Herrsche, Britannia″ war für ihn ein Witz. Er war ein reinblütiger Engländer, vollkommen reinrassig, und wenn er wahrhaft er selbst blieb, konnte er wegen seines Englischseins so wenig aggressiv sein, wie etwa eine Rose nur deshalb aggressiv sein kann, weil sie eine Rose ist.
>
> •
>
> Nein, er hatte keinerlei Wunsch, Deutschland die Stirn zu bieten und England zu verherrlichen. Der Unterschied zwischen deutsch und englisch war für ihn nicht derselbe wie der zwischen gut und schlecht. Es war der Unterschied zwischen blauen Wasserblumen und roten oder weißen Blüten an einem Busch: einfach ein Unterschied. Der Unterschied zwischen dem wilden Keiler und dem wilden Bären. Und ein Mann war seiner Natur nach gut oder schlecht, aber nicht seiner Nationalität nach.

Wahre, aber gefährliche Worte. Mancher ist überzeugt, daß die Verfolgung Lawrences während des Krieges und danach mehr mit seiner Ablehnung der untergeschobenen Rechtfertigung dieses Krieges zu tun hatte als mit der angeblichen Unmoralität von *The Rainbow* (worauf wir bald zu sprechen kommen). Was seinen patriotischen Lesern freilich völlig entging, war die zentrale Wahrheit einer Erzählung wie »England, My England«, die mehr mit Lawrence und Frieda zu tun hatte als mit Lawrence und größeren, öffentlichen Anliegen. In der Erzählung geht Egbert pflichtbewußt in den Tod, weil man ihm versichert hat, dies sei das Gebot der Stunde, aber sein Tod ist ein Ausweg aus einer gescheiterten Ehe: Seine Frau hat sich nach einem Unfall ihres Kindes, an dem wahrscheinlich Egberts Unachtsamkeit die Schuld trägt, in eine Mutter verwandelt, genauer gesagt in eine *mater dolorosa*, und der Ehemann hat Gewissensbisse. Auf dieselbe Art behandelt »The Prussian Officer« etwas sehr viel Tieferes als das Verhalten eines Hauptmannes seinem Burschen gegenüber.

Lawrence konnte sehr gute Short stories schreiben, nur waren diese nach den Maßstäben der *Saturday Evening Post* leider nicht kommerziell. Sie haben nicht die oberflächliche Glätte von Scott Fitzgeralds Beiträgen in dieser erlauchten und gut zahlenden Zeitschrift. Während Fitzgerald für Geld schrieb, wohl wissend, daß er zu einer »alten Hure« geworden war, versuchte Lawrence, auf engem Raum einige Themen zu skizzieren, über die er sich dann, oftmals in einer wild wuchernden Art, in den Romanen ausließ. Sie sind bedeutende Kunstwerke, und die Grenzen, die ihnen durch die Form gesetzt wurde, legten Lawrences Weitschweifigkeit Zügel an. *Sufflaminandus erat*[26], wie Ben Jonson über Shakespeare sagte, und die Form der Short story bremste seinen Landsmann aus den Midlands. Ich selbst hatte in diesem Genre nie Erfolg und neige daher zu der Auffassung, daß die Short story normalerweise die Verschwendung eines guten Romans ist: Wenn die Charaktere und der Ort der Handlung gerade hinreichend eingeführt sind, wird es schon fast Zeit, sie wieder zu verlassen. Es gibt viele, die diese Meinung nicht teilen und, was Lawrence betrifft, glauben, er habe seine besten

Werke in diesem Genre geschrieben. Für mich klingt das, als zöge man Beethovens Bagatellen seinen Sonaten vor.

1915 lebten Lawrence und Frieda in einem Landhaus, das Viola Meynell ihnen zur Verfügung gestellt hatte, eine Tochter der Dichterin Alice Meynell. (»Da geht sie, die Dame meiner Freuden, / Eine Schäferin der Schafe«: Wovon sonst sollte sie Schäferin sein?) Das brachte sie in die Nähe von Lady Ottoline Morrell und führte dazu, daß sie Bertrand Russell kennenlernten. Lawrence schrieb seinen langen Roman um und entschloß sich, ihn in zwei Teile aufzuspalten. Gleichzeitig jedoch begann er, zwei gegensätzliche Ideen zu äußern und zu Manifesten auszudehnen. Er wollte eine Kolonie gleichgesinnter Seelen errichten, deren Führer er werden sollte. Er schrieb leidenschaftlich darüber an Lady Ottoline:

> Ich möchte, daß Sie den Kern einer neuen Gemeinschaft bilden, aus der ein neues Leben für uns alle erwächst – ein Leben, in dem der einzige Reichtum Lauterkeit des Charakters ist. So daß jeder der eigenen Natur und seinen tiefsten Wünschen bis zum Grund nachgehen kann, aber trotzdem die letzte Befriedigung und Freude in der Verschmelzung von uns allen zu einem einzigen Wesen liegt. Laßt uns alle zusammen gut sein, nicht jeder einzelne allein in seinem Kämmerchen, laßt uns erfahren, daß der innere Teil von uns allen der beste ist, der gläubige Teil, der leidenschaftliche, großzügige Teil. Wir können alle scheitern, aber was macht das schon? Wir können einander auslachen und uns gegenseitig unausstehlich finden, aber das Gute bleibt, und wir sind uns dessen bewußt.

Nichts konnte sicherer sein, als daß sich alle unausstehlich finden würden, aber für Lawrence bestand der Zauber des Unternehmens darin, Ohrfeigen auszuteilen und alle als streitlustige Kinder zu behandeln, die durch eine gemeinsame Liebe zum Haushaltsvorstand versöhnt werden mußten. So würde Lawrence seinen Willen erfolgreicher durchsetzen, als das bei der feurigen Frieda möglich schien. Den Namen für die visionäre Gemeinschaft steuerte Koteliansky bei, »der hebräische Musik brummte – *Ranani Sadekim*

Badanoi.« Rananim, die Gesellschaft der Freunde, steht noch heute auf dem Tor zu einem Landhaus in Cornwall; sie war von Anfang an zum Scheitern verurteilt.

Das andere, nicht weniger utopische Projekt war eine Reform der britischen Gesellschaft und, in Erweiterung, der ganzen Welt. Lawrence schrieb lange, ernste Briefe in dieser Angelegenheit an Bertrand Russell, den er sogar in Cambridge besuchte. (»Cambridge machte mich düster und deprimiert. Ich kann seinen Geruch von Fäulnis und Sumpf nicht ertragen. Ich bekomme eine melancholische Malaria. Wie können sich so kranke Menschen je erheben? Sie müssen vorher sterben.« Mit dem Tod von Menschen war er oft schnell bei der Hand.) Die Briefe bohren unerbittlich:

> Sehen Sie nicht, daß der ganze Staat zusammenbricht? Denken Sie an den Streik in Wales. Der Krieg entwickelt sich zum letzten großen Krieg zwischen Kapital und Arbeit. Es wird ein entsetzliches Chaos geben, wenn man es Labour überläßt, konstruktiv zu wirken. Man muß dem Kampf sofort ein höheres Ziel setzen als den Triumph der Labour-Partei, um konstruktiv zu wirken ... oder wir bekommen eine zweite Französische Revolution. Die tödliche Hydra ist nun die Hydra der Gleichheit. Freiheit, Gleichheit und Brüderlichkeit ist die dreiköpfige Schlange. Sie müssen das sofort in Ihre Vorlesungen übernehmen. Sie sind zu altmodisch. Das Rückgrat der Schlange ist bereits gebrochen.

Und noch einmal:

> Ihr Brief gefiel mir ganz und gar nicht, und was Sie in Ihren Vorlesungen sagen, erschreckt mich. Ich will keine Tyrannen. Aber ich glaube nicht an demokratische Kontrolle. Ich denke, der Arbeiter ist in der Lage, Gouverneure oder Aufseher für seine unmittelbaren Lebensumstände zu wählen, aber nicht für mehr. Man muß das Wahlverfahren völlig revidieren. Der Arbeiter soll Vorgesetzte für die Bereiche wählen, die ihn unmittelbar angehen, nicht mehr. Von den anderen Klassen,

> ihrer Rangfolge entsprechend, sollen die höheren Gouverneure gewählt werden. Das Ganze muß in einem einzigen herrschenden Kopf gipfeln, wie jedes organische Wesen – keine närrischen Republiken mit närrischen Präsidenten, sondern ein gewählter König, so etwas wie Julius Cäsar. Und wie die Männer die industrielle Seite des Lebens wählen und beherrschen, so müssen die Frauen die häusliche Seite wählen und beherrschen. Und es muß aufsteigende Dienstgrade von weiblichen Gouverneuren, wie von männlichen, geben, mit einem weiblichen Diktator an der Spitze, mit ebensoviel Autorität wie der höchste Mann.

Russell sollte Lawrence später einen Faschisten schimpfen – sicherheitshalber posthum. Lawrence verletzte ihn schwer:

> Ich glaube an Ihre innere Kraft, die Wahrheit zu erkennen. Aber ich glaube nicht an Ihren Willen, nicht eine Sekunde lang. Ihr Wille ist falsch und grausam. Sie stecken so voller teuflischer Verdrängungen, daß Sie nur geil und grausam sein können ... Sie sind der Feind der Menschheit, voller Lust an der Feindschaft. Es ist *nicht* der Haß gegen die Lüge, der Sie treibt. Es ist der Haß auf die Menschen, auf Fleisch und Blut. Es ist eine perverse mentale Blutgier. Warum geben Sie das nicht zu.
>
> Lassen Sie uns wieder Fremde werden, ich glaube, so ist es besser.

Soviel über Lawrences Behandlung des glänzendsten philosophischen Geistes seiner Epoche. Lawrence macht bei keiner der utopischen Phasen in seinem Leben (makro- wie mikro-) eine gute Figur. Es ist absurd von ihm, anzunehmen, seine Talente als Lyriker und Romancier befähigten ihn dazu, Blaupausen für perfekte Gesellschaften zu liefern, in welchen König Lorenzo und vermutlich Königin Frieda über ein Blakesches Jerusalem (eine Befreiung der Sinne und der Phantasie) herrschen, ausgestattet mit einer sozialistischen Bürokratie, die sich um die verstaatlichten Industrien kümmert. Zum Glück hielt dieser Traum nicht lange. Unglücklicherweise wurde er durch ein Ereignis zerstört, das nicht Lawrences Zukunft als Erneuerer der Gesellschaft bedrohte, sondern seine Zukunft als Schriftsteller.

Und das war das Verbot von *The Rainbow* nach einer Anklage wegen Obszönität durch das Public Morality Council oder, wie sich Richard Aldington ausdrückt, »einen seiner Schakale«. Lawrence hatte an diesem Buch hart gearbeitet. Im Februar 1914 sagte er, er beginne es »zum etwa siebten Mal« umzuschreiben. Die endgültige Fassung war erst ein Jahr später fertiggestellt, und das Buch erschien am 30. September 1915. Am 5. Oktober brachte *Daily News* eine Rezension unter der Schlagzeile »THE DOWNFALL«[27] und beschrieb es als eine »monotone Wildnis des Phalluskultes«. Der Autor der Rezension war Robert Lynd, der Charles Lamb liebte und für *Punch* schrieb. Clement Shorter und James Douglas (der, wie wir festgestellt haben, noch in den Dreißigern für litererische Sauberkeit focht) lasen den Roman: Sie suchten eifrig nach Schmutz in dem Buch, wurden fündig und veröffentlichten kurze Pressenotizen, die Lynds Anschuldigungen wegen Obszönität bestätigten. Sie stachelten die militanten Puritaner auf, und es gab ein Verfahren vor einem Polizeigericht wegen des Buches. Der Verleger, Methuen, verzichtete auf eine Verteidigung und entschuldigte sich als rein kommerzieller Verwerter des gedruckten Wortes, der nicht voll erkannt hatte, in welchem Ausmaß er die Öffentlichkeit verdarb. Ein Zeuge der Anklage, Mr. Muskett, feuerte eine Breitseite ab: *The Rainbow* sei »ein einziges Konglomerat an Obszönität von Gedanken, Vorstellungen und Handlung, verpackt in eine Sprache, von der er annahm, daß man sie in manchen Kreisen als künstlerische und intellektuelle Meisterleistung feiern würde.« Eine Schwächung dieses Standpunktes durch einen Künstler oder Intellektuellen war nicht gestattet, da eine Verteidigung auf der Grundlage literarischer Verdienste vor einem britischen Gericht nicht zulässig war. Natürlich wurde Lawrence selbst nicht vorgeladen, um einen Bericht aus erster Hand abzugeben, wie der Teufel ihn dazu getrieben habe, jahrelang Schweiß, Tinte und Papier an ein so schädliches Produkt zu verschwenden. Der Verleger bat demütig um Entschuldigung, nahm das Buch aus dem Handel und stimmte seiner Vernichtung zu. Der Polizeirichter, ein Mr. Dickson, bedauerte, daß Methuen »durch die Publikation dieses Werkes beschmutzt« worden sei, ordnete an, es zu verbrennen oder einzustampfen, und verhängte eine Strafe von zehn Guineen. Niemand bedauerte die Katastrophe, die damit für den Autor verbunden war: Er verlor sein Urheberrecht, mußte den Vorschuß zurückzahlen, war öffentlich als obszöner Schriftsteller gebrandmarkt, ohne die Chance zu einer Widerlegung zu haben, und war wirksam daran gehindert, irgend etwas unter seinem eigenen Namen zu publizieren, bis der Krieg vorüber und geringere Obszönitäten vergeben waren.

Das Verbot von *The Rainbow* bedeutete, daß die Fortsetzung, *Women in Love*, erst nach dem Krieg veröffentlicht werden konnte und der Leser so den falschen Eindruck erhielt, es handle sich um einen Nachkriegsroman. Als Ken Russell das Buch in den siebziger Jahren verfilmte, verlegte er die Handlung in die Zwanziger Jahre, mit Glockenhüten, kurzen Röcken und »I'm Forever Blowing Bubbles.« Wir gewinnen den Eindruck, daß die jungen Überlebenden eines auszehrenden Krieges, »geschunden und fast dreißig« (wie Wells in *Christina Alberta's Father* sagt), ein neues Leben zu gestalten versuchen, das zum neuen Zeitalter paßte. Das Buch ist zeitlos genug, um dieses Mißverständnis des Lesers zu überstehen, doch war ihm nicht vergönnt, die Wirkung zu zeitigen, die so heilsam gewesen wäre für das intellektuelle Großbritannien der Kriegsjahre, ganz zu schweigen von denjenigen Freunden Lawrences, die zu Feinden geworden waren und durch eine äußerst satirische Darstellung in diesem Werk bestraft wurden. Die mangelnde Solidarität seiner Freunde und Jünger während des Verbotes von *The Rainbow* und danach verbitterte ihn. Tatsächlich macht das gesamte literarische Establishment bei dieser Affäre keine glückliche Figur. Arnold Bennett[28], der dem verarmten Lawrence bereits anonym vierzig Pfund geschickt hatte, protestierte mutig, wie er es einige Jahre später bei der Verfolgung des *Ulysses* tun sollte, doch die Society of Authors[29] unternahm nichts. Philip Morrell, MP, Lady Ottolines Gatte, brachte eine Anfrage im Parlament ein und erhielt keine Antwort: immerhin herrschte Krieg. Revision bei einem übergeordneten Gericht oder eine Schadensersatzklage gegen verleumdende Journalisten standen für einen mittellosen Mann nicht zur Debatte. Lawrence ließ die Sache fallen und sagte nur: »Ich bin nicht besonders erregt; darüber bin ich jetzt hinaus. Ich verfluche sie nur alle, mit Leib und Seele, Wurzel, Stamm und Blatt, in alle Ewigkeit!« Dieses »alle« schloß sowohl Freunde wie Feinde ein; das »nur« zeigt eine so reiche Gabe zur Verdammung, daß er es sich erlauben kann, mit einem Minimum an Atem zu fluchen. Es gab größere Dinge, über die man nachdenken mußte.

Wenn wir *The Rainbow* heute lesen, finden wir nicht nur überhaupt nichts Anstößiges darin, sondern fragen uns, wie das Buch bei seiner Erstveröffentlichung überhaupt irgend jemanden schockieren konnte, außer den sexuell Perversen. Es gibt darin, das ist wahr, sexuelle Leidenschaft, doch steht diese ganz und gar im Schutz der heiligen Ehe. Der Roman ist ein Loblied auf die Ehe, und einer der ins Auge gefaßten und später fallengelassenen Titel lautete *The Wedding Ring* (DER EHERING). Dieser Titel hätte alles noch schlimmer machen können, indem er impliziert, daß die Schrecken der Bordellfreuden in biedere, wenn auch ländliche britische Haushalte übertragen worden waren. Aber Lawrence versuchte ernsthaft, zu zeigen, wie der Ethos der Ehe während der viktorianischen und edwardianischen Epochen aufrechterhalten wurde und nun, im modernen Zeitalter, ins Wanken geriet. Er nimmt eine Familie, die Brangwens, die zwischen Derbyshire und Nottinghamshire einen Bauernhof bewirtschaften, und präsentiert ihr Leben. Der bereits zitierte lyrische Abschnitt, der zur »praktischen Kritik« herangezogen wurde, als ich ein Student war, ist von einer solchen poetischen Schönheit, daß jeder sensible Kritiker darin eine Garantie für literarische Ernsthaftigkeit hätte sehen müssen – nicht zu verwechseln mit pornographischem Kitzel. Die folgenden Seiten, eine kurze Darstellung der Hierarchie des Landlebens, der Arbeit wie der Sehnsüchte, konnten – wenn der Kritiker nicht so sehr an Literatur interessiert war – sogar als bewundernswerte Sozialgeschichte gelesen werden.

Die erste Ehe, die präsentiert wird, ist die Tom Brangwens, eines wohlhabenden Bauern, der sich in eine polnische Witwe verliebt, die sich in der Gegend angesiedelt hat und im Haus des Vikars wohnt. Hier haben wir eine Lawrence-Frieda Situation, da Tom sowohl zur Exogamie wie zur Hypergamie verleitet wird. Anna Lensky gehört einer höheren Klasse an, wie er erkennt. Außerdem ist sie sechs Jahre älter als Brangwen, und sie hat eine Tochter aus ihrer früheren Ehe. Brangwen nimmt das Mädchen in seinen Haushalt auf, und man könnte meinen, daß Lawrence mögliche Situationen für sein eigenes Leben durchspielt, als der verheiratete Tom mit Anna in seinem Bett liegt und das Kind ihn kalt mustert und sagt, er solle weggehen. Wie Lawrences Reaktion auf ein Kind von Frieda, das ihn so behandelte, ausgefallen wäre, können wir nur vermuten. Tom Brangwen ist tolerant, gutmütig, sogar liebevoll. Die Entwicklung der Beziehung zwischen Tom und seiner Stieftochter ist wunderschön beschrieben und voller Humor, Gefühl und Mitleid, die selbst das Herz eines James Douglas hätten schmelzen lassen sollen. Doch scheint ein Grund für puritanische Zensur aufzutauchen, als Brangwens eheliche Leidenschaft lyrischen Ausdruck findet:

> Er wartete und wartete auf ihre Annäherung. Und während er so wartete, schienen ihm seine Glieder stark und herrlich, seine Hände wie gute, leidenschaftlich ergebene Diener, er spürte eine überwältigende Kraft in sich, eine Kraft aus Leben und drängendem, starkem Blut.
>
> Es war gewiß, daß sie schließlich kam und ihn anrührte. Dann entbrannte er lichterloh und war verloren. Sie sahen einander an, ein tiefes Lachen am Grund ihrer Augen, und schon nahm er sie wieder, so wie sie war, verrückt danach, an ihrem unerschöpflichen Reichtum schwelgen, sich in ihren Tiefen bei unerschöpflichen Entdeckungen begraben zu können, während sie selber in seinem Schwelgen schwelgte, all ihre Geheimnisse abtat und untertauchte in das, was auch für sie Geheimnis war, indem sie vor Furcht und Entzücken bebte.

Eine Seite später wird ihre Schwangerschaft verkündet, so daß klar ist, womit sie sich da beschäftigten.

Die junge Anna wächst heran und verliebt sich in ihren Stiefcousin Will Brangwen. Als Anhänger Ruskins, der sakrale Architektur liebt und das Handwerk des Holzschnitzens praktiziert, steht er auf einer höheren kulturellen Stufe als sein Onkel. Er macht für Anna eine Butterform, »in die er einen mythologischen Vogel schnitzte, einen Phönix, ähnlich einem Adler, der sich auf symmetrischen Schwingen aus einem Kreis von herrlich züngelnden Flammen emporhob, die rings am Rande der hölzernen Form aufstiegen.« Er schnitzte dieses Bildnis, so können wir feststellen, für Lawrence selbst, der es auf seinem Grabstein und auf der Gesamtausgabe seiner Werke trägt. Für die Käufer der Brangwen-Butter ist es nur fremdländisch und grobschlächtig: Die Welt des Kuhstalls und diejenige höherer Ziele passen nicht zusammen; nichtsdestoweniger ist ein Phönix auf der Butter. Ein weiteres laurentianisches Symbol taucht bei der Hochzeit von Anna und Will auf, eines, dem wir schon einmal begegnet sind:

> Die Hochzeitsgesellschaft ging über den Friedhof zur Mauer hin, erstieg sie über die kleine Treppe und ging den Hügel hinunter. Ach, dieser eitle weiße Pfau von Braut, da stellte sie sich auf dem Mäuerchen oben zur Schau, indem sie dem Bräutigam die Hand reichte, damit er ihr auf der anderen Seite hinunterhelfe. Diese eitle Vergänglichkeit ihrer weißen, schmalen, zierlich auftretenden Füße und ihr biegsamer Hals. Und die hoheitsvolle Unverschämtheit, mit der sie alle anderen, Eltern und Hochzeitsgäste, zu entlassen schien, als sie mit ihrem jungen Gatten davonschritt.

Dieser weiße Pfau ruiniert seinen Ehemann jedoch nicht. Sie genießt die Eheriten, zieht die Tage und Nächte der Flitterwochen in die Länge, schockiert den puritanischen Leser durch ihre Freude am Sex. Der puritanische Verleger tritt in Erscheinung, als sie ruft: »Komm rasch ins Bett zurück!«. In der Penguin-Ausgabe lesen wir: »Er zog seine paar Sachen aus, und dann saß er neben ihr im Bett.« Die Heinemann-Ausgabe läßt die Bemerkung über das Ausziehen weg.

Das Thema ehelicher Nacktheit wird weitergesponnen:

> Als er ein Kind war, hatte er geglaubt, daß eine Frau lediglich deshalb eine Frau sei, weil sie Röcke und Unterröcke trug. Aber siehe da, die gesamte Welt konnte ihrer Kleidung beraubt werden, die Kleidung konnte daliegen, unversehrt, und man stand inmitten einer ganz neuen Welt, auf einer neuen Erde, nackt in einem neuen, nackten Universum. Das war erstaunlich und geheimnisvoll.
>
> Das also war die Ehe. Die alten Dinge zählten nicht mehr. Man stand um vier Uhr auf, aß seine Suppe zur Teezeit, und Karamelbonbons machte man mitten in der Nacht. Man kleidete sich entweder an, oder man kleidete sich nicht an. Er war noch immer nicht ganz sicher, ob es nicht verbrecherisch war.

Es gab 1916 genügend Kritiker, die ihm in diesem Punkt Klarheit verschaffen konnten. Und auf die Blasphemie im Folgenden verwiesen:

> Aber es war eine große Entdeckung, wie überaus unabhängig man zu sein vermochte. Das einzige, worauf es ankam, war, daß er sie liebte und daß sie ihn liebte und daß einer für den anderen entflammt lebte, wie der Herr in den zwei brennenden Büschen, die doch nicht verbrannten.

Das zweite verheiratete Paar hat seine Probleme: »Sie breitete die Hände voller Angst über ihren Schoß, während ihr die Tränen übers Gesicht liefen. Aber warum, warum war er denn so?« Und warum, so muß gefragt worden sein, suchte Lawrence mit diesem anatomischen Bezug die Leute zu verderben?

Noch immer ist es schockierend, allerdings auf einer rein ästhetischen Ebene, wenn Anna sich ihrer Schwangerschaft erfreut und in ihrer runden Nacktheit tanzt, als wäre sie ein weiblicher David. »Sie tanzte heimlich vor ihrem Schöpfer, sie zog die Kleider aus und tanzte im Stolz ihrer schweren Fülle.« Lawrence führt die biblische

Parallele noch ein Stück weiter; Anna Victrix, wie die Kapitelüberschrift sie nennt, triumphiert ob des Leben schaffenden Vorranges des Weiblichen dem schwerfälligen Manne gegenüber. »Wer war er denn auch, daß er sich gegen sie erheben sollte? Nein, er war nicht einmal der Philister, der Riese. Er glich Saul, der seine eigene Königswürde proklamierte. Sie lachte ihn innerlich aus. Wer war er denn, daß er seine Königswürde proklamierte? Sie lachte ihn aus voller Stolz.« Wenn diese Seiten, auf denen ein »seltsamer, gewölbter Bauch« dem Herrn präsentiert wird, Anstoß erregen, so auf eine Art, welcher man bei Lawrence stets gewärtig sein muß, da er seine Figuren in Götter und Göttinnen oder in Symbole elementarer Kräfte verwandelt, wenn der Leser nichts Erschreckenderes erwartet als eine spannende Erzählung.

Auf Seiten des Ehemannes gibt es Ansätze zu außerehelicher Liebe, die nicht weiter gedeihen als bis zu Ringkämpfen im Park mit einem Mädchen, das er in einem Varieté kennengelernt hat. Doch während in *Mr. Noon* das Poussieren noch recht humorvoll dargestellt ist, läßt uns Lawrence hier das ganze Gewicht einer überfrachteten Sprache spüren – »Ihr Schrei war für ihn eine Belohnung gewesen . . . In seinen Adern lohte äußerste Wollust . . . Und dann, als seine Liebkosungen wiederum drängender geworden waren und sein heißes, lebendiges Verlangen sie, im Gegensatz zu seinem kalten körperlichen Verlangen, verschmähte, riß sie sich gewaltsam von ihm los.« Doch Will Brangwens Sinnlichkeit findet schon bald wieder ihren gottgewollten Platz im Ehebett: »›Heute nacht werde ich die kleine Vertiefung unter dem Knöchel kennenlernen, wo die Adern sich kreuzen″, und der Gedanke daran bildete eine dichte Dunkelheit der Vorfreude.« Davon gibt es eine ganze Menge. Es stimuliert den Leser, doch nicht in der Weise wie Pornographie. Die Rhythmen sind Rhythmen der Poesie, nicht der Brunst, und der physische Aspekt der Sexualität wird auf eine Ebene erhoben, die man beinahe sakral nennen möchte. Der auf Schlüpfriges erpichte Leser muß sich bei seiner Suche nach Obszönität mit etwas zufriedengeben, das er ganz vage als schlechten Geschmack bezeichnen könnte – stets ein schwer zu definierender Begriff –, oder mit der Darstellung einer Liebesleidenschaft, die zu ekstatisch ist, um mehr als blasphemisch zu sein. Die jüngeren Brangwens haben zwei Töchter, Ursula und Gudrun, die Schwestern aus Lawrences ursprünglichem Titel für die gesamte Familienchronik, die, mittendrin durch das Verbot von *The Rainbow* aufgehalten, in einem »moderneren«, weniger traditionellen Erzählton wieder anhebt – in *Women in Love*. Ursula und Gudrun sind die Heldinnen dieser Fortsetzung, doch sind sie nicht ganz die Frauen, die wir am Ende von *The Rainbow* verlassen. Ursula nimmt später einige Züge von Frieda Lawrence an, während Gudrun als eine sublimierte Katherine Mansfield gesehen werden kann. Ungefähr in der Mitte von *The Rainbow* ist Ursula ein schwärmerisches Mädchen, das sich in den jungen Polen Skrebensky verliebt und so gewissermaßen das exogame Muster vollendet, obwohl sie natürlich selbst zur Hälfte polnischer Abstammung ist. Sie heiratet Skrebensky nicht; er läßt sie nach einer Liebesnacht sitzen. Die Intensität der Leidenschaft hält sich auch in der dritten Generation:

> Aber hart und ungestüm hatte sie sich über ihm gefestigt, kalt wie der Mond und brennend wie eine ätzende Säure. Bis allmählich sein warmes, sanftes Eisen nachgab, nachgab und sie ungestüm, ätzend, aufschäumend vor Zerstörung, wie eine Säure, in der sich die letzte Substanz seines Seins auflöste, ihn zerstörte im Kuß. Und ihr Inneres kristallisierte sich triumphierend, und sein Inneres war aufgelöst in Todespein und Vernichtung. So hielt sie ihn fest als ihr Opfer, aufgesogen, vernichtet. Sie hatte triumphiert: er war nicht mehr.

Ursulas Liebesleben wird in der Fortsetzung seine Erfüllung in Birkin finden, der Lawrence selbst ist. Sie ist also für etwas Besseres als einen liebestollen Polen bestimmt.

Wegen des Fehlens einer Fabel im traditionellen Sinn scheint *The Rainbow* keine andere Funktion zu haben, als die sexuelle Liebe zu verherrlichen. Was ist die Geschichte? Die Geschichte ist nicht mehr als die Chronik von drei Generationen einer Familie, in welcher die bedeutenden Ereignisse biologischer Natur sind. Ein Leser des Jahres 1916 hätte Kunstgriffe, Überraschungen, das Schürzen und Lösen von Knoten erwartet. Und er hätte in einem schlichten Roman niemals eine solche poetische Intensität erwartet: Er hätte gedacht, derlei Dinge seien mit Thomas Hardy zu Grabe getragen worden (der wegen seines Pessimismus, nicht wegen Obszönität, verdammt und regelrecht aus dem Revier des Romans vertrieben wurde). *The Rainbow* enthält Elemente von Hardy, besonders bei der Schilderung der Hochzeitsfeier, wo ein derber, bäuerlicher Humor in Erscheinung tritt, um die Intensität zu mildern. Der letzte Teil des Buches, in dem Ursula leidet und sich schließlich als Lehrerin durchsetzt, folgt der neuen Mode à la Wells: Eine Frau findet ihren Weg in der Männerwelt – doch der Aufschrei gegen industriellen »Fortschritt« stammt direkt aus der Kehle von Lawrence:

> Haß erhob sich jählings in Ursulas Herzen. Wäre sie dazu imstande gewesen, sie hätte die Maschinerie zerschmettert. Es sollte die Tat ihrer Seele werden, sie zu zerschmettern. Wenn sie das Bergwerk hätte zerstören und alle Arbeiter in Wiggiston arbeitslos machen können, sie hätte es getan. Mochten sie ruhig hungern und im Erdboden nach Wurzeln graben – das wäre viel besser, als diesem Moloch hier zu dienen.

In ihrer jugendlichen Unschuld träumt sie von einer verwandelten Welt, vom Ausbruch der industriell Unterdrückten aus den Fesseln ihrer Leichentücher und von einem neuen Bund mit dem Leben. Dort finden wir den Titel wieder: »ein schwaches Schillern, das auch einen Teil des Hügels in schwache Farben tauchte . . . die Welt ein lebendiger Bau aus Wahrhaftigkeit, würdig der Wölbung des Himmels.«

Wenn wir Ursulas Vision nicht auf eine Art Erlösung durch körperliche Liebe zurückführen können – was nicht gelingt –, ist *The Rainbow* als künstlerisches Ganzes gescheitert. Es hätte mehr dazu gehört, und dieses ›mehr″ erhalten wir in *Women in Love*, doch die beiden Romane hängen nicht zusammen. Sie sind ganz verschiedene Organismen. Man ist versucht, *The Rainbow* höher einzustufen, als der Roman verdient, um Schimpf und Schande über seine Verfolger zu bringen, und tatsächlich fällt es leicht, seine großen

Vorzüge herauszustreichen – die Dichte der Figuren und Schauplätze, die Intensität der Gefühle, den poetischen Schwung des Stils. Das Problem scheint darin zu liegen, daß die Figuren weniger ihrem eigenen Willen gehorchen als ihren Drüsen. Der Roman ist ein Versuchsmodell des Determinismus (auch darin weist er eine vage Ähnlichkeit mit Hardy auf). Wie *Finnegans Wake*, das Werk, dem er am wenigsten gleicht, zeigt er das Leben als einen Kreislauf. Der Roman muß, ob wir das mögen oder nicht, eine lineare Form haben – ein Fortschreiten von Ereignis zu Ereignis mit irgendeiner Art von Lösung. Es genügt nicht, das Herz mit einem Regenbogen zum Himmel zu erheben (eine der Stärken von *Finnegans Wake* ist, daß es mit Wordsworth akzeptiert, daß der »regginbrow« kommt und geht und ein höchst unzuverlässiges Siegel des Bundes mit Gott ist). Dies ist kein großer Roman, doch sein Autor ist eindeutig ein großer Romancier. Die ersten Verleumder des Buches müssen das erkannt haben, doch paßte es ihnen nicht, und sie wählten den bequemsten Weg, es zu leugnen.

7
Westwärts

Lawrence wollte weg aus England, seinem England, und man kann es ihm nicht verdenken. Es lag nicht allein am Verbot von *The Rainbow*, obwohl dieses symptomatisch für die moralische Anämie, Heuchelei, den Lebenshaß und andere tief verwurzelte englische Krankheiten ist; es lag ebenso an der Kriegshysterie und dem patriotischen Geifer von populären Hetzblättern wie Horatio Bottomleys *John Bull*. Bottomley war ein typischer Held dieser Zeit: Beredt warb er dafür, junge Männer in die Schützengräben zu schicken, und mit seinen Ansprachen bei Rekrutierungen machte er ein Vermögen; sein Wochenblatt war chauvinistisch, blutrünstig, rührselig, spießig und schlecht geschrieben. Nach dem Krieg wurde Bottomley wegen Betrugs angeklagt und eingesperrt; während des Kriegs jedoch konnte Shaws O'Flaherty VC[30] sagen, »daß wir die Boshes nie schlagen werden, wenn wir nicht Horatio Bottomley zum Lord Leftnant von England machen.« Später sollte *John Bull* dann gegen die Obszönität von *Women in Love* wüten.

Lawrence wollte nach Westen gehen, wie die verfolgten Puritaner vor ihm, und Florida (dessen Hitze seinen Lungen sicher ebenso geschadet hätte wie ein englischer Winter) erschien ihm als das gelobte Land, in welches er eine Handvoll verwandter Seelen führen konnte. Eine von diesen, der junge Philip Heseltine, hatte die heruntergekommene Orangenplantage von Frederick Delius als Zufluchtsort empfohlen, aber Delius war zu Recht skeptisch, ob eine Gruppe von Intellektuellen in diesen Ruinen leben könnte. Wie die Pilgerväter verbanden die Pioniere von Rananim ihre Vision mit praktischer Undurchführbarkeit. Man dachte auch an

Fort Myers, ein Refugium für Millionäre, das sich für mittellose Idealisten nicht recht eignete. Trotz alledem redete Lawrence nicht nur davon, nach Westen zu gehen; er sammelte das Geld (unter anderem fünf Pfund von G. B. Shaw) für Friedas und seine Überfahrt. Doch erkannte er nicht, bis ihn die englische Regierung unmißverständlich darauf hinwies, daß man England nur mit Gewehr und Tornister verlassen konnte. Frieda und er zogen nach Westen, aber nur bis Cornwall, das man mit viel gutem Willen als nicht mehr ganz zu England gehörig ansehen konnte; sie zogen so weit nach Westen wie möglich, fast nach Land's End. In einer Ansammlung von Landhäusern zwischen St. Ives und Penzance versuchten sie, Rananim aufzubauen.

Als sich die Lawrences im tiefen Westen mehr oder weniger eingerichtet hatten, wurden John Middleton Murry und Katherine Mansfield herbeizitiert, um sich ihnen anzuschließen. Lawrence betrachtete Murry nicht nur als seinen besten Freund, sondern auch als seinen Blutsbruder. Er war ein gläubiger Anhänger der *Blutsbrüderschaft* geworden und schlug eine Art teutonischer oder indianischer Zeremonie vor, wobei das Blut der beiden buchstäblich vermischt und unverbrüchliche gegenseitige Treue geschworen wird. Es fällt schwer, diesen laurentianischen Hunger nach Männerfreundschaft zu verstehen; er war zu intensiv, um noch gesund zu sein, besonders da Lawrence den erwählten Bruder bald anschrie und sich beklagte, von ihm ausgesaugt zu werden. So verfuhr er auch mit Murry und vertrieb ihn dadurch. Gewiß wünschte Lawrence niemals eine homosexuelle Beziehung, obwohl es vielleicht tiefere erotische Motive gab, als er sich eingestehen wollte. Es scheint vielmehr, daß ein angeborener Machthunger, dem kreativen Schaffensdrang verwandt, an einem auserwählten Mann gestillt werden mußte, da es bei der auserwählten Frau nicht klappte, und nicht sehr überzeugend wurde dies als reine Sehnsucht nach brüderlicher Liebe dargestellt.

Murry liebte Lawrence aufrichtig, doch er wollte sich nicht beherrschen lassen. Sein späterer Judasschwur – »Ich liebe dich, Lorenzo, aber ich kann nicht versprechen, dich nie zu verraten« – ist bekannter geworden als seine harte Arbeit für ein Genie, das er voll und ganz anerkannte. Als Herausgeber von *Rhythm*, *Adelphi*, und *Athenäum*[31] verschaffte er Lawrence eine Plattform für seine Werke, auch wenn dieser manchmal brüsk ablehnte. Er war ein guter Herausgeber und, wie *The Problem of Style* noch heute, über sechzig Jahre nach der Erstveröffentlichung, zeigt, ein intelligenter Kritiker. Man hält ihn allgemein für das Original von Gerald Crich in *Women in Love*, aber er ist bekannter geworden durch seine satirische Verwandlung zu Denis Burlap in Aldous Huxleys *Point Counter Point* – frömmlerisch, spießig, ein geduldiger Verführer von Frauen, die seine Seele anzog. Mit seinem Selbstmitleid und seiner leichten Hysterie macht er in seiner Autobiographie, *Between Two Worlds* (Zwischen zwei Welten), keine gute Figur. Die Biographie seines Sohnes, *One Hand Clapping* (Ein-Hand-Klatschen; zugleich der Titel eines meiner frühen Romane), zeichnet ein ausgewogeneres und sympathischeres Porträt.

Philip Heseltine, ein sehr junger Mann, dessen musikalisches Talent seine Blüte noch vor sich hatte, stand Lawrence in diesen Tagen des Exils im Westen ebenso nahe. Als Peter Warlock, mit elisabethanischem Bart, schrieb er die schönsten Lieder in diesem Jahrhundert; als Heseltine wurde er ein großer Experte auf dem Gebiet der Tudor-Musik. Sein literarischer Geschmack war exquisit, wie die Lieder zeigen (der Geschmack fast aller unserer Komponisten vor Britten war verheerend), und als erster legte er uneingeschränkten Enthusiasmus für Lawrences Genie an den Tag. Nach dem Verbot von *The Rainbow* bot er an, das Buch selbst zu drucken und zu vertreiben, doch wurde nichts daraus. Offensichtlich verfolgte Lawrence die spätere Entwicklung von Heseltine-Warlock nicht (er starb im selben Jahr wie Lawrence, wahrscheinlich durch Selbstmord) und sah in ihm nur einen formbaren Jünger. Beide Lawrences glaubten ganz fest an die Ehe und bewiesen diesen Glauben immer wieder, indem sie sich gegenseitig Teller an den Kopf schmissen; deshalb versuchten sie ständig, Ehen für ihre Freunde zu stiften, ausnahmslos mit ungeeigneten Partnern. Heseltine verärgerte diese Art der Manipulation, und er wurde zum Feind: Die Strafe für seinen Abfall bestand darin, daß Lawrence ihn in *Women in Love* als den rückgratlosen Ästheten Halliday karikierte.

Laurentianer haben ihm nie vergeben, daß er das einzige Manuskript von »Goat and Compasses« (Steinbock und Zirkel), Lawrences Essay über Homosexualität, vernichtete. Cecil Gray, Heseltines Freund und Biograph, zufolge benutzte er die Blätter »zur Ausübung einer niedrigen, aber höchst notwendigen Tätigkeit.« Gray war selbst Musiker, ein Komponist, dem es gleichgültig war, ob seine Werke aufgeführt wurden oder nicht, ein guter Musikkritiker und Autor einer ausgezeichneten Musikgeschichte. Sowohl sein *Peter Warlock* wie seine Autobiographie, *Musical Chairs* (Stuhlpolonaise), sind militant anti-laurentianisch. Obwohl er wegen Heseltine Mitglied von Rananim geworden war, hatte er bald genug von den Tolstoischen Impertinenzen, wie er das nannte, zum Beispiel »Was hältst du von dir selbst?« und »Liebst du deine Frau?« Lawrence konnte jeden mit seinen moralischen und spirituellen Verhören auf die Palme bringen.

Zunächst mochte Lawrence Cornwall, besonders als der Frühling einsetzte. Der Winter war immer hart für ihn, obgleich er schwor, nur an einer vorübergehenden Reizung der Bronchien zu leiden (die Tuberkulose gehörte zu seiner Vergangenheit, Gewissensbisse aus seiner Kindheit sozusagen). Der Frühling war eine Kur, die er seiner vom Winter ausgezehrten und von Husten gequälten Natur verordnete. Im März 1916 schrieb er an Russell (»Sind Sie mir noch böse wegen meiner Schulmeisterei und weil ich die Menschenrechte nicht respektiere? Seien Sie es nicht, es ist Ihres Zornes nicht wert.«):

> Wir haben hier ein winziges Landhaus gemietet, für 5 £ pro Jahr, welches wir einrichten werden. Wir müssen hier sehr einfach leben, da wir äußerst arm sein werden. Aber direkt am Fuß der wilden Hügel mit ihren großen grauen Granitblöcken und über dem offenen Meer gelegen, ist es schön genug und frei genug. Ich glaube, wir können unauffällig und glücklich sein, wie Höhlenmenschen . . . Man muß lernen, glücklich und sorglos zu sein. Die alte Welt stürzt niemals ein, es sei denn, eine junge Welt schiebt sie achtlos beiseite. Und ich bin ganz sicher, daß diese junge Welt famos sein wird.

Das kann man als Vorfrühlingsoptimismus bezeichnen. In Higher Tregerthen, Zennor, noch immer ein wunderschöner Ort direkt am Meer, machte er sich wieder ans Bodenschrubben und ans Schreiben von *Women in Love* – also an die Überarbeitung des unfertigen zweiten Teils von *The Sisters*. Das war eine langwierige Arbeit, die erst im November 1916 abgeschlossen werden konnte. Wie zu erwarten, war das Buch nicht publizierbar. Da Lawrence in England keinen Hoffnungsschimmer sah, sandte er das Manuskript an Maunsel und Co. in Dublin, ein Unternehmen, das berühmt war, weil es Joyces *Dubliners* nicht veröffentlicht hatte: Nach zehn Tagen hatte er es zurück. Zur selben Zeit grübelte er über die keltischen Rätsel des alten Herzogtums. Seine Ansichten darüber, wie der laurentianische Mensch zu sein habe, waren zum Teil in Italien geformt worden, woran ihn die Veröffentlichung von *Twilight in Italy* im Juli 1916 erinnerte. Für ihn war es bequem, gar nicht erst zur Kenntnis zu nehmen, daß seine lachenden, ungehemmten Bauern mit blitzenden weißen Zähnen, edle Wilde, die Wein in sich hineingossen und Berge von Pasta verdrückten, sich liebend gern von der industriellen Maschinerie, die Lawrence verabscheute, zerquetschen ließen. Hier in Cornwall lebten Menschen wie aus den Zeiten vor König Arthur – verbunden mit den alten Göttern und Magie aus dem Lehm atmend, ein »höchst unkriegerisches, sanftes, friedfertiges, uraltes« Volk. Er litt für die bäurischen Männer Cornwalls, die der Krieg in seinen Netzen fing, aber er litt auch eigenes Leid. Er mußte sich nach Bodmin begeben, zu einer Musterung. Wegen des Zustandes seiner Lungen wurde er zurückgestellt, doch der rücksichtslose Umgang mitseinem nackten Körper war ein Angriff auf die Menschenwürde. Zu dieser Zeit trug er bereits einen Bart, aus Trotz gegen diejenigen, die glattrasiertes Kanonenfutter aus ihm machen wollten, mit einem in eiskaltem Wasser mühsam geschabten todgeweihten Kinn. In der Kaserne von Bodmin erklärte man ihm: »Der kommt morgen ab, Alter.« Er kam nie ab. Er blieb bis zum Ende, Schild und Wappen eines freien Mannes, der sich der Tyrannei von König C. Gillette nicht unterwerfen mußte.

Lawrences Abscheu und Ärger über die Herabwürdigung seines stolzen Fleisches zu einem bloßen Gegenstand der Prüfung und des

Spotts findet seinen Niederschlag in dem »Alptraum«-Kapitel des Romans *Kangaroo* (Känguruh). Nicht nur seiner selbst wegen ist er empört, sondern ebenso im Namen seiner Rasse und seines Geschlechts, und manchen Lesern muß es scheinen, daß er zu weit geht. Meine Generation mußte sich größere Erniedrigungen gefallen lassen als die kalten Finger des Stabsarztes. Natürlich hat Lawrences Empörung zwei Seiten: Sein Körper wurde, nach dem rücksichtslosen Umgang damit, für nicht gut genug befunden. Er fürchtete sich nicht vor dem Krieg (er fürchtete sich vor gar nichts), doch fühlte er sich berechtigt, den Wahnsinn des Krieges und, was noch schlimmer war, sein Eindringen in die göttliche Würde männlicher Privatsphäre laut anzuprangern. Andere Männer konnten gutwillig akzeptieren, daß der Sache der individuellen Freiheit zeitweise nur durch ihre Verneinung gedient wird, und als denkender Mensch konnte Lawrence das auch. Doch der Rest von ihm konnte nicht anders, als zu protestieren, wie seine Brust nicht anders konnte, als zu husten. Für diejenigen unter uns, die während des Krieges 1939-45 Bücher im Seesack mit sich trugen, war Lawrence ein Trost. Er ermutigte uns, der miesen Gewaltherrschaft zu trotzen – Korporale ebenfalls anzuschreien, Schleifern im Dunkel zwischen Pub und Kaserne aufzulauern. Er war unser großer Prophet der Subversion. Aber natürlich kann man eine Armee so nicht führen.

Wut und Ekel machten Lawrence so unvorsichtig, in Gegenwart von bodenständigen Einwohnern Cornwalls gegen den Krieg Stellung zu beziehen. Zerlumpt und arm – nur hie und da konnte er eine Geschichte oder ein Gedicht publizieren –, führte er praktisch das Leben eines Tagelöhners: Er hatte genügend Gelegenheit zu vertraulichen Lästerungen über die ganze verfluchte Abschlachterei. Die Leute aus der Gegend, die Zeuge solcher Auslassungen wurden, entschieden dann später im Pub, daß sie ebensosehr patriotische Engländer wie ursprüngliche Kelten seien. Ab Spätsommer 1917 standen Lawrence und Frieda unter Überwachung der Behörden. Sie war, wie jedermann wußte, eine Deutsche, Cousine des Roten Barons: Der weiße Schal um ihren Nacken, der im Seewind flatterte, war ein Zeichen für deutsche U-Boote, die Wäsche auf ihrer Leine bildete ein kompliziertes Signalsystem. Der Feind trieb sich an der Küste herum; tatsächlich wurde ein Küstenschiff torpediert. All das hatte etwas zu tun mit Lawrences herausfordernden Absingen deutscher Volkslieder, seiner Sorglosigkeit, Licht aus den Fenstern scheinen zu lassen, seinem Teeren des Kamins. Am 12. Oktober 1917 überfiel die Polizei sein Haus und begann nach belastenden Dokumenten zu suchen, wobei sie auf einen verdächtigen eingewickelten Salzblock stieß, den Frieda gekauft hatte. Unklugerweise machte sich Frieda darüber lustig, und Lawrence flüsterte: »Um Gottes willen, hör' auf.« Er hat sicher an die Ironie des Schicksals gedacht, daß er, damals in Metz, als englischer Spion verdächtigt worden war – nun arbeitete er für die Hunnen. Beiden konnte man nichts beweisen, aber sie mußten binnen drei Tagen Cornwall verlassen. Nicht einmal im Zorn, sondern von finsterster Hoffnungslosigkeit durchdrungen, zog er mit Frieda fort und fand Aufnahme im Haus von Richard Aldingtons Frau, der imagistischen Dichterin H.D., die einen fiktionalen Bericht über den kurzen Aufenthalt in 44 Mecklenburgh Square hinterließ. Lawrence begann mit der Arbeit an einem neuen Roman, *Aaron's Rod* (Aarons Stab). Er protestierte beim Kriegsministerium gegen seine Ausweisung aus Cornwall und forderte die Genehmigung, zurückzukehren: das Gesuch wurde mit bemerkenswerter Schnelligkeit abgelehnt. Die Kriminalpolizei begann ihn zu beschatten, Lawrence der Gebrandmarkte. Die Veröffentlichung von *Look! We Have Come Through!* im November 1917 (unter seinem eigenen Namen: niemand las mehr Gedichte, es sei denn, sie entstammten der Feder des verblichenen Rupert Brooke) muß ihm als reiner Hohn erschienen sein: Sie hatten es nicht geschafft, ganz im Gegenteil.

Im Mai 1918 bezogen Lawrence und Frieda das Mountain Cottage, einen kleinen Bungalow in Middleton-by-Wirksworth, Derbyshire. Sein Vater lebte nicht weit entfernt, im einsamen Ruhestand, und tat zwei seltsame Dinge für – oder gegen – seinen Sohn. Er besohlte ihm ein Paar Stiefel mit Gußeisen, und er entzündete ein großes Feuer direkt vor dem Mountain Cottage, als gerade die Nacht hereinbrach. Natürlich waren das Signale Lawrences für Zeppeline, und vielleicht nahm der Vater so verschroben Rache am Schöpfer von Walter Morel. Die eine Hand der Behörden wußte nicht, was die andere tat: Lawrence erhielt fünfzig Pfund vom Literaturfonds der Krone. Am 11. September, seinem Geburtstag, wurde er in Derby nachgemustert und zu »sekundären Diensten«, was immer das sein mochte, für tauglich erklärt. *New Poems* (Neue Gedichte) erschien im Oktober, dann war er am 12. November in London zu einer Feier des Waffenstillstandes. Das war Lawrences Krieg, abgesehen von einer grausamen Nachwirkung, der Grippe, die ihn erwischte, doch von einem starken Lebenswillen überwunden wurde. Nun begannen die Schwierigkeiten, England zu verlassen, diesmal praktisch für immer. Die Lawrences erhielten bis Oktober 1919 keine Reisepässe. Dann aber sahen sie, wie die Heldin von *The Lost Girl* (DAS VERLORENE MÄDCHEN), den schweren grauen Sarg Englands in den dunklen Fluten versinken. Dieses Mal hatten sie es wirklich geschafft. Millionen andere natürlich nicht.

Man hat Lawrence sein freiwilliges Exil stets zum Vorwurf gemacht, wie anderen britischen Autoren, die es vorzogen, im Ausland zu leben und zu arbeiten. Ein englischer Schriftsteller sollte in England bleiben, wie es Chaucer, Shakespeare und Milton taten. Einmal ganz abgesehen von gesundheitlichen Faktoren und Steuerersparnissen, kann ein Schriftsteller jedoch der Literatur seines Landes manchmal am besten dienen, indem er sein Land und dessen Sprache vor der Folie einer fremden Kultur sieht und hört. Joyce hätte *Ulysses* kaum in Dublin schreiben können (zum Beispiel hätte er dort nicht seinem Leopold Bloom begegnen können: den fand er durch Italo Svevo in Triest). Lawrence ließ in seiner Liebe zu England niemals nach, zumindest zu dem England, das übrigblieb, wenn er die Regierung und die *canaille* abzog, und die Genauigkeit der Beobachtung seines Geburtsortes in den Midlands, wie in *Sons and Lovers*, verdankt manches der Möglichkeit, diesen Ort vor einem fremden Hintergrund heraufzubeschwören. Doch es kam noch etwas hinzu. Mehr und mehr fand Lawrence sein Publikum in Amerika, nicht in Großbritannien, und dies versetzte ihn in die Lage eines gezwungenermaßen internationalen Autors, dessen Thema ebensogut die ganze Welt sein konnte, und nicht nur eine küstennahe Insel. Außerdem hatte er das Verlangen, eine »heidnische Wallfahrt«, wie es einer seiner Biographen nannte, zu machen, nach alten

Kulturen zu suchen, die noch nicht vom Industrialismus verdorben oder erstickt worden waren, und dies führte ihn in östlicher Richtung zunächst zu den Antipoden und schließlich zur denkbar unenglischsten Kultur, zu den Indianern Mexikos. Man kann ihn nicht dafür tadeln, nicht zu Hause geblieben zu sein, um zu schreiben wie Miss Mitford. Hätte er England verlassen, um sich den Anglo-Florentinern anzuschließen, gäbe es vielleicht Grund zu murren, aber er baute sich nie ein warmes Nest im Herzen einer sybaritischen Kultur. Er verließ Englands Unbilden zugunsten noch schlimmerer Unbilden. Was die Anglo-Florentiner angeht, so hat nie jemand schlecht von ihnen gedacht, außer Lawrence.

Was brachte er zustande während dieses Krieges, der ihn krank machte und beinahe in den Wahnsinn trieb? Die Arbeit an *Women in Love* beschäftigte ihn fast bis Ende 1916, neben unregelmäßigen literarischen Gelegenheitsarbeiten, die ihm eine Existenz am Rande des Verhungerns ermöglichten. Und dann erweist sich etwas, das zunächst wie ein flüchtiges Hobby aussah, in historischer Perspektive als eines der erstaunlichsten Dinge, die Lawrence je getan hat – nämlich die Schaffung einer neuen akademischen Disziplin. Ein pädagogischer Lawrence war gegen Ende des Krieges eifrig, wenn auch oft fruchtlos, am Werk. Immerhin war er einmal Lehrer gewesen. *The Times Educational Supplement* bat ihn um Artikel, veröffentlichte sie jedoch nicht. Ein Lehrbuch mit dem Titel *Movements in European History* (Massenbewegungen in der Geschichte Europas) wurde geschrieben und umgeschrieben und nochmal umgeschrieben und schließlich unter dem Pseudonym H. L. Davidson veröffentlicht. Ich entdeckte dieses Buch während meiner Schulzeit 1934, als ich mich gerade auf eine Prüfung in neuerer europäischer Geschichte vorbereitete. Ich fand es nützlich; Lawrence half mir, zu bestehen. Zu dieser Zeit erkannte ich nicht, wie laurentianisch es war. Das Wort »movements« im Titel ist irreführend, da das Hauptaugenmerk Persönlichkeiten mit einer starken inneren Überzeugung gilt, Männern wie Luther und Calvin etwa. Es ist wissenschaftlich, nüchtern, aber man hat das Gefühl unterschwelliger Glut.

Man kann dieses lediglich nützliche Buch natürlich nicht mit demjenigen vergleichen, das Amerikas Haltung der eigenen

Literatur gegenüber veränderte. In seiner wunderbaren kleinen Studie über Nathaniel Hawthorne, die zwei Jahre vor Lawrences Geburt erschien, sagte Henry James:

> ... Die Blume der Kunst blüht nur dort, wo der Boden tief ist ... es braucht sehr viel Geschichte, um ein wenig Literatur hervorzubringen ... es bedarf einer komplexen sozialen Maschinerie, um einen Schriftsteller in Gang zu setzen. Die amerikanische Zivilisation hatte bislang anderes zu tun, als Blumen hervorzubringen, und bevor sie Schriftsteller gebar, hat sie sich klugerweise darum bemüht, ihnen etwas zu geben, worüber sie schreiben können. Drei oder vier schöne Talente transatlantischer Provenienz sind alles, was die Welt für gewöhnlich anerkennt, und innerhalb dieses bescheidenen Blumenstraußes billigt man Hawthorne den seltensten und süßesten Duft zu.

Lawrence wollte mit *Studies in Classic American Literature* (Studien zur klassischen amerikanischen Literatur) zeigen, daß der »bescheidene Blumenstrauß« in Wirklichkeit ein ganzer Garten war, wenn nicht gar ein Wald von geradezu brasilianischem Artenreichtum. In einem Brief an Robert Mountsier, seinen amerikanischen Agenten, finden wir den Keim zu diesem Gedanken in einer Liste mit Büchern von Herman Melville, Fenimore Cooper, Walt Whitman, Jean de Crévecoeur, Hawthorne, Ralph Waldo Emerson, Benjamin Franklin, Edgar Allan Poe und den Reden von Abraham Lincoln. Bereits im Januar 1917 begann er mit der Lektüre. Es liegt keine Ironie in der Tatsache, daß Lawrence in demselben Brief sein Bedauern über Mountsiers Behandlung als unerwünschter Ausländer durch eine Sondereinheit von Scotland Yard zum Ausdruck bringt – wegen einer Verbindung mit Lawrences eigenem verdächtigen Verhalten in Zennor. »Pah, man hat das Theater doch leid. Ich glaube, für uns alle wäre es am besten, nach Amerika zu gehen ... Ich habe *endgültig* entschieden, daß es nur außerhalb der Welt möglich ist, zu leben – eine Art Garten Eden zu bauen aus untadeligen, aber erfüllten Seelen ...« Das neu erwachte Interesse an amerikanischer Literatur hatte natürlich mit Lawrences Erkenntnis zu tun, daß sein künftiges Publikum weiter westlich als Land's End zu suchen war. In der ihm eigenen widersprüchlichen Art war er jedoch gleichzeitig bereit, die Glanzstücke der englischen Literaturtradition herauszustreichen, im Gegensatz zu den von ihm als überschätzt empfundenen Russen, mit denen »Kot« ihn vertraut gemacht hatte. Doch die englische Literatur hatte in Amerika einen Neuanfang gemacht, und Lawrence, den die erste zufällige Lektüre des *Moby Dick* fasziniert hatte (vielleicht hatte er daraus, unter dem Eindruck von Ishmael und Queequeg, seinen Begriff der Blutsbrüderschaft bezogen), fand hier ein weites Feld, das von der Kritik und der wissenschaftlichen Forschung praktisch völlig ignoriert wurde. Heute gilt es sogar an europäischen Universitäten als selbstverständlich, daß die amerikanische Literatur kein bloßes Anhängsel derjenigen des Mutterlandes ist, sondern ein lebendiges und lohnendes Gebiet für sich. Diese Erkenntnis hätte sich auch ohne Lawrences Pionierarbeit durchgesetzt, jedoch erst viel später.

Die *Studies* sind keine orthodoxe Übung in Literaturgeschichte oder Literaturkritik, abgestellt auf unentschiedene Lehrer und Studenten, die ein Examen vor sich haben (wie das europäische Geschichtsbuch). Das Buch polemisiert und schurigelt, wenn auch diesmal nicht die Briten unter Beschuß geraten, sondern die Landsleute von Whitman, Melville, Dana und Hawthorne: Die Amerikaner müssen etwas über ihre Bestimmung erfahren und sehen, was ihre Literatur dazu sagt. In einem Kommentar zu Fenimore Cooper sagt er:

> ... Man hat hier den Mythos des maßgeblichen weißen Amerika vor sich. Das ganze andere Zeug, Liebe, Demokratie, die taumelnde Begierde, ist nur eine Art Nebenhandlung. Der Kern der amerikanischen Seele ist hart, verschlossen, stoisch und geht über Leichen. Er ist noch nie erweicht worden.

Und wer oder was ist Moby Dick?

> Er ist das tiefste Wesen des Blutes der weißen Rasse; er ist die tiefste Natur unseres Blutes.

> Und er wird gejagt, gejagt von dem wahnwitzigen Fanatismus unseres weißen intellektuellen Bewußtseins. Wir wollen ihn zur Strecke bringen. Ihn unserem Willen unterwerfen. Und bei dieser wahnwitzig bewußten Jagd nach uns selbst kommen uns dunkle Rassen und helle zu Hilfe, rote, gelbe und schwarze, Ost und West, Quäker und Feueranbeter, alle kommen uns zu Hilfe bei dieser grauenhaften, wahnwitzigen Jagd, die unser Verderben und unser Selbstmord ist.
>
> Das letzte phallische Wesen des weißen Mannes. In den Tod des höheren Bewußtseins und des vollkommenen Willens gehetzt. Das Wesen unseres Blutes unserem Willen unterworfen...
>
> Heißblütiger, meergeborener Moby Dick. Von Monomanen des Denkens gejagt.

All das muß den Anschein erwecken, als habe Lawrence die amerikanische Literatur zu rasch verschlungen und schlecht verdaut, so daß ihm nun Bissen einer zweifelhaften Philosophie wieder aufstießen, aber was zählt, ist weniger der Gedanke als die Begeisterung. Diese Begeisterung übersteht eine große Anzahl widersprüchlicher Gedanken, und sie stammt ebensosehr aus den behandelten Büchern wie aus seiner Vorstellung von Amerika, die das Ganze zusammenhält – eine Vorstellung, die groß und phantastisch genug ist, um jede beliebige Menge von Widersprüchen zuzulassen. Und das bringt uns, oder Lawrence, zu Walt Whitman.

Whitman, den Lawrence meint mit plumper Vertraulichkeit anreden zu müssen, ist zunächst ein Autor von Gedichten wie »wirklich riesige, fette Grabpflanzen, große Friedhofsrankengewächse. All dieser falsche Überschwang. All diese Listen von Dingen, die in einem einzigen Puddingtuch gekocht worden sind. Nein, nein!« Zuviel Weltumarmung, findet Lawrence, zuviel Raunen von der Einen Identität. Und schließlich der Gesang des Todes! Tod! – »das große Verschmelzen mit dem Schoß«, das endgültige *Ex Pluribus Unum*. Aber Walt, oder Walter, wie er gelegentlich vornehm genannt wird, weiß ja nicht, was seine wahre Botschaft ist. Diese ist nämlich, so versichert Lawrence, die Freie Straße[32] – »die

Seele frei sich selbst zu überlassen, das Schicksal ihr und dem Webstuhl der freien Straße zu überlassen, das ist die mutigste Lehre, die der Mensch sich je unterbreitet hat.« Und so räumt Lawrence Walt aus dem Weg und erklärt Amerika, was der große graue Barde eigentlich gemeint hat:

> Die Liebe von Mann und Frau; eine Erkenntnis der Seelen und eine Gemeinschaft im Ritus. Die Liebe unter Kameraden: eine Erkenntnis der Seelen und eine Gemeinschaft im Ritus. Demokratie: eine Erkenntnis der Seelen, alle auf der freien Straße, und eine große Seele, in ihrer Größe erkannt, die zu Fuß unter den anderen dahinzieht, den gemeinsamen Weg allen Lebens entlang ... Gereinigt vom VERSCHMELZEN, gereinigt vom ICH, die frohe Botschaft der amerikanischen Demokratie, der Seelen auf der Freien Straße, voll der heiteren Erkenntnis, voll wilder Entschlossenheit, voll der Freude ritueller Anbetung, wenn eine Seele eine größere Seele erblickt.

Das ist ziemlich ungestümes Zeug, eine Reihe von Tritten und Stößen, es will die Amerikaner aufrütteln, damit sie zu ihrem eigenen Besten auf die klar denkenden Amerikaner (die größeren Seelen) hören. Aber es ist auch Lawrences Sehnsucht nach dem Westen.

Die große Leistung dieser schlechten Jahre ist und bleibt *Women in Love*. Der Verlag Martin Secker bot an, das Buch im März 1920 zu veröffentlichen, ebenso wie *The Rainbow*: Man hatte dort den Mut dazu, trotz des Heulens und Tobens derer, die mit einer schmutzigen Phantasie begabt waren. Es ist einer der zehn großen Romane des zwanzigsten Jahrhunderts und verdient nun ein eigenes Kapitel.

8
Nacktheit

Schauplatz von *Women in Love* (LIEBENDE FRAUEN), wie von *The Rainbow*, ist die Gegend, wo Lawrence geboren wurde, aber eine brutale Veränderung hat sich zwischen diesen beiden Büchern vollzogen. Die Landschaft ist erkennbar dieselbe, nur haust jetzt eine tiefere Grausamkeit in ihr, und der industrielle Bergbau ist ein ganz anderer als zu der Zeit, da Lawrences (oder Paul Morels) Vater dort arbeitete: Er ist nicht mehr primitiv und locker organisiert, nicht mehr diese gleichsam neolithische Fortsetzung einer silurischen Kultur, in der man mit bloßen Händen die Kohle ausgrub, um Eisen damit zu schmelzen. Wo er väterlich und gemächlich war, ist er unpersönlich, despotisch und wissenschaftlich effizient geworden. Das ist das Werk von Gerald Crich, dem Sohn eines Bergwerksbesitzers, der noch der alten Art verhaftet ist und langsam an der Unfähigkeit, sein Denken und Fühlen der Brutalität des Wandels anzupassen, stirbt. Gerald hat »alles in die Hand bekommen« und »mit der großen Reform begonnen.«

> In jeder Abteilung wurden sachverständige Ingenieure eingestellt. Ein riesiges Elektrizitätswerk für Beleuchtung, für Förderzwecke in den Stollen und für Kraftstrom wurde angelegt, der Strom in alle Gruben geleitet. Neue Maschinen kamen aus Amerika, die die Arbeiter nie gesehen hatten, große eiserne Männer, wie die Bohrmaschinen genannt wurden, und noch andere ganz ungewohnte Vorrichtungen. Die Arbeit in den Schächten wurde völlig neu organisiert. Die Arbeiter hatten gar keine Selbständigkeit mehr, das

Schachtmeistersystem wurde abgeschafft. Alles wurde auf das feinste und genaueste wissenschaftlich betrieben, studierte Fachleute hatten überall die Aufsicht, die Bergleute waren nur noch mechanische Werkzeuge. Sie mußten schwer arbeiten, viel mehr als früher, und die Arbeit war tötend, mechanisch, fürchterlich.

Mit dem Ende des Schachtmeistersystems ist kein Platz mehr für Walter Morel, den umgänglichen Vormann des Stollens, der eher eine Art älterer Bruder war. Die restlichen Kumpel sehen »die Freude aus ihrem Leben verschwinden«, doch ziehen sie eine perverse Genugtuung daraus, sich der Maschine zu unterwerfen. »Dies war eine neue Welt, eine neue Ordnung der Dinge, streng, furchtbar, unmenschlich, aber befriedigend, gerade weil sie zerstörte.« Es ist der Tod des Organischen, zyklisch, doch unvorhersagbar, und der Sieg des Mechanischen, Deterministischen: Die Menschen wissen nun, wo sie stehen, und es ist »eine Art der Freiheit«. Es ist gleichfalls »die erste und schönste Stufe des Chaos«.

Gerald Crich, die neue Form des Magnaten, basiert sicher nicht auf John Middleton Murry, einem kleinen, neurotischen Herausgeber und Kritiker, trotz der bei Erscheinen des Buches allgemein vermuteten Identität beider. Wie bei allen Figuren Lawrences neigt ihr Schöpfer auch hier dazu, ihr Wesen aus sich selbst zu ziehen, ihr Aussehen aus einer Mischung von realen und erfundenen Personen zusammenzustellen und ihnen Gewohnheiten oder Tätigkeiten, die er aus seinem Freundeskreis kennt, beizugeben. Es ist wichtig, diesen Punkt hier zur Sprache zu bringen, denn *Women in Love* steckt angeblich voller realer Personen, die sich erkannten und versuchten, Schwierigkeiten zu machen, und die satirischen Absichten des Romans wurden über seine erzählerischen, poetischen oder mythenbildenden gestellt. Wenn wir nach Modellen für Gerald Crich und seine Familie suchen wollen, bleiben wir am besten in der Gegend um Eastwood: Noch heute lebt dort eine Familie, die sich für das Modell hält und darum einen Groll gegen den toten Autor hegt. Als ich 1984 mit einem Fernsehteam in die Gegend kam, um einen Film über Lawrence zu drehen, gab es von Seiten der Familie strenge

Auflagen, welche Teile ihres Besitzes wir betreten durften. Das verdient der Erwähnung als Beispiel für die Unwilligkeit mancher Leute, Fiktion und Wirklichkeit zu trennen. Genau diese Unwilligkeit führt dann zu Schadensersatzklagen, wie die meisten Romanciers wissen. Lawrence hätte darunter noch mehr leiden können, als er es tat, doch sollte man in jedem Fall an seine Unschuld glauben: Er versuchte, Romane zu schreiben.

Das Erscheinungsbild von Gerald Crich paßt zu seinem Amt, den Faktor Mensch innerhalb einer großen industriellen Organisation eiskalt wegzurationalisieren. Er selbst ist allerdings keine Maschine, sondern Teil der Natur, daher muß er wenigstens an Eis erinnern. Gudrun Brangwen sieht ihn und wird, auf eine seltsam perverse Art, schwach.

> Er wirkte so nordisch, und das zog sie mächtig an. Seine nordisch helle Haut und sein blondes Haar glitzerten wie die Sonne, die sich in Eiskristallen bricht. Frisch sah er aus, unberührt und rein, als stamme er aus dem Reich des ewigen Eises . . . Doch seine blitzende Schönheit und Männlichkeit, die sie an einen munteren, freundlichen jungen Wolf gemahnte, machte sie nicht blind gegen die unheimlich bedeutsame Ruhe seiner Haltung, die lauernde Gefahr ungezähmten Bluts . . . ›Ist es denn wahr, daß ich unter allen andern für ihn bestimmt bin, ist dies bleiche goldige Nordlicht, das ihn und mich umfängt, kein Trug?″ fragte sie sich.

Dies scheint den populären Roman von dem Industrie-Napoleon und der bebenden jungen Müllerstochter, die in seinen Armen zermahlen werden will, vorwegzunehmen (dieser Eindruck wird durch den Titel noch bestärkt), aber es ist immer ungerecht, Dinge aus ihrem Kontext zu reißen. Der Kontext hier ist die Hochzeit einer Crich-Tochter mit einem jungen Marineoffizier, doch ist das keine Hochzeit wie bei Ethel M. Dell[33]. Der Bräutigam kommt zu spät und rennt zum Altar. Auch die Braut rennt. Obgleich Lawrence sehr präzise anführt, wie die Hochzeitsgesellschaft gekleidet ist – geradezu mit der Exaktheit eines Modejournals –, haben wir den seltsamen Eindruck, daß alle plötzlich nackt dastehen und eine Art gespielter Jagd auf die Frau vor sich geht (wie in Strawinskys *Sacre du Printemps*).

Und genau dieses Entkleiden macht das Wesen des Buches aus. Die Figuren werden äußerlich mit der Schärfe einer Fieberphantasie gezeichnet, doch sind sie keine menschlichen Wesen, wie man ihnen sonst in Realität oder Fiktion begegnet. In der Diskontinuität ihrer Emotionen ähneln sie Tieren, unvermittelt wechseln Gefühle, die stets sehr intensiv sind; ihr Unterbewußtsein liegt, wie im Tagebau, ein wenig zu dicht an der Oberfläche; sie sind großer emotionaler und sogar physischer Gewalt fähig; ihnen allen scheint eine Haut zu fehlen. Das ist die ganz besondere Qualität von *Women in Love*, das ebensogut *Women in Hate* (Hassende Frauen) heißen könnte. Emotionale Reaktionen sind nicht mehr nach dem Schema der alten melodramatischen Tradition klassifizierbar: Wir finden keine gängigen Namen für sie. Die Dynamik der Charaktere geht über die Konventionen des realistischen Romans hinaus, und wir fühlen uns an Thomas Hardy und die Stürme auf Egdon Heath[34] erinnert. Doch Lawrence geht weiter als Hardy: Wir befinden uns nun im Zeitalter der Tiefenpsychologie, obwohl wir hier ebensowenig wie bei Joyce einen Hinweis entdecken, daß der Autor von der Theorie der Psychoanalyse beeinflußt ist. Der Künstler ist mit seinen Eingebungen allein und geht, wie bei diesem Künstler üblich, gewaltige Risiken ein.

Ursula und Gudrun Brangwen sind nicht mehr die Mädchen, die wir in *The Rainbow* kennengelernt haben. Sie sind nun reife Frauen und (besonders Gudrun) von beinahe mythischer Schönheit. Gudrun wurde von ihren Schulkameraden mit dem Spitznamen »Good runner« (gute Läuferin) belegt, aber Ursula nennt sie »Prune«[35]: der Akzent hat sich verschoben. Ursula unterrichtet an der höheren Schule des Ortes, und ihr Spezialgebiet scheint Botanik zu sein. Auch Gudrun arbeitet dort, aber unregelmäßig. Ihr Fach ist Zeichnen und eine höchst persönliche Form der Holzschnitzerei (sie ist die Tochter ihres Vaters); sie hatte bereits kleinere Ausstellungen in London. Beide Mädchen sind mit ihrem Leben in einer Art Eastwood unzufrieden und denken ans Heiraten. Wenn das Schicksal

Gerald Crich für Gudrun ausersehen hat, so wird Ursulas Mann Rupert Birkin sein, ein örtlicher Schulinspektor – klug, launisch, selbstzerstörerisch, zu großer Zärtlichkeit fähig, verdammt dogmatisch, aber in einer ausgelassenen Gesellschaft eher verschlossen. Er ist eindeutig Lawrence selbst. Bei einigen seiner späteren Streitigkeiten mit Ursula wird sie zu Frieda; Gudrun hat einiges vom Temperament Katherine Mansfields entliehen und absolviert gegen Ende einen öffentlichen Auftritt, den in der Realität Katherine Mansfield absolviert hat. Dies und seine Beziehung zu Birkin drängt Gerald Crich in die Rolle Middleton Murrys, doch besteht keine Veranlassung, das Buch als Schlüsselroman zu behandeln.

Vor der Veröffentlichung gab es jedoch eine Leserin, die darin nichts anderes als einen Schlüsselroman sehen konnte, und das war Lady Ottoline Morrell, die sich selbst in Hermione Roddice entdeckte – »eine Frau der neuen Schule, geistig, schwer von Gemüt, nervös aufgerieben von nie aussetzender Bewußtheit«, obendrein mit einem Pferdegesicht. Ihr Landhaus, Breadalby, ist das in die Midlands verlegte Garsington, und einer ihrer Logiergäste ist ganz offensichtlich Bertrand Russell – »ein gelehrter, vertrockneter Baronet von etwa fünfzig, der immer mit Witzen um sich warf und wiehernd aus vollem Hals darüber lachte.« Hermiones Heftigkeit geht über die des zentralen Quartetts hinaus. Sie ist der Feind, aber Lawrence ist bereit, ihr seine eigenen Ansichten in den Mund zu legen:

> »Geist –«, sie machte eine krampfhafte Bewegung, »ist denn der Geist nicht unser Tod? Er zerstört in uns ja die Ursprünglichkeit und jeden freien Trieb. Wachsen nicht heutzutage die jungen Menschen auf und sind tot, ehe sich das Leben vor ihnen auftut?«

Das führt dazu, daß Birkin sie mit einer Leidenschaft, welche die Essenz des Buches ist und daher keiner Handlungsmaschinerie zu ihrer Erzeugung bedarf, anschreien kann:

»Du und Ursprünglichkeit! Du, das überlegteste Geschöpf, das je über diese Erde wandelte, kroch! Wahrhaftig, aus Überlegung möchtest du ursprünglich sein – ha, so bist du. Weil du alle Dinge in deinem Wissen haben willst, in deiner überlegten und gewollten Bewußtheit, in deinem kleinen Schädel, den ich hasse, der aufgeknackt werden sollte wie eine Nuß. Denn ehe er nicht birst, bleibst du die du bist, ein Insekt in seiner Schale. Ja, wer deinen Schädel zerbräche, dem möchte es am Ende gelingen, eine echte, leidenschaftliche Frau mit lebendigen Sinnen in dir zu entdecken. Nun aber begehrst du nichts anderes als ein unzüchtiges Schauspiel – dich selbst willst du in tausend Spiegeln betrachten, das Tier in dir nackt im Spiegel sehen, damit du ja alles das im Bewußtsein hast und zu Verstand machen kannst.«

Übrigens spielt sich das Ganze in Ursulas Klassenzimmer ab, doch die Kinder sind bereits weggegangen. Sie hätten genausogut bleiben können, um Lawrence in der unerwarteten Maske eines Schulinspektors den »Sex im Kopf« als Teil ihrer Erziehung verdammen zu hören. Es muß nicht erwähnt werden, daß Hermione Birkin glühend liebt; und auch nicht, daß sie ihn haßt.

In Breadalby kopiert Birkin die Zeichnung einer Gans, die Hermione vom chinesischen Gesandten geschenkt bekommen hat. Sie und wir erhalten ein Stück des in allen Farben schillernden, allwissenden Lawrence. Von Gänsen sagt er:

»Ich sehe das Innerste, aus dem sie leben – was sie wahrnehmen und was sie fühlen – das heiße, stechende Lebensgefühl der Gans, mitten im kalten Wasser, im Schlamm – das eigentümlich ätzend, stechend heiße Blut der Gans, dessen Hitze in das Blut des Menschen übergeht, als wären sie mit bösem Feuer geimpft – mit dem Feuer kaltglühenden Schlamms – das Mysterium der Lotosblume.«

Die treffende Reaktion darauf wäre ein »Oh mein Gott«, doch Hermione erschauert und fühlt Übelkeit und Krämpfe herannahen. Birkin zerstört sie »mit heimtückisch verborgenen Kräften«. Später schauert ihr »furchtbare Lust die Arme entlang«; sie wird »die Erfüllung aller Wollust kennenlernen«. Sie nimmt einen massiven Briefbeschwerer aus Lapislazuli und schlägt Birkin nieder. »All das war für sie ein einziger Wonnekrampf, erhellt durch den Schmerz in den zerquetschten Fingern.« Birkin – nach dem als Lawrence häufig Teller geworfen wurden – ist davon nicht allzu unangenehm berührt. Er sagt: »Nicht ich werde sterben. Hörst du?« Dann rafft er sich in seiner halben Bewußtlosigkeit auf und geht weg, um nackt durch die Schlüsselblumen und Hyazinthen zu rennen, und als er sich deren Feuchtigkeit an Haselsträuchern und Birken abtrocknet, so daß es schmerzt, empfindet er Erfüllung und Glück. Diejenigen unter uns, die nach einem Handlungsgerüst suchen, werden nun den Weg für die Liebe zwischen Birkin und Ursula geebnet finden, aber denjenigen, die auf die laurentianische Behandlung zwischenmenschlicher Beziehungen nicht vorbereitet sind, wird diese Szene wie ein höchst extravaganter Weg dorthin vorkommen. Jedoch ist die Gewalt und die mit ihr einhergehende fast völlige Unterwerfung (von Masochismus zu reden, wäre zu medizinisch) unter diesen hoch kultivierten Leuten eine akzeptable Handlungsweise.

Genau wie Ursulas brutale Bezichtigung Birkins, als ihre Liebesaffäre schon längst begonnen hat und die Hochzeit nicht mehr fern ist. Sie spricht von Hermione, als sie ausruft: »Ungläubig ist sie aus tiefster Seele, schmutzig, gemein, vom Teufel. So ist sie, und alles übrige ist falscher Schein. Aber den liebst du ... Wegen des Schmutzes, der sich darunter versteckt. Meinst du, ich kenne eure verdorbene Sexualität nicht? O ja, die kenne ich! Das ist die Fäulnis, die du brauchst, du Lügner. So nimm sie dir doch, hörst du nicht?« Das geht noch ziemlich lange so weiter, Birkin wird als obszön, pervers und leichenhungrig gegeißelt. Doch die Wogen glätten sich später, als sie sagt: »Schau, welche Blume ich für dich gefunden habe.« Es ist purpurrote Glockenheide, und er antwortet: »Wie hübsch!« Und dann folgt eine Liebesnacht unter dem sternkalten Himmel der Midlands. »Dies Erbe unermeßlicher Wirklichkeit war so wunderbar, daß sie sich fürchteten, ihr Erinnern zu zeigen.«

Benehmen sich die Leute in Wirklichkeit so? Diese Frage darf man nicht stellen. Wenn sie es tun, so nicht in den extravaganten

Falten und Draperien laurentianischer Sprache. Die irrationale, leidenschaftliche Rhetorik seiner Figuren färbt auf das Berichtete ab und bewirkt Handlungen, die manchmal wie Taten von Wahnsinnigen erscheinen. Es ist, wenn man so will, eine idealisierte emotionale Spontaneität der Arbeiterschicht; diese wird in sublimierter Form auf Intellektuelle übertragen, welche wie Lawrence selbst einen speziellen Rand der Bourgeoisie bevölkern. Aber entkleidet man sie der Konventionen und guten Manieren und löscht den Einfluß der höheren Schulbildung aus, so können die Menschen zu leidenschaftlichen Tieren werden, sprunghaft wie Hunde in ihrem Verhalten. Die gemeinsame Leistung von Lawrence und Joyce (keiner von beiden interessierte sich sehr dafür, was der andere tat) bestand darin, die Tünche abzukratzen.

Lawrence sagte leichthin zu Jessie Chambers, als er darüber nachdachte, einen Roman zu schreiben, daß es allein darum ginge, zwischen zwei Paaren elektrische Energie und Magnetismus aufzubauen. Zu dieser Zeit hatte er noch keine Verbindung zwischen den männlichen Teilen der Paare im Auge gehabt, doch ist es gerade diese Komponente von *Women in Love*, die den Roman so aufregend macht und beim Erscheinen des Buches zu lautstarken Protesten führte, welche Martin Secker geflissentlich überhörte. Lawrences alte Vorliebe für *Blutsbrüderschaft* kommt zum Ausdruck, als Birkin, der noch immer unter den Folgen des Schlages mit dem Lapislazuli leidet, Besuch von Gerald bekommt. Sie müssen einander lieben, sagt Birkin, und zwar mehr, als reine Freundschaft es verlangt, doch in diesem Antrag liegt nichts Erotisches. Er erwähnt, was die alten deutschen Ritter taten:

> »Sie schnitten sich ja wohl in den Arm, nicht wahr, und rieben sich gegenseitig ihr Blut in die Wunde?« sagte Gerald.
> »Ja – und schworen sich Treue und Blutsgemeinschaft fürs ganze Leben. Das müssen wir auch tun. Ohne Wunden, das geht heute nicht mehr. Aber du und ich, wir müßten einander schwören, daß wir uns liebhaben wollen, unbedingt und ohne Schranken, bis auf den Grund, und nie voneinander lassen.«

Doch Gerald, nordisch nur in seiner Eiseskälte, sagt, er wolle darüber nachdenken. Birkin sagt: »Du mußt mir später einmal sagen, wie du darüber denkst. Du verstehst mich doch? Nicht liederliche Gefühlsschwelgerei. Eine unpersönliche Verbindung, die jedem seine Freiheit läßt.« Doch er ist enttäuscht von Gerald und verachtet ihn ein wenig.

Gerald hat anscheinend Angst, auch nur Birkins »ausgestreckte schöne Hand voller Leben« zu berühren, doch wird er später in einen engen körperlichen Kontakt hineingezogen. Dies wird auf Umwegen erreicht, durch eine Anrufung von Naturkräften, die ziemlich beängstigend sind. Gudrun erteilt Geralds kleiner Schwester Winifred Zeichenunterricht, und sie beschließen, das zahme Kaninchen des Mädchens, Bismarck, aus seinem Stall zu nehmen und als Modell zu verwenden. Wir sind einigen von Lawrences Kaninchen bereits in *The White Peacock* begegnet (Haggs, der Hof der Familie Chambers, wimmelte von ihnen): Dort waren sie Sinnbild einer ruhigen Zeugungskraft, jene »guten Tiere«, denen die Menschen gleichen sollten. Hier jedoch, wunderbar beschrieben, ist der Bock eine kosmische Macht:

> Die Pfoten schleiften am Boden entlang, als sie ihn nach vorn zerrte, und im nächsten Augenblick hing er an den Ohren in der Luft und tobte und stieß und flog hin und her wie eine immer von neuem zurückschnellende Feder. Gudrun hielt den schwarz-weißen Sturmwind mit ausgestrecktem Arm von sich ab und wandte das Gesicht . . . Das Herz stockte ihr vor Ingrimm bei diesem tierisch blöden Ringkampf. Das Tier hatte ihr mit seinen Krallen arg die Handgelenke zerkratzt. Dumpfe Grausamkeit quoll in ihr auf.

Gerald bemerkt die Grausamkeit. Er packt das Kaninchen.

> Das lange Teufelstier keilte wieder, reckte sich waagerecht, als ob es flöge, und sah dabei fast einem Drachen ähnlich. Dann ballte es sich wieder zusammen. Eine unglaubliche Gewalt

hatte es in sich, wie ein Pulverfaß. Geralds Körper bebte in dem Sturm, dann flammte die helle Wut auf. Blitzschnell warf er sich zurück und fuhr mit der freien Hand wie ein Habicht in den Nacken des Tiers. Und gleichzeitig tönte das unsagbar gräßliche Kreischen des Kaninchens in seiner Todesangst. Es wand und krümmte sich und zerriß ihm im höchsten Krampf Handgelenke und Ärmel, der Bauch leuchtete ganz weiß, so wirbelten die Pfoten darüber hin. Und dann hatte der Mann es herumgeschleudert und hielt es fest unter dem Arm. Es duckte sich und kroch in sich hinein. Auf Geralds Gesicht glitzerte ein Lächeln.

Ein eisiges Lächeln, nehmen wir an. Der Industriemagnat hat die Natur gezähmt, zumindest vorübergehend, aber er ist ziemlich mitgenommen, »Wellen der Furcht« überlaufen ihn. Er und Gudrun haben blutende Rißwunden, und hier bietet sich eine Gelegenheit, ihr Blut zu vermischen: Auch wenn dies nicht geschieht, gleichsam als eine pervertierte *Blutsbrüderschaft*, so bringt sie dieses Schauspiel urtümlicher Kräfte – Natur zeigt ihr eigenes Ritual – doch einander näher: »Sie waren in scheußlichen Geheimnissen miteinander verstrickt.« Das Wesen der Liebe, die sich zwischen ihnen entwickeln wird, ist hier bereits angedeutet: Es wird zerstörerisch sein, und Gerald wird Gudrun töten wollen wie ein Kaninchen – »Sein Bewußtsein war ganz in den Handgelenken. In ihm war nur noch die unaufhaltsame blinde Gier, sie zu ermorden« –, bevor er selbst den passenden eisigen Tod findet.

Gerald hat sein Blut fließen gesehen, doch nicht in einem Brüderschaftsritual mit Birkin. Währenddessen heult Birkin die Mondgöttin – Kybele, Syria Dea – an und versucht, den Mond rituell zu zerstören, indem er Steine auf seine Reflexion im Willey-See wirft. Ursula sieht ihn.

Birkins Schatten am Ufer sah eine kleine Weile zu, dann bückte er sich und suchte auf dem Boden. Wieder ein Aufklatschen, ein glitzerndes Aufleuchten, und der Mond im Wasser war zersplittert und flog in unheimlich blitzenden

> Schuppen auseinander. Wie weiße Vögel schwärmten die Feuerscherben in tosendem Gewimmel über den Teich und kämpften mit den dunklen Wellen, die in ihre Reihen einbrachen. Die vordersten Lichtwellen schienen zu weiterer Flucht an Land stürmisch Einlaß zu begehren, und die Wellen der Finsternis strömten schwer herein ... Dort aber, im Herzen der Schlacht, zitterte immer noch gleißend lebendig ein heiler Mond, die weiße Feuerscheibe wand und sträubte sich und war noch immer nicht gebrochen. Es sah aus, als zöge sie sich mit blinder Wucht unter Qualen wieder zusammen. Schon wurde er wieder stärker, wieder herrlich, der unverwundbare Mond. Die Strahlen kehrten, feine Lichtnadeln, im Fluge zu ihm zurück. Er aber schaukelte auf dem Wasser in neuer Herrscherkraft.

Es steckt viel von Lawrence selbst in dieser widerwilligen Anerkennung der Macht des Mondes (das Mondthema kehrt später wieder, in *Kangaroo*). Die hypnotische Angst vor dieser Macht rechtfertigte Lawrences Ablehnung der verstaubten selenologischen Wissenschaft: Er wollte nicht zugeben, daß der Mond nur aus totem Staub und Mineralien bestand; er mußte ein lebendiger, feuriger Organismus sein, wenn er Männer mondsüchtig und verrückt machen konnte. Hier, in dieser eindrucksvollen Szene, ist der Mond die Gottheit, welcher man nur im Ritus widerstehen kann. Sie siegt immer. Wir blenden vom Mythos in die Realität über, und jetzt bittet Birkin, mit altmodischer Förmlichkeit, Ursula um ihre Hand. Als er so seine Beziehung zu einer Frau stabilisiert hat (doch ist dies eine Geschichte, in der nichts wirklich je stabilisiert ist), kann er auf sein Bedürfnis nach der Vollkommenheit, die nur Gerald ihm schaffen kann, zurückkommen.

Die dritte dieses zentralen Trios erstaunlicher Szenen heißt »Die Gladiatoren«. Birkin besucht Gerald und fordert ihn fast unvermittelt zu einem »japanischen Ringkampf« auf. (»In Heidelberg wohnte ich mit einem Japsen in demselben Haus, der hat mir einiges beigebracht. Besonders geschickt habe ich mich nie dabei angestellt.«) Sie ziehen sich nackt aus und fangen an. Leser der zwanziger Jahre und noch mehr die heutigen mußten und müssen erwarten, daß in diesem Ringkampf versteckt oder offen homosexuelle Töne anklingen, doch werden diese sorgfältig vermieden. »Birkin fühlte sich förmlich mit seiner körperlichen Witterung in Gerald hinein, als schliche sich seine verfeinerte Kraft in das vollere Fleisch des Freundes und spannte durch alle Muskeln ein feines Netz um den innersten Kern seines körperlichen Wesens.« Es ist dies eine Verbindung zwischen Wesen, nicht unbedingt menschlichen Wesen, deren wesentlicher Teil der Körper ist, aber wenn Sexualität darin vorkommt, so bestimmt nicht der Sex aus Schwulenmagazinen. Die Freude eines männlichen Körpers an einem anderen ist von ganz anderer Art:

> »Wir sind geistig und seelisch miteinander vertraut, darum müssen wir bis zu einem gewissen Grad körperlich vertraut sein – dann ist es mehr etwas Ganzes.«
> »Sicher«, meinte Gerald. Dann lachte er fröhlich: »Mir ist schon unglaublich wohl dabei«, und reckte mit Anmut seine beiden Arme . . .
> »Und außerdem bist du schön«, sagte Birkin, »und das ist auch eine Freude. Man sollte sich doch an allem freuen, was da ist.«
> »Du findest, ich bin schön – wie meinst du das, körperlich schön?« fragte Gerald mit glitzernden Augen.
> »Ja. Du hast eine nordische Art von Schönheit, wie das Licht, das sich im Schnee bricht – und eine prachtvoll plastische Gestalt. Ja, auch daran sollten wir uns erfreuen. An allem sollen wir uns erfreuen.«

Der Ringkampf war eine Art Blutsbrüderschaftszeremonie, obwohl vermutlich nichts Bestimmtes »gelobt« wurde. Leser, die darin Perversion wittern, sollten sich an Lawrences Sonne-Mond Philosophie erinnern, in welcher eine weibliche Macht die Nacht regiert und eine männliche den Tag und ein gesunder Organismus die ganzen vierundzwanzig Stunden durchlebt. Ein Begriff wie *Sex* trifft da nicht. Wenn wir über diese Szene erschrecken, so erleben wir nur den Schock, den hervorzurufen Lawrence als seine

Lebensaufgabe ansah – den Schock, mit Wahrheiten konfrontiert zu werden, welche Logik und Naturwissenschaft, die sich (in Lawrences Augen) nur partieller Wahrheiten annehmen, auszutreiben versucht haben.

Die Liebe ist in diesem Roman eine komplizierte Affäre, mit starken Einschüssen von Widerwillen und Zerstörung, und sie wird präsentiert vor dem Hintergrund der Endgültigkeit des Todes, der nur allzu leicht eintreten kann. Dem jungen Paar, welches wir im ersten Kapitel kennenlernen, als es zu seiner Hochzeit rennt, begegnen wir ertrunken wieder (Lawrence bedient sich da eines tatsächlichen Ereignisses in dieser Gegend, ähnlich wie Shakespeare sich bei der Darstellung von Ophelias Tod daran erinnerte, wie sich Kate Hamnett aus Liebe im Avon ertränkte). Typisch für Lawrence ist, daß dieses Ertrinken kaum Folgen zeitigt: Es ist nicht wie ein ins Wasser geworfener Stein, der sich erweiternde Kreise innerhalb der Handlung zieht. Wenn es eine erzählerische Funktion hat, dann die, das Quartett in der Bühnenmitte enger zusammenzuschließen. Es folgt ein weiterer Tod, der von Geralds Vater, welcher dazu dient, Geralds Charakter zu brechen und ihn das Leben in Gudrun suchen zu lassen. Doch der wesentliche Tod in dem Roman ist ein kollektiver und permanenter Zustand, der an einem mythischen Ort namens London angesiedelt ist.

Und hier findet Lawrence seine Chance, den abtrünnigen Philip Heseltine zu bestrafen, der mit seinem »schönen, gebrochenen Körper« weniger die Zerstörung symbolisiert als die Negation – die Absage an das Leben, die der wahre Tod ist. Heseltine erkannte sich wieder und versuchte, mit Hilfe einer gewissen Purity League gegen das Buch vorzugehen; er akzeptierte fünfzig Pfund und gab Ruhe. Der schwächliche, erfolglose Halliday aus *Women in Love* hat sein Gegenstück in Aldous Huxleys Coleman in *Antic Hay* (NARRENREIGEN). Coleman hat satanische Energie, einen Bart, ein zynisches Lachen: Er ist das Vorbild, mit Bart und allem anderen, das der sanfte und melancholische Gumbril für seine Rabelaissche Verwandlung wählt. Huxley hatte Heseltine (bei einem Promenadenkonzert in der Queen's Hall) in seiner Verkleidung als Peter Warlock, den ungestümen Elisabethaner, getroffen und war von seiner

Vitalität beeindruckt. Es ist die Sterblichkeit eines Charakters, der die Kunst der Verkleidung noch nicht erlernt hat, welche Lawrence uns in seinen London-Episoden präsentiert. Als der Krieg begann, sah er das Leben der Hauptstadt verlöschen wie die Lichter »im Café Royal letzte Nacht«, und es ist das Café Royal, das, umgetauft in Pompadour, den Schauplatz abgibt für eine höchst gelungene Satire auf die Londoner Künstlerkreise, jene anti-Laurentianer oder Lebenshasser. Im Pompadour wird das Leben genau imitiert, oder zumindest fast. Halliday liest einen Brief Birkins laut vor, in einem nachgeäfften Predigerton, und Gudrun entreißt ihm das Blatt. Cecil Gray hatte, als er das las, keinen Zweifel, daß es sich um eine exakte Reportage handelte, bis hin zu dem nachgeäfften Predigerton, den Heseltine benutzte, um etwas zu verspotten, das er als hohles Pathos empfand. Es stellte sich heraus, daß dieser Spott Lawrences Gedichtband *Amores* galt und daß Katherine Mansfield und John Middleton Murry, wütend über die Verspottung eines Genies, ihm das Buch entrissen und davonstürmten.

Diese Szene mit Birkins Brief als »Schrecken der Hölle, Schrecken des Pompadour«, ist ein Lebewohl an die »verfaulte Stadt«, die Gudrun niemals wiederzusehen hofft. Die beiden Paare, das eine verheiratet, das andere im Stande einer feurigen Ehe auf Probe, reisen nach Tirol. Ursula und Birkin haben, wie Lawrence und Frieda, ihren Frieden oder etwas Ähnliches gefunden; Gerald und Gudrun treiben auf eine Lösung zu, die eher schwachsinnig als tragisch ist. Sie schlafen miteinander, aber etwas ist verkehrt:

> Voll heißer, wilder Liebe ging sie in sein Zimmer. Er war so schön und unzugänglich. Er küßte sie, er liebte sie, sie genoß ihn unendlich; aber er kam nicht wieder zu sich, er blieb fern und unberührt. Sie wollte mit ihm reden. Doch seine reine, schöne Unbewußtheit hielt sie ab. Sie war gequält und düster.

Qual wird das Thema. Gudrun ist fasziniert von einem deutschen Juden namens Loerke, Künstler wie sie selbst: Ihre Konversation besteht aus »einem wunderlichen Austausch halb gesagter Gedanken, verschwiegener Blicke, bedeutsamer Ausdrücke und

Bewegungen, den Gerald nicht verstand und der ihm ganz unerträglich war. Ihm fehlten die Begriffe, in denen er über die beiden nachdenken konnte, die seinen waren zu grob.« Gudrun ist, nach Geralds nie ausgesprochener Meinung, den Stammgästen des Pompadour ähnlicher, als sie sich eingesteht. Gerald sah eine primitive afrikanische Plastik – von der Art, wie sie Loerke liebt – in Hallidays Wohnung, und »er hatte einen Haß auf dieses rein barbarische Ding ... Gewisse Illusionen, gewisse Ideen, zum Beispiel, daß man etwas anziehen muß, wollte er nicht aufgeben.« Er schlägt den abscheulichen Loerke (dessen Schöpfer keinerlei Versuch macht, ihn liebenswert erscheinen zu lassen), er hat Mordabsichten gegen Gudrun, er ist sowohl das Kaninchen Bismarck wie dessen Beinahe-Mörder. Natürlich ist er ein eiskalter, lebensfeindlicher Bergwerksbesitzer, der härter bestraft werden muß als Sir Clifford Chatterley, doch bevor er an diesen eisigen Ort kam, hatte es so ausgesehen, als könne er zu einem überlebensgroßen Middleton Murry erlöst werden. Dennoch, der Leser ist auf seiner Seite; Gudrun wird nun hassenswert. Von Gerald denkt sie:

> Als ein Hahn hätte er zur Welt kommen müssen, dann könnte er sich großtun vor fünfzig Weibchen, und sie wären ihm alle zu Willen. Seine Art, den Don Juan zu spielen, interessiert mich wahrhaftig nicht. Ich wäre eine tausendmal bessere Donna Juanita ... In Loerke steckt doch tausendmal mehr. Gerald ist so eng begrenzt, er läuft sich tot, mahlt bis ins Unendliche immer auf derselben Mühle, auch wenn zwischen den Mühlsteinen schon längst kein Korn mehr ist ...

Für unseren Geschmack steckt in ihren Tiraden zuviel rohe Sexualität. Das ist nicht die Gudrun, die wir einmal kannten. Sie geht, da sie Loerkes Haßtiraden gegen England Glauben schenkt, nach Deutschland, um ihr eigenes Leben zu leben, und Gerald stirbt im Schnee unter einem der halb vergrabenen Kruzifixe, die Gegenstand des ersten Essays von *Twilight in Italy* sind. Er hat das Gefühl, ermordet zu werden:

Herr Jesu, mußte es denn sein? Ja, nun fiel der Schlag ... Herr Jesu! Er irrte weiter, mit erhobenen Händen, um zu fühlen, was da kam; er wartete auf den Augenblick, wo er stehen bleiben würde. Dann wäre es vorbei. Aber jetzt noch nicht ... Unbewußt irrte er weiter, bis er ausglitt und fiel. Beim Fallen brach etwas in seiner Seele, und er schlief sofort ein.

Der Schluß der Geschichte ist leise, gedämpft. Nach Geralds Tod und Begräbnis in England (Gudrun hat sich in Dresden vergraben), sind Ursula und Birkin »beide sehr ruhig«. Sie verkörpert für ihn »den Inbegriff aller Frauen«, so gesteht er, aber er »wollte auch eine ewige Verbindung mit einem Mann: eine andre Art der Liebe.« Das hält sie, wie zweifellos auch Frieda, für pervers: Man kann nicht zwei Arten von Liebe haben. »Du kannst es nicht, weil es verkehrt ist, eine Unmöglichkeit.« Ziemlich zahm sagt er: »Das glaube ich nicht.« Es ist ein *Una Corda* Akkord, nicht sehr überzeugend. Die Lektüre des Romans war eine verstörende Erfahrung, doch nun ist man enttäuscht. Jeder Roman ist schwer zu einem Ende zu bringen, doch hatte man sich an laurentianisches Getöse und Feuer gewöhnt und eine Mahlersche Vollendung erwartet. Aber vielleicht ist dieser Abstieg zu einem gedämpft realistischen Ton richtig. Lawrence, der im Gegensatz zu Joyce nie ein Konzept hatte, macht bei seinen Schlüssen selten Fehler. Er sagt, was er zu sagen hat, und hält dann den Mund. Was er zu sagen hatte, war höchst seltsam und verstörend.

Warum nun ist in meinen Augen *Women in Love* einer der zehn großen Romane dieses Jahrhunderts? Hauptsächlich deshalb, weil Lawrence auf dem gefährlichen Erkenntnisweg der Introspektion zu bestimmten Schlußfolgerungen über menschliche Gefühle und Motivationen gelangt ist, die Männer und Frauen näher an die Natur rücken – an die Welt von Pflanzen, Tieren, Sonne und Mond –, als es die innerhalb der literarischen Tradition übliche Betonung des Menschen als soziales Wesen zulassen wollte. Seit Richardson hatte der englische Roman genügend menschliche Leidenschaft erlaubt, aber erst nach einer Kontrolle durch christliche Ethik und soziale Konventionen. Der Held und gleichzeitig das Opfer in

Lawrences erstem Roman war noch ein Opfer des Klassensystems (wie sein Schatten, der Heger), doch wenn man von hier, seinem fünften Roman aus, zurückliest, gewinnt man den Eindruck von Kräften, die sich dem gesellschaftlichen Zugriff entwinden, von einer Natur, die menschliche Wesen als irrationale Komplexe von Blut und Nerven reklamiert. Ich glaube nicht, daß die Sonne-Mond-Beziehung, die Birkin mit Ursula gesucht hat, innerhalb des Romanganzen von allererster Bedeutung ist (eher eine Exzentrizität, für welche die Größe des Romans genügend Raum bietet); aber daß Männer und Frauen gezeigt werden, die intensiv ihren Trieben gemäß handeln, steht in Einklang mit einem Menschenbild, dem wir alle auf »der ersten und schönsten Stufe des Chaos«, welche das industrialisierte zwanzigste Jahrhundert darstellt, entsprechen möchten. Doch wir sind zu gehemmt. Lawrences Leistung ist um so bemerkenswerter, als seine nackten Wilden gleichzeitig kultivierte Wesen sind, die den Forderungen der Gesellschaft nachkommen. Schulen und Kohlebergwerke müssen geführt werden, aber darunter läuft ein wirkliches Leben ab, das denselben Anspruch an den Romancier wie an den Lyriker stellt. Es war sicherlich keine einfache Leistung, die Intensität hoher Dichtung in eine hochgradig soziale Form wie den Roman zu bringen.

Die erste Lektüre von *Women in Love* erfüllt uns vielleicht mit einem Gefühl von Formlosigkeit: Episode folgt auf Episode, ohne daß eine Entwicklung entsteht, die zu einem Schluß führt. Beim späteren Wiederlesen stellt man fest, daß nichts Überflüssiges darin ist, keine Nebensächlichkeiten, keine Selbstgefälligkeit. Nur ununterbrochene Bewegung ohne einen Sinn für planvollen Aufbau. Das Überbordwerfen des künstlichen Handlungsgerüsts, welches den Roman im neunzehnten Jahrhundert gestützt hatte, war das gemeinsame Werk von Joyce, Ford Madox Ford, Hemingway und Lawrence. *Ulysses*, *The Good Soldier* (DIE ALLERTRAURIGSTE GESCHICHTE), *The Sun Also Rises* (FIESTA) und *Women in Love* demonstrieren, daß die menschliche Realität in einer erhöhten Form und doch ohne Kunstgriffe gezeigt werden kann und daß ein Roman, falls er das Leben nicht unmittelbar und gefährlich darzustellen vermag, wahrscheinlich nicht wert ist, geschrieben zu werden.

9
Eine Schlange und Sardinien

Der Mann, der die besten Voraussetzungen mitbrachte, Kraft und Originalität von *Women in Love* zu würdigen, reagierte negativ. John Middleton Murry merkte an, daß die Figuren den Leser kalt ließen – »Wir bleiben ihrem Schicksal gegenüber äußerst gleichgültig« – und setzte über ihren Schöpfer hinzu: »Wenn er könnte, würde er uns alle foltern, damit wir uns zu seinem protozoischen Gott bekennen: Er ist vorsätzlich, unentwegt und leidenschaftlich obszön, im wahrsten Sinne des Wortes.« Lawrence las das im September 1921 in Sizilien, zusammen mit Schlagzeilen in *John Bull*: »DIESES BUCH SOLLTE DIE POLIZEI VERBIETEN« und »WIDERLICHE STUDIE ÜBER SEXUELLE ABARTIGKEIT FÜHRT DIE JUGEND IN UNAUSSPRECHLICHE KATASTROPHEN«. Worauf Lawrence antwortete: »Canaille, canaglia, Schweinhunderei, Stinktöpfe. Pfui! pscht, puh, brrr! Ihr Gestank steigt mir in die Nase.«

Jedoch auf der literarischen Ebene hatte er seine Sehnsucht nach *Blutsbrüderschaft* mit Murry nicht überwunden, obgleich sie nun offen in ein Verlangen des Meisters nach Unterwerfung des ungehorsamen Jüngers umschlug. Das findet seinen Niederschlag in *Aaron's Rod*, einem Roman, den er in London 1918 begonnen hatte und nun, nach einer Phase völliger Vernachlässigung, wieder vornimmt und im Frühjahr 1921 zum Abschluß bringt. Er ist eine lockere Improvisation, über die nicht viel gesagt werden muß. Aaron ist ein Flötist (ein weiterer musikalischer Held Lawrences), der den Midlands und ihren Minen den Rücken kehrt, um in London in einem Opernorchester zu spielen. England wird er bald leid und beschließt, nach Italien zu gehen, aus keinem anderen Grund als dem, daß Lawrence selbst England verlassen hatte und nach Italien gezogen war. Daß Aaron teilweise auf Murry basiert, wird evident durch seine Beziehung zu einem Mann namens Lilley, der laurentianisch mit ihm spricht und seine »Unterwerfung« fordert:

> »Alle Menschen sagen, sie wollen einen Führer. Dann müssen sie sich auch in ihren Seelen einer größeren Seele als der eigenen *unterwerfen* . . . Auch du, Aaron, hast ein Verlangen, dich zu unterwerfen. Auch du fühlst lebhaft das Bedürfnis, dich einer heldenhafteren Seele auszuliefern, dich selbst ihr zu geben. Du weißt das. Und du weißt, daß es nicht Liebe ist. Es ist Preisgabe des eigenen Lebens. Und du weißt auch das. Aber du löckst wider den Stachel. Und vielleicht würdest du lieber sterben als dich ausliefern. Also dann stirb, wenn du mußt. Das ist deine Sache.«

Und als Aaron ziemlich naiv fragt, wem er sich unterwerfen muß, entgegnet Lilley: »Deine Seele wird es dir sagen.« Daneben gibt es Episoden – etwa die, in welcher ein kranker Aaron von dem besorgten Lilley gepflegt wird –, die eindeutig der turbulenten Freundschaft während des Krieges angehören. Doch Aaron ist außerdem, in seiner Rolle als Künstler aus der Arbeiterklasse, Lawrence selbst, besonders wenn er in Kontakt zu bestimmten vermögenden und kultivierten Exilanten tritt, modelliert nach Menschen, welche Lawrence tatsächlich in Turin kennengelernt hatte. Als diese sich in dem Roman wiedererkannten, sprachen sie laut von einem »Bruch der Gastfreundschaft«. Es war aber nur die charakteristische Reaktion des Arbeiterkindes Lawrence auf den Reichtum und die gönnerhaften Manieren der *rentiers*.

Lawrences Absicht bei dieser ersten Nachkriegsreise im Exil war, gemeinsam mit Frieda in das kleine, abgelegene Dorf Picinisco zu fahren; es lag in den Bergen des alten Königreiches von Neapel, malerisch, primitiv und völlig ungeeignet für einen Tubekulosekranken, der genug mit seinem leidenschaftlichen Schreiben zu tun hatte und kein Bedürfnis verspürte, sich über schmale Bergpfade zu quälen, nur um Lebensmittel oder die Post herbeizuschaffen. Doch Frieda hatte Schwierigkeiten, sich durch das grenzbesessene Europa hindurchzukämpfen, und so wartete er in Florenz auf sie. Dort lernte er Norman Douglas, den Autor von *South Wind* (SIROKKO), kennen und einen Mann, der sich später als ganz besondere Plage erweisen sollte: Maurice Magnus, »von rosigem Teint und sehr sauber, sehr zierlich, sehr munter, wie ein Spatz, der angemalt wurde, damit er aussieht wie eine Blaumeise.« Lawrence hatte bereits auf literarischem Gebiet einmal mit Douglas zu tun gehabt, doch jetzt lernte er in ihm den großen Vertreter des mediterranen Hedonismus kennen. Ein echter Heide und ein heidnischer Puritaner standen sich nun gegenüber.

Ein Douglas, James, hatte wesentlich am Verbot von *The Rainbow* mitgewirkt. Dieser neue Douglas, kein Verwandter, war ein Schotte, der gegen den sauertöpfischen Calvinismus, welcher Bücher mit dem Bann belegt, zu Felde gezogen war, doch vielleicht hatte er dies zu weit entfernt getan. Ich habe Norman Douglas' schmales Werk gelesen und kenne sein Leben aus der detaillierten Biographie von Mark Holloway und muß gestehen, daß ich von einigem Widerwillen gegen seine witzigen Zynismen und seine kichernde Päderastie erfüllt bin. Er ist einfach nicht mein Bier, oder meinetwegen Sambuca. Wahrscheinlich habe ich einfach überreagiert bei Geschichten wie jener, in der sich Douglas rühmt, einen von einem Fahrradunfall bewußtlosen Briefträger sexuell mißbraucht zu haben. Douglas rechtfertigte seinen Hedonismus in gewisser Weise dadurch, daß er gelegentlich Ferien davon nahm, um ihn in Büchern zu preisen, aber ein Leben, das aus Wein, Unzucht und fröhlichen Skandalen bestand, dürfte letztendlich doch langweilig gewesen sein, denke ich. Auf der anderen Seite war es vielleicht gerade gut für Lawrence, daß sein Puritanismus einmal ernsthaft attackiert wurde, nach einer schweren Zeit, in der seine Nerven bis zum Zerreißen gespannt waren und die einzige Reaktion auf seine Probleme in einer Art prophetischer Hysterie bestanden hatte. Entspannen, loslassen, das Leben genießen. Konkret: Florenz genießen.

Lawrence genoß Florenz; ob Florenz Lawrence genoß, entzieht sich unserer Kenntnis. Als Frieda schließlich um vier Uhr morgens dort eintraf, bestand der lebensfrohe Ehemann darauf, seine erschöpfte Frau sofort auf eine Mondscheinfahrt mitzunehmen, um ihr die Stadt zu zeigen. In seinem Buch über europäische Geschichte hatte Lawrence von der großen Geißel Savonarola geschrieben, eine maskuline Kraft, die verweichlichte Sybariten peitschte, und für das, was er als die maskuline Stärke dieser Stadt ansah, war er empfänglich. Mancher von uns hält den Ort eher für verweichlicht, mit einer mittelmäßigen Küche, die allein wegen der Größe ihrer Steaks der endgültigen Verdammnis entgeht, provinziell, eigennützig, von seiner Vergangenheit zehrend, und jene Ästheten, die sich Anglo-Florentiner nennen, bestätigen nur den Irrglauben, Kunst sei dann am besten, wenn sie tot ist. Lawrence freute sich an den Statuen nackter Männer, in welchen er die Verkörperung der Selbstgewißheit des unverdorbenen präindustriellen Menschen erblickte. Der Gedanke, daß sie auch homoerotisch sein könnten, kam ihm nicht. Wie auch immer, Frieda und er hatten nicht genügend Geld, um lange zu bleiben. Sie nahmen den Zug nach Caserta, bestiegen dort einen keuchenden Bus in die Berge, Richtung Picinisco, und legten den letzten Teil des Weges mit einem gepäckbeladenen Esel zurück, durch ein trockenes Bachbett, auf wackeligen Planken über schäumende Wildwasser, kaum zu bewältigende Bergpfade hinauf, um schließlich zu dem Bauernhof zu gelangen, den sie gemietet hatten. Steinböden, Hühnerdreck, beißende Kälte und keinerlei sanitäre Einrichtungen, und über allem die Schneegipfel der Abruzzen, Eis in der Luft, Winteranfang: für einen Mann mit Lawrences Lungen ein unmöglicher Ort. Kurz vor Weihnachten ging ihnen ein Licht auf, und sie wanderten fünf Meilen zum Bus nach Cassino, nahmen den Zug nach Neapel und durchlitten dann eine stürmische nächtliche Überfahrt nach Capri. Der Geist Norman Douglas' führte sie dorthin.

Compton Mackenzie[36] fand eine Wohnung für sie. Lawrence mochte den nach Zitronen duftenden Zufluchtsort, erkannte jedoch, daß die Verderbtheit von Tiberius – oder die Geilheit von Suetonius – ihr Zeichen hinterlassen hatte auf einer Insel voller

Päderastie, lesbischer Liebe, Skandale und kosmopolitischer Kunstbeflissenheit. Nun hatte er Muße, die jedoch Douglas' Freund Maurice Magnus zum Opfer fallen sollte; Lawrence kontaktierte ihn unerklärlicherweise zuerst, obwohl er sicher wußte, was da auf ihn zukam. Bestimmte Menschen, vorzugsweise Künstler, bindet eine geradezu masochistische Faszination an gutgekleidete, klug daherredende Schmarotzer, die sorglos hart verdiente Rücklagen aufzehren. Lawrence bemerkte nun, daß Geld hereinkam, wenn auch nicht viel. Seine Beziehungen zu Mackenzie, in jener Zeit ein Bestseller-Autor, ließen Magnus sicherlich glauben, daß er reich war, aber, wie es Emporkömmlingen aus der Arbeiterklasse entsprach, von einer ungesunden Mäßigkeit und sogar unmoralischem Geiz beseelt. Douglas hatte bereits unter Magnus, einem schamlosen und hartnäckigen Schnorrer, gelitten und sah nicht ein, warum Lawrence nicht ebenfalls leiden sollte. Magnus reagierte auf Lawrence mit der Haltung eines Mannes, der von der Welt arg gebeutelt wurde, besaß jedoch zunächst noch nicht die Unverfrorenheit, offen nach Bargeld zu fragen. Der intelligente Lawrence sollte eine augenblickliche Notlage erahnen und großherzig austeilen. Genau das tat er auch, in der Größenordnung von fünf Pfund. Dann, als Magnus ihm schrieb, er sei so verarmt, daß er sich der Barmherzigkeit der Benediktiner in Monte Cassino habe anvertrauen müssen, besuchte ihn Lawrence dort. Daraus resultierte eine der bemerkenswertesten literarischen Darstellungen des Lebens in antiken Klöstern, die je geschrieben wurden, nachzulesen in der Einleitung, die Lawrence später zu Magnus' *Memoirs* schrieb.

Die Magnus-Geschichte ging weiter – ein schmerzender Zahn, der von Zeit zu Zeit untersucht werden mußte, nur um sich zu vergewissern, daß er noch schmerzte –, als die Lawrences Capri (»Schmortopf halbgebildeter Typen«) verließen und sich nach Sizilien wandten. Am unteren Hang des Ätna, außerhalb von Taormina, fanden sie ein altes Haus namens Fontana Vecchia und blieben, mit Unterbrechungen, die nächsten zwei Jahre dort. Von Magnus' gelegentlichen Besuchen – halb Störung, halb amüsante Abwechslung – abgesehen, machte sich Lawrence ans Schreiben und schrieb gut, oder zumindest fleißig.

Er hatte in Deutschland den unfertigen Entwurf eines Romanes mit dem späteren Titel *The Lost Girl* (DAS VERLORENE MÄDCHEN) zurückgelassen, und dieses Material war nach Kriegsende wieder in seinen Besitz gelangt. Er formte es um und beendete den Roman in der Fontana Vecchia – einzig und allein mit der fast zynischen Absicht, einen kommerziellen Erfolg zu fabrizieren. Er imitierte bewußt den Stil von Arthur Bennett und erstickte jedes laurentianische Feuer. Das Buch erregte nirgendwo Anstoß, und es gewann sogar den James-Tait-Black-Preis des Jahres 1921 – einhundert Pfund –, eine Bestätigung, daß es vom britischen Lesepublikum angenommen wurde. Es ist kein großer Roman. Es hat eine witzelnde Geschwätzigkeit wie *Mr. Noon*, benutzt Überrumplungstechniken in der Art von »Lieber Leser . . .«, und ihm fehlt jene psychologische Eindringlichkeit, die *Women in Love* zu einem so unbequemen Meisterwerk macht. Doch da Lawrence nun einmal Lawrence ist, kann es nicht ausbleiben, daß sich auch überaus genaue visuelle Beschreibungen der Welt darin finden, wie zum Beispiel die Darstellung von James Houghtons Bekleidungsgeschäft in der Stadt Woodhouse. Hier zeigt sich Lawrence als Experte in Seiden und Popelinstoffen, und er prahlt mit Kostproben seines Wissens:

> Die Frauen drückten den dicken, exquisiten Besatz aus alter und ausgebleichter Chenille, begierig, seine Weichheit zu fühlen. Aber sie wollten keine drei Pence dafür geben. Zwirnbänder, Borten, Litzen, Knöpfe, Federn, Jabots, Turnüren, Applikationen, Besätze, Posamenten mit Glasperlen oder Anthrazit, Bündel von alter, gefärbter, maschinell hergestellter Spitze, viele Bündel von seltsamen Kordeln, in allen Farben, für die längst nicht mehr moderne Litzenflechterei, Bänder mit H.M.S. *Birkenhead* für Kinder-Matrosenmützen – alles, was niemand wollte, wandten die Frauen um und um, bis sie zufällig auf ein Schnäppchen stießen.

Das ist Lawrence, das Muttersöhnchen, bei einem Einkaufsbummel mit ihr an einem Freitagabend. Gar nicht wie Henry James.

James Houghtons »Manchester House« geht unter, und seine

Tochter Alvina, 26 Jahre alt, ergibt sich in die Rolle der Dienstbotin ihres Vaters, doch eine »Torschlußpanik – die tödliche Furcht, die so viele unverheiratete Frauen Ende der Zwanzig befällt, begann sich ihrer zu bemächtigen. Das Heiraten wäre ihr weniger wichtig gewesen, wenn sie wenigstens einen Liebhaber gefunden hätte.« Aber da ist kein Liebhaber, und Alvinas braunes Haar zeigt die ersten Spuren von Grau. Dann eröffnet Houghton ein Filmtheater, mit dem durchtriebenen Mr. May als Manager, und sie muß *The Silent Grip* und Miss Poppy Traherne (»eine junge Dame, die sich durch das Herumwirbeln unzähliger Röcke in alles Erdenkliche verwandeln konnte, von einem Aronstab in grünen Strümpfen und einem Regenbogen bis hin zu einem Feuerrad und einer Teetasse: wunderbar war Miss Poppy Traherne« – das klingt fast wie bei Wells) auf dem Pianoforte begleiten. Die Einnahmen werden gezählt, und Lawrence offenbart seine Liebe zum Hartgeld, ein Mann, der nicht in der Sprache der Schecks denkt:

> Da waren sie alle: stämmige Dragoner aus kräftigen Pennies, schwer und ihre Position behauptend, mit einem Schirm leichter Infanterie aus Halfpennies, befehligt vom unerschütterlichen General Half-Crown, der seinerseits flankiert wurde von seinem gesamten Stab von Florin Colonels und Shilling Captains, aus deren Mitte die flinken Sixpenny Lieutenants leicht vorrückten, unter völliger Miaßchtung des blassen, schwächlichen Joey aus Threepenny-Stücken.

Alvina findet sich plötzlich im Wanderbühnen-Milieu in der Art von Crummles[37] wieder, und dann lernt sie Cicio kennen.

Cicio, ein Süditaliener, nimmt Lawrences Vorliebe für Indianer vorweg, denn er spielt einen Indianer und und macht einen ungünstigen Eindruck auf Alvina: »Cicios sehniges Schleichen weckte in ihr die Empfindung, daß diesem Menschen keinen Augenblick zu trauen sei. Furchtbare Wesen waren die Männer, wild, unbarmherzig unter der Tünche äußerer Gesittung.« Das klingt wie eine altjüngferliche Zusammenfassung von *Women in Love*. Als ihr Vater stirbt, wird Alvina von der Truppe adoptiert, die – in Varietés oder zwischen Filmvorführungen – eine Indianershow aufführt. Lawrence erinnert sich hierbei seiner Lektüre Fenimore Coopers, mit Ausrufen wie »Unser einziges Gesetz ist das Gesetz der Huronen« und »Niemand erteilt uns Befehle außer Kishwegin«. Alvina wird »die Squaw Allaye« und deutet so schon an, was Kate in *The Plumed Serpent* (DIE GEFIEDERTE SCHLANGE) widerfahren wird. Und Cicio offenbart »die bezaubernde, volle Dunkelheit seiner südländischen Natur« in seiner Liebe zu ihr, die zur Heirat und nach Italien führt. Der Abschied von England ist Lawrences eigener:

> Sie griff nach Cicios Arm, als das Schiff sanft schwankte. Denn dort hinten, hinter all dem Sonnenschein, war England. England, jenseits des Wassers erhob es sich mit aschgrauen, leichengrauen Klippen, und Schneeflecken auf den Hängen darüber. England, wie ein langer, aschgrauer Sarg versank es. Sie sah gebannt und entsetzt zu. Es schien das Sonnenlicht zurückzuweisen, um unbeleuchtet zu bleiben, lang und aschgrau und tot, mit Schneeflecken wie Leichentücher. Das war England! . . . Heimat!
>
> Ihr Herz erstarb. Nie hatte sie sich so fremd und weit weg gefühlt. Cicio neben ihr war ein Nichts, so gebannt schaute sie; in der Ferne, hinter Sonne und Meer, verschwand langsam die graue, schneegefleckte Masse Englands, versank, tauchte unter. Sie konnte es nicht fassen. Als sähe sie etwas ganz anderes. Was? Es war wie ein langer, aschgrauer Sarg, der Winter, der langsam ins Meer eintauchte. England?

Ja, England. Man achte auf Lawrences Technik – oder Manierismus – der Wiederholungen. Hat er einmal bestimmte *mots justes* gefunden, wie »aschgrau« und »hinter all dem Sonnenschein«, so begnügt er sich nicht damit, den Klang nur einmal ertönen zu lassen. Durch die Wiederholung des Ausdrucks entsteht eine liturgische Qualität. Wir sind hier ganz am Ende des Buches, wo Alvina, die von Cicio Allaye genannt wird, als spielten sie noch immer das Indianerstück, zusehen muß, wie er in den Krieg zieht, und sich über den möglichen vaterlosen Status ihres ungeborenen Kindes Gedanken macht.

»Ich komme zurück,« sagt er. »Ich komme zurück, und dann gehen wir nach Amerika.« Und sie sagt: »Du kommst zu mir zurück.« Und er: »Ich komme zurück.« Ein Wiederlesen von *The Lost Girl* offenbart jene Art erzählerischer Tugenden, die wir mit Bennett und Wells verbinden – detaillierte Schilderungen des Lebens in der englischen Provinz, eine Handlung, die voranzukommen versucht, doch deren Beine in der großen Masse realistischer Beobachtungen steckenbleiben, einen Humor, der nahe bei reiner Witzelei angesiedelt ist, aufrichtige Gefühle, die am limitierten Wortschatz der Figuren aus der unteren Mittelschicht leiden. Wir befinden uns hier am äußersten Ende der edwardianischen Epoche, aus deren Fundus der kunstlose Stil des Berichts stammt, den Lawrence selbst dort, wo er am originellsten ist, nie ganz abstreift. Erst in Joyces *Ulysses* finden wir den Bruch vollzogen, doch das erste Kapitel dieses revolutionären Werks enthält noch immer, gleichsam als Nachhall, eine Hommage an den alten Stil. Es war keine schlechte Methode, sie ignorierte fröhlich die großen Vorlieben Flauberts – Standpunkt des Erzählers, ökonomische Erzählweise, das bewußte Setzen von Symbolen. Es war die Methode von Dickens, deren Schwanengesang, J. B. Priestleys *The Image Men*, erst in den sechziger Jahren entstand. Sie war sehr britisch.

Lawrence, der in Sizilien zwar arm, aber glücklich war, begegnete einer Schlange und schrieb ein erstaunliches Gedicht über sie. Eine andere Schlange, Magnus, glitt heran und bat um Geld. Das Bitten erfolgte in der höchst überzeugenden Art eines Gentleman, der an Besseres gewöhnt war, dem das Leben jedoch übel mitgespielt hatte. Magnus sagte, er habe in einem Hotel in Anzio gewohnt und seine Rechnung mit einem Scheck bezahlt, der zu seinem größten Entsetzen geplatzt sei – der Fehler von Leuten, denen er vertraut hatte, die sich jedoch als völlig unzuverlässig erwiesen, als es darum ging, seine Konten wieder aufzufüllen. Er hatte das einzig Vernünftige getan – hatte sein Gepäck in Monte Cassino gelassen und war direkt nach Taormina gekommen, enttäuscht und gar verletzt, Lawrence nicht gleich anzutreffen. Natürlich logierte er in der Stadt in einem Hotel, das einem Gentleman angemessen war, konnte aber seine Rechnung nicht begleichen. Würde Lawrence sie vielleicht bezahlen und ihn in der Villa beherbergen, bis er ein paar Artikel an Zeitungen verkauft hätte und dann, gut bezahlt, nach Alexandria abreisen könnte? Oder vielleicht zöge Lawrence stattdessen vor, ihm fünfunddreißig Pfund vorzustrecken, auf die Sicherheit bestimmter Manuskripte von beachtlichem literarischem Wert hin? Eine letzte und kleinste Bitte war, daß Lawrence nach Monte Cassino gehen und Magnus' Koffer abholen möge.

Diese Beziehung zwischen Lawrence und Magnus stellt eine höchst eigenartige Symbiose dar. Warum verfiel Magnus, der Leute wie Norman Douglas weit besser kannte, auf einen vergleichsweise Fremden, um seine Probleme zu lösen? Warum fühlte sich Lawrence, der noch immer arm war, verantwortlich für einen Mann, den er kaum kannte? Die Fragen sind nicht leicht zu beantworten. Aus den Briefen geht hervor, daß er Magnus' Hotelrechnung bezahlte, ihm einhundert Lire gab und ihm einen Scheck über sieben Guineen einlöste, die er dank literarischer Beziehungen Lawrences verdient hatte. Magnus ging dann nach Malta, und damit schien die Sache erledigt zu sein. Doch zufällig war Gilbert Cannan, ein Romancier, den Lawrence kannte, nach Taormina gekommen, und seine Frau, Mary, war darauf versessen, Malta zu besuchen, obwohl ihr Mann kein Interesse daran hatte. Würden die Lawrences, auf Kosten der Cannans, Mary dorthin schützend begleiten? Sie willigten ein, und alle drei reisten nach Syrakus, um sich dort einzuschiffen. Ein Streik der Seeleute verzögerte die Abreise. Lawrence nahm an, daß Magnus auf eine frühere Überfahrt gebucht war und sich bereits in einem Luxushotel wie dem Phoenicia in Valletta eingerichtet hatte. Keineswegs: Magnus, dem der Streik ein arger Verdruß war, hatte ihn im besten Hotel von Syrakus ausgesessen; natürlich konnte er seine Rechnung nicht bezahlen. Lawrence beglich sie für ihn und konnte von der zweiten Klasse des Schiffes aus zusehen, wie Magnus es sich in der ersten bequem machte. Er nickte den Lawrences beim Aussteigen huldvoll zu und wandte sich dann nach Mdina, wo irgendein Malteser, dem er von den Mönchen aus Monte Cassino empfohlen worden war, ein Haus, Mobiliar und ein Darlehen von sechzig Pfund für ihn aufgetrieben hatte. Doch die Netze der europäischen Polizei begannen sich auszuweiten, und der geplatzte Scheck aus Anzio holte ihn ein. Er nahm Gift wie ein Gentleman und hinterließ Anweisungen für ein fürstliches Begräbnis. Seine Manuskripte wurden von seinen Gläubigern beschlagnahmt. Diese vertrauten dem neuen Bekannten, Lawrence, mehr als dem alten Freund Douglas und baten ihn, die Manuskripte zu verkaufen, um vom Erlös die Schulden zu bezahlen. Lawrence tat sein Bestes, aber in einem Brief an den *New Statesman* stellt er fest, daß der größte Teil davon wertlos war.

Der Brief ist die Antwort auf eine Anspielung von Douglas, Lawrence sei »unfreundlich« zu Magnus gewesen und habe aus seiner literarischen Hinterlassenschaft Profit gezogen. Wie Lawrence darlegt, hatte er eine lange Einführung zu Magnus' *Memoirs of the Foreign Legion* (Erinnerungen an die Fremdenlegion)[38] geschrieben, ein Buch, das kein Verlag annehmen wollte. »Mehr als ein Verleger erklärte mir: ›Wir möchten die Einleitung veröffentlichen, allein, ohne die Magnus-Erinnerungen.″ Worauf ich erwiderte: ›Das nützt nichts. Die Einleitung existiert nur wegen der Erinnerungen.″« Die Einleitung, ohne die Erinnerungen, findet sich in der posthumen Sammlung verstreuter Schriften mit dem Titel *Phoenix*. Uns drängt sich der unheimliche Eindruck auf, daß die Muse Lawrence nur deshalb zu dieser schädlichen Verbindung mit einem Schurken und Schmarotzer gedrängt hat, damit ein außerordentliches Stück Literatur geschrieben werden konnte. Magnus wurde unsterblich gemacht:

> M. war ein eifriger Katholik, der seine Religion leider ziemlich salbungsvoll auffaßte. Er war erst vor ein paar Jahren zur katholischen Kirche übergetreten. Aber er hatte einen Bischof zum Taufpaten und schien mit der höheren Geistlichkeit auf recht vertrautem Fuße zu stehen. Er war sehr erfreut und stolz darauf, daß er in dem berühmten alten Kloster südlich von Rom ein ständiger Gast sein durfte. Er sprach davon, ein Mönch zu werden, ein Mönch in jenem aristokratischen und vornehmen Orden. Doch er hatte mit seinen theologischen Studien noch nicht einmal angefangen – weder damit noch mit sonstigen Studien. Und D. (Douglas) sagte, er hätte die

> Benediktiner nur deshalb gewählt, weil sie besser lebten als jeder andre Orden.

Und hier haben wir den Lawrence, der alles sieht, keine Notizen macht und dem etwas wie totales Erinnern gelingt:

> Wir gingen die enge Treppe hinauf und durch den langen, alten, kahlen weißen Korridor, der sich hoch aufwölbte. Don Bernardo hatte sich die Schlüssel zu meinem Zimmer besorgt: zwei Schlüssel, den einen für den dunklen Vorflur und den andern fürs Schlafzimmer. Es war ein reizendes und elegantes Schlafzimmer mit einem Kupferstich von einer englischen Landschaft, und hinter dem Tüllvorhang war ein Balkon, der auf den Garten hinunterblickte – einen schmalen Streifen Land vor den Mauern –, und dahinter auf die Gruppe der Farmgebäude und die Eichenwälder und die bebauten Felder auf der Hügelkuppe, und noch weiter hinten auf den Abgrund und das Tal der Menschenwelt und alle Berge, die in Italiens Ebenen stehen, als hätte Gott sie gerade fixfertig dort hingestellt. Die Sonne war schon untergegangen; der Schnee auf den Bergen war voll rosiger Glut, die Täler waren voller Schatten. Tief unten hörte man in der kalten Luft die rangierenden Züge, das Gerassel der Welt.

Charles Ryder in Evelyn Waughs *Brideshead Revisited* (WIEDERSEHEN MIT BRIDESHEAD) malt herrschaftliche Villen, die abgerissen werden sollen, und stellt diese Tätigkeit so dar, daß er seine Farben und Staffelei dorthin bringe, kurz bevor die Kräfte der Zerstörung anrückten. Man könnte über Lawrence sagen, daß Magnus ihn dazu brachte, Monte Cassino ein Denkmal zu setzen, zwanzig Jahre bevor der totale Krieg es dem Erdboden gleichmachte – eine ziemlich lange Zeit vielleicht, aber nicht für Lawrence, der nur noch neun Jahre zu leben hatte.

Diese Nachkriegsperiode unter der Sonne Siziliens wurde genutzt, um Leben einzusaugen und außerdem Geschmack und Farbe des Lebens zu vermitteln – weniger in erzählender Prosa als in Lyrik und in einem hervorragenden Reisebuch –, mit jenem Mut zum Risiko, der Lawrence auszeichnete. Das hervorragende Reisebuch ist *Sea and Sardinia* (DAS MEER UND SARDINIEN), das bezauberndste Werk, das er geschrieben hat, und bei weitem die beste Einführung in sein Oeuvre. Frieda und er verbrachten während eines Winterausflugs nur eine Woche auf einer Insel, wo er glaubte, Menschen zu treffen, die nicht vom Industrialismus und dem Wunsch zu sterben gezeichnet waren. Der wahre Drang zu reisen war die Unruhe, die ihn schon bald um die ganze Welt führen sollte, verbunden mit der Unzufriedenheit über einen sizilianischen Januar (»es blitzt und donnert vierundzwanzig Stunden lang und stürmt und hagelt ununterbrochen«) und vermutlich einer Abneigung gegen die anderen englischsprechenden Exilanten von Taormina. Eigentlich sollte ich nun Lawrence ganz das Wort überlassen, denn *Sea and Sardinia* ist nicht nur ein wunderbares Reisebuch, sondern auch ein sehr schönes Selbstporträt und zeigt Lawrence von seiner besten Seite. Frieda, genannt »Bienenkönigin« oder »BK«, steht ein wenig im Hintergrund, doch man ist sich der Gegenwart einer starken, attraktiven Persönlichkeit bewußt, die sich humorvoll zurückhält und passiver als Lawrence auf die Bilder und Töne der Reise reagiert. Nach den Maßstäben derjenigen, die Abenteuer auf Reisen in fremde Länder suchen, ist dieser Bericht über eine einwöchige Reise (4.-10. Januar 1921) auf eine kalte Insel (glaubte Lawrence ernsthaft, er könnte dem harten Winter entfliehen, indem er sich einfach von einer mediterranen Zone in eine andere begab?) banal und bar jeglicher überraschender Ereignisse. Doch seine Magie liegt in dem, was die Kraft poetischer Beobachtung aus dem Alltäglichen machen kann. Ein paar kurze Seereisen, Busfahrten, einige Nächte in schlechten Gasthöfen – das genügt vollauf.

Zu sagen, das Buch sei »lyrisch«, ist nicht die beste Würdigung, sofern wir unter diesem Begriff die sorgfältig gedrechselten Sätze von Pater[39] oder die geschwollenen, bombastischen Ruskins[40] verstehen. Doch mittlerweile erwarten wir von Lawrences Lyrik bereits, daß sie sich von jeder anderen unterscheidet: Sie stellt nicht das Resultat des schöpferischen Prozesses dar, sondern sie ist dieser

Prozeß selbst. Wir sind immer bei ihm in der Schmiede und sehen seinem verbalen Hämmern zu. In seiner Ungeduld, den richtigen Ausdruck für seinen Gegenstand zu finden, kann Lawrence sich nicht damit aufhalten, falsche Ansätze zu verwerfen; noch kann er sich damit behelligen, wohl ausgewogene, »literarische« Sätze zu bilden. Hat er das *mot juste* einmal gefunden, so läßt er es so schnell nicht wieder los; er lädt uns ein darum herumzugehen und seine Trefflichkeit zu preisen. Man hat das Gefühl, ein privates Notizbuch zu lesen; und man hat das Gefühl, gesprochene Sprache zu hören, mit gebrochener Syntax, Wiederholungen, Slang, Witzeleien, Überrumplungsversuchen, sogar mit einem Hang, zu tyrannisieren. Diesen Eigenschaften sind wir natürlich schon in den Romanen begegnet, doch sind sie dort oft störend, während sie hier bezaubern und entwaffnen und ihrem Zweck der Unmittelbarkeit, Schärfe und Farbigkeit dienen.

Was daran besonders bezaubert und entwaffnet, ist Lawrences unausrottbar englische Art. Man käme nie auf die Idee, daß dieser Mann sein Land verlassen hat – und von seinem Land verlassen wurde. Der pfiffige Patriotismus, mit dem er sein Land verteidigt, wenn Italiener es angreifen, hat etwas Rührendes. Nur England und Amerika haben vom Krieg profitiert, klagen die Italiener: Jetzt sind die Engländer überall in Italien, ziehen Vorteile aus dem *cambio* und beuten uns nette, gute Menschen aus, und so weiter. Es gab eine Zeit, da auch Lawrence bereit gewesen war, den italienischen Bauern und Handwerkern zu schmeicheln, wie jene britischen Touristen, die unbedingt *simpatico* gefunden werden wollen. Nun nicht mehr. Lawrence macht sich nie Gedanken darüber, ob er wohl *simpatico* ist (war Dante *simpatico*?). Er kennt seine Klasse und ist sich über ihre italienischen Vertreter keineswegs im unklaren. Der Bergmannssohn packt Brote mit englischem Schinken (»guter englischer Schinken aus Malta«) und eine Thermoskanne starken Tee für den Start der Reise ein. Wenn die kleinen sizilianischen Bankangestellten den Rucksack auf seinem Buckel anstarren, dann zur Hölle mit ihnen. Und dennoch hat kein englischer Italienreisender die Bankangestellten und Zimmerleute und Straßenarbeiter je besser verstanden als er.

Es sind die namenlosen Menschen in diesem Sardinien-Buch, die für uns in einer Weise unsterblich geworden sind, wie es vielen Persönlichkeiten mit wohlklingenden Namen aus viel ernsteren Büchern nicht gelang. Selbst die schrecklichsten von ihnen, etwa der Gasthauswirt, dessen schmutzige Hemdbrust eine Beleidigung ist, oder die fette, hübsche Frau im Zug, die Lawrence anschaut und sich offenbar fragt, ober er sie für einen *bel pezzo* hält, bleiben uns im Hinterkopf und mischen sich unter Leute, denen wir in der Realität begegnet sind, nicht in Büchern. Lawrences scharfe Beobachtungsgabe ist unglaublich, und seine Urteile sind irrsinnig vernünftig. Die Sizilianer sind »so entsetzlich leibhaft miteinander. Da ergießt sich einer über den andern wie zerlassene Butter über Pastinaken. Zärtlich streicheln sie einander das Kinn und lächeln sich gegenseitig mit schmelzender Hingebung an.« Das tun sie, aber wer außer Lawrence hätte dabei an Butter und Pastinaken gedacht? Und wer außer ihm hätte versucht, die grobe Zärtlichkeit mit dem Leben unter einem Vulkan zu erklären? »Gleich, ob in Neapel oder Catania, die Männer sind schauderhaft fett, haben große Makkaronibäuche. Sie sind überströmend und stets offen für zufällige Begeisterung und Liebe . . . Sie hören nie auf, nahezu jeden mit zärtlicher Freundschaft zu überschütten und bekunden einander eine leibliche Intimität, die jeden verblüffen muß, der nicht im Bannkreis eines Vulkans aufgewachsen ist.« Das ist die typische gute falsche Logik Lawrences, jederzeit überzeugender als die vorsichtige Rationalität anderer.

Man betrachte diesen Anfang:

> Es überkommt einen – man muß reisen. Mehr noch, man muß in eine bestimmte Richtung reisen. Man unterliegt also einem doppelten Zwang: sich aufzumachen, und zu wissen wohin.
>
> Warum kann man nicht stillsitzen! Es ist so schön hier in Sizilien: das sonnige Ionische Meer; das glitzernde Juwel Kalabrien, als werde ein Feueropal im Licht gewendet; Italien, und der Blick auf weihnachtliches Gewölk; die Nacht mit dem Hundsstern, der einen langen, leuchtenden Lichtstreif auf die See zaubert, als lauere er auf uns; hoch oben zieht der Orion.

Wie der Hundsstern Sirius einen anstarrt, wie er einen anstarrt! Er ist der Himmelshund, grün, flackernd und wild! Und weiter, o königlicher Abendstern. Weit drüben im Westen leuchtet er über Sizilien, das aus schroffen, dunklen Tiefen aufragt. Dann erst der Ätna, die schlimme Hexe, tief verschneit hebt er sich gegen den Himmel, und langsam, langsam wälzt er seinen orangefarbenen Rauch abwärts ... Eher wirkt er geduckt unterm Himmel. Doch kennt man ihn dann besser, o Schrecken und Zauber! ... Sehe ich zu ihm hin, wie er daliegt, geduckt, weiß, hexenartig, dicht unterm Himmel, wie er seinen orangenen Rauch hinabwälzt und manchmal eine rosenrote Flamme herausfaucht, dann muß ich von der Erde fortblicken, in den Äther blicken, den niedrigen Feuerhimmel. Und dort, in jener entrückten Zone, ist der Ätna allein. Wer ihn sehen will, der muß behutsam seine Augen von unserer Welt abheben und sich als nackter Seher dem fremden Raum des Feuerhimmels stellen. Standsäule des Himmels!

Und so weiter. Hat man einmal begonnen, würde man am liebsten dieses ganze erste Kapitel kopieren, das den Aufbruch beschreibt. Aber man ist darauf gefaßt, entgegengehalten zu bekommen, das sei schlechte Prosa – diese gekünstelte Inversion am Anfang[41], das »o« und die Ausrufungszeichen, die höchst laurentianischen Wiederholungen. Und doch, welcher Zauber! Und diese Rhapsodie auf den Ätna ist eine bloße Fingerübung, bevor Lawrence die Register zu einer noch reicheren Musik zieht. Nicht alles ist Musik. Hier sind Lawrence und Frieda in einem entsetzlichen Gasthaus in Sorgono:

Die Schalumhüllte trug eine Platte Zickleinbraten auf. Ich brauche nicht zu sagen, daß die *ignoranti* die besten Stücke für sich behalten hatten. Aufgetischt wurden fünf Stücke kalter Braten, für jeden von uns eins. Ich bekam irgendeine lange Rippe mit einem dünnen Fleischbelag – vielleicht eine Unze Fleisch. Mehr bekamen wir nicht, nachdem wir die ganze Prozedur mit angesehen hatten. Dazu erhielten wir noch ein

Gericht aus herb schmeckendem gekochtem Blumenkohl, das wir, nur um den blanken Hunger zu stillen, mit viel grobem Brot aßen. Zum Schluß gab es eine gallenbittere Orange. Man bekommt heutzutage einfach nichts mehr zu essen.

Da ist ein sehr vernünftiger Lawrence am Werk, der auf den einfachen Rechten des Bergmannssohns bei Tisch besteht, ganz anders als der greinende, nörgelnde Norman Douglas im Londoner Exil der Kriegsjahre und Lebensmittelrationierungen. Dann folgt das drekkige Zimmer, der fehlende Kaffee am nächsten Morgen, und der rechtschaffene Lawrence geht auf den Wirt los:

»Warum«, sage ich, und falle nun in die rhetorische Redeweise der Italiener, »warum betreiben Sie eine Wirtschaft? Warum schreiben Sie hier groß das Wort *ristorante* ans Haus, wenn Sie Ihren Gästen nichts anzubieten haben, und wenn Sie auch gar nichts anzubieten haben wollen? Was gibt Ihnen die Unverschämtheit, hier Reisende aufzunehmen? Wieso ist das hier überhaupt eine Wirtschaft? Was verstehen Sie eigentlich darunter? Raus mit der Sprache) was verstehen Sie darunter? Sie schreiben hier groß Ihr *Ristorante Risveglio* – was meinen Sie damit?«

Und er läßt sich das Wechselgeld auf Heller und Pfennig geben. Die Bienenkönigin schlägt vor, ein Trinkgeld dazulassen. Lawrence ist sprachlos.

Dies ist also kein idyllischer Aufenthalt unter edlen Bauern, abgeschnitten von Europas wachsender kommerzieller Korruption. Die ganze Zeit hält Lawrence Ausschau nach unverdorbenen sardischen Freisassen mit Strumpfmützen und gelben Gamaschen, und tatsächlich sieht er ein paar von ihnen stolz einhergehen, doch läßt er sich nicht von Ärmlichkeit, Übellaunigkeit und Habgier abschrekken. Er teilt aus, wie es seine Mutter auf dem Freitagsmarkt wegen eines schlechten Stücks Hammelfleisch tat. Dafür liebt man ihn. Und für sein treffliches Auge:

Es gab jetzt wieder andere Trachten. Das Scharlach war geblieben, aber ohne Grün. Das Grün war durch Malvenfarbe und Rosenrot ersetzt. In einem kalten, steinernen und ziemlich verfallenen Dorf fanden wir besonders farbenfrohe Frauen. Sie trugen geranienfarbige Röcke. Aber ihre ärmellosen Boleros waren so gearbeitet, daß sie sich seltsam vor der Brust krausten, und sie waren mit gefältelten rosa Säumen und einer breiten Borte abgesetzt, die malven- und lavendelfarbig abgefüttert war. Wenn sie so zwischen diesen Häusern, die dunkel und düster unter dem nackten, kalten Himmel standen, entlangschritten, war es hinreißend, wie diese Trachten aus Zinnoberrot und Blaßrosa sich zu einem unglaublichen Farbenrausch mengten. Wie gewagt war diese Farbenpracht! Und doch, wie stolz konnte es aussehen, diese gefährliche, entschlossene Sicherheit der Frauen, wenn sie einherschritten. Ich würde nicht gern mit einer von ihnen anbinden.

Gewagt – ein Wort für Lawrence selbst. Ein Erinnerungsbuch ohne die Hilfe von Samuel Butlers kleinem Notizbuch in der Westentasche zu riskieren und mit einer derartigen Genauigkeit der Beschreibung aufzuwarten – nicht nur hier, sondern überall auf der Sardinienreise –, war Lawrences besonderes Wagnis. Der außergewöhnliche Reiz des Buches besteht zum Teil in dem Kontrast zwischen der wunderbaren, offenen Freimütigkeit seines Auges, dem nichts entgeht, und dem Lawrence, der so leicht die Geduld verlor und wütend wurde:

»Ach«, sagte sie, »wir Italiener, wir sind so nett, wir sind so gutmütig. *Noi, siamo cosi buoni.* Wir sind so gutmütig. Aber es gibt Leute, die nicht *buoni* sind, die uns nicht gutmütig behandeln.« Dazu nickte sie mit dem Kopf. Und wahrhaftig fühlte ich mich keineswegs gutmütig ihr gegenüber, und das merkte sie. Und was die italienische Gutartigkeit betrifft, so bietet sie heute eine gute und unerschütterliche Grundlage für ihre Erpressungen, ihre Selbstgerechtigkeit und ihr herausforderndes Wesen.

Lawrence hegte keine Illusionen über die Menschen, hörte aber nie auf zu glauben, daß irgendwo Anstand, unverfälschter Adel, schöne Körper und klare Instinkte gemeinsam existierten. Es hing, so glaubte er, vom Ort ab, vom Geist des Ortes.

Dieser Geist, sagte er, ist eine fremdartige Sache. »Unser mechanisches Zeitalter möchte ihn überrennen. Aber das gelingt ihm nicht. Schließlich wird der besondere und unheimliche Geist eines solchen Platzes, eines so mannigfaltigen und gegensätzlichen Platzes unsere mechanische Einheit in Trümmer schlagen, und alles, was wir für wirklich halten, wird mit lautem Knall zerplatzen, und wir werden uns die Augen reiben.« Natürlich meinte er bestimmte Götter, unzerstörbare *numina*, denen wir uns auf eigenes Risiko widersetzen. Seine Suche nach ihnen in den letzten Jahren seines Lebens führte ihn weit weg von Sardinien.

10
In der Poesie liegt die Prophezeiung

Eine der bleibenden Leistungen im Exil nach dem Krieg war eine Folge von Gedichten, die später unter dem Titel *Birds, Beasts and Flowers* (Vögel, wilde Tiere und Blumen) publiziert wurden. Wir nennen sie Gedichte wegen der großen Sensibilität, die sie offenbaren, und der gefühlsmäßigen und formalen Gewagtheit der Sprache, doch sie könnten ebensogut Fragmente aus Essays, Notizen aus einem Tagebuch oder Digressionen aus einem Roman oder einer Erzählung sein. Das Aufladen der Sprache mit Bedeutung, für Ezra Pound das Wesen der Literatur (gemeint ist die Poesie), ist charakteristisch für beinahe alles, was Lawrence geschrieben hat, selbst noch für einen flüchtig hingeworfenen Brief, doch handelt es sich dabei meist nicht um Bedeutung im Sinne William Empsons, bei dem Komplexität dem Wort als Produkt der linguistischen und kulturellen Geschichte innewohnt. Lawrence schrieb nie etwas so Dunkles wie das folgende Gedicht (von Empson[42]):

Bubbles gleam brightest with least depth of lands
But two is least can with full tension strain,
Two molecules; one, and the film disbands.

Seifenblasen schillern am hellsten bei geringster Dicke des
  Lands,
Doch mindestens zwei können die volle Spannung entfalten,
Zwei Moleküle; eines, und der Film löst sich auf.

Das Aufladen der Worte ist bei Lawrence Sache des Gefühls, nicht der Polysemie. Stets finden wir ihn selbst in seinen Gedichten, hohepriesterlich, selbstzweiflerisch, bescheiden, wütend entströmen ihm die Verse in freien Rhythmen – Elemente aus seiner eigenen Alltagssprache fließen ein – »und ungeduldig wirft er großzügig Worte wie Samenkörner aus, auf der Suche nach der Essenz. Zum Beispiel das erste Gedicht der Sammlung – »Pomegranate« (Granatapfel). Zunächst scheint es recht wenig mit Granatäpfeln zu tun zu haben:

You tell me I am wrong.
Who are you, who is anybody to tell me I am wrong?
I am not wrong.

Du sagst, ich irre mich.
Wer bist du denn, wer überhaupt maßt sich an, zu sagen, ich irre mich?
Ich irre mich nicht.

Dann folgt ein Verweis auf den Felsen von Syrakus, »von der Verderbtheit griechischer Frauen kahl zurückgelassen«, und eine wilde Attacke auf Venedig – »Entsetzliche, grüne, schlüpfrige Stadt« – Granatäpfel werden darin als verrückte Gabe eingeflochten – »Oh so rot und solche Mengen« –, und schließlich findet sich die Essenz der ganzen gemischten, erregenden poetischen Aussage in dem Spalt der Frucht – »die Haut, ein Goldfilm, Deckhaut, zeigt einen Riß« – und dessen metaphorischer Übertragung auf das Brechen seines Herzens, welches der Dichter wünscht: »Es ist so lieblich, das Kaleidoskop der Morgendämmerung in dem Spalt.« Lawrence scheint Poesie zu schaffen, indem er sich keinen Deut darum kümmert, was gemeinhin für Poesie gehalten wird. Er war eine große Enttäuschung sowohl für die Georgianer wie für die Imagisten.

Die Gedichte sind höchst unterhaltsam, eine Qualität, die eigentlich nicht zu den wesentlichen Zielen der Dichtkunst gehört, welche mehr erleuchten denn zerstreuen sollte, doch Lawrence ist erleuchtend genug, wenn er über Pfirsiche schreibt: »Warum die Ritze? / Warum die liebliche, zweiklappige Rundheit? / Warum das

Kräuseln entlang der Wölbung? / Warum die Andeutung eines Einschnitts?« Aber er ist auch unberechenbar (»Ein Pfund Menschenfleisch ist dafür hingegeben worden«) und aggressiv:

But it wasn't round and finished like a billiard ball
And because I say so, you would like to throw something at me.
Here, you can have my peach stone.

Doch er war nicht rund und poliert wie eine Billiardkugel.
Und weil ich das sage, willst du etwas nach mir werfen.
Hier, du kannst meinen Pfirsichstein haben.

»Mispeln und Speierlinge« handelt von der »destillierten Essenz der Hölle« und dem »*ego sum* des Dionysos« und der »Vergiftung der letzten Einsamkeit« und der kommenden Unannehmbarkeit des Marsala-Weins »im abstinenten Westen.« Da das italienische Wort *fica* auch die Vulva bezeichnet, macht Lawrence aus seinem Vers-Essay über die Feige eine Art Rhapsodie auf das weibliche Mysterium, aber auch eine Attacke auf weibliche Überheblichkeit. Frauen sind zum Platzen reif, doch »reife Feigen halten sich nicht.« Der Feigenbaum selbst, besonders wenn unbelaubt, bewahrt eine andere Art von Geheimnis: Es ist ein »böser Baum«, der gelegentlich Knospen aus seinem Schenkel treibt, jeder Zweig ist »der Erzzweig«, mit einem demotischen Recht, zum Himmel zu zeigen:

Demos, Demos, Demos!
Demon, too,
Wicked fig-tree, equality puzzle, with your self-conscious secret fruits.

Demos, Demos, Demos!
Dämon auch,
Böser Feigenbaum, Rätsel der Gleichheit, mit deinen selbstbewußten, geheimen Früchten.

Und die Mandelbäume von Taormina, gleichfalls unbelaubt, nehmen seltsame Botschaften auf »von des Himmels wölfisch wandernder Elektrizität, die so konstant den Ätna umschleicht.« Lawrences Botanik und Dendrologie sind hochgradig symbolgeladen, doch die Bedeutungen der Symbole ändern sich, geraten durcheinander, brechen zusammen; was uns bleibt, ist ein Baum oder eine Blume als eine Art Zeichen der dunklen Gottheiten, eine Botschaft in dem verzwickten Code, den allein Lawrence entschlüsseln kann:

Jesus the god of flowers – ?
Not he.
Or sun-bright Apollo, him so musical?
Him neither.

Who then?
Say who.
Say it – and it is Pluto,
Dis,
The dark one.
Proserpine's master.

Jesus der Gott der Blumen – ?
Nicht er.
Oder der sonnenhelle Apoll, der so musisch ist?
Auch er nicht.

Wer denn?
Sag wer.
Sag es – und es ist Pluto,
Dis,
Der Dunkle.
Proserpinas Herr.

Diese Entdeckung der Wirklichkeit jener griechischen Hölle, die gleichzeitig das schöpferische Unbewußte ist, muß hier zu Witzeleien und Spott über die »Frauenrechte« von Ceres und ihrer Tochter herhalten, die von der »kaiserlichen Mannestyrannei« Plutos unterdrückt werden (Lawrence, der sich Frieda gegenüber als Herr aufspielt), doch da wir wissen, daß Lawrence bald sterben wird und sein Gedicht »Bavarian Gentians« (Bayerische Enziane) gelesen haben, können wir uns den Trost vorstellen, den die alten Pflanzenmythen für jemanden bargen, dessen Lebenswerk den Kreislauf des Lebens feierte. In den mediterranen Breiten wurde Lawrence sich erstmals der Magie dieses Kreislaufes ganz bewußt, nicht in einem englischen Frühling. Kein Baum und keine Blume, die er so eigenartig preist, ist je bei der Kapelle der Independenten in Eastwood gefunden worden.

Die vier seltsamen Gedichte über die »Evangelistic Beasts« (Die Tiere der Evangelisten), die den Rhapsodien auf völlig unsymbolische Tiere voranstehen, zeigen Lawrences Beunruhigung über den Christus der Independentenkirche und seinen Versuch, dessen Macht über den Löwen, den Stier, den Menschen und den Adler zu brechen, die zu den Verfassern der Evangelien gezähmt worden waren. »Oh schafft sie zurück, schafft sie zurück in die vier Ecken des Himmels, wohin sie gehören, die apokalyptischen Tiere.« Eine leichte Verwirrung hier, aber Lawrence bewältigte derlei Verwirrungen immer spielend. Nehmen wir zum Beispiel Markus, dessen löwengleiche Wildheit durch die Verleihung der Flügel betäubt wurde: »Ah, Lamm Gottes, / Legte sich ein flügelloser Löwe dir so zu Füßen, wie dieser geflügelte Löwe liegt?«. Oder nehmen wir Lukas, den Stier:

Since the Lamb bewitched him with that red-struck flag
His fortress is dismantled
His fires of wrath are banked down
His horns turn away from the enemy.

Seit ihn das Lamm mit dieser rotbemalten Fahne behext hat
Ist seine Festung gefallen
Sind seine Zornesfeuer erstickt
Zielen seine Hörner nicht mehr auf den Feind.

Oder Johannes, den Adler, den Lawrence problemlos in einen Phönix verwandelt, »uns heute nur noch bekannt als Firmenzeichen einer Versicherungsgesellschaft.« (Die Bandbreite an Registern ist wie immer bemerkenswert, das reicht von gewöhnlichster Umgangssprache bis zum Prophetenton, über sämtliche Zwischenstufen.) All die großen wilden Tiere sind vom Evangelium des Lammes zu Fall gebracht worden. Lawrence wendet sich von ihren beschmutzten Tierhäuten und gestutzten Krallen ab, hin zu den ganz unsymbolischen Realitäten von Moskito, Fisch, Fledermaus, Schlange und Schildkröte. Nachdem er den Symbolismus losgeworden ist, kann er sich nun auf das innerste tierische Wesen konzentrieren. Der Fisch zum Beispiel:

And the gold-and-green pure lacquer-mucus comes off in my
hand,
And the red-gold mirror-eye stares and dies,
And the water-suave contour dims.

Und der golden-grüne reine Lack-Schleim löst sich in meiner
Hand,
Und das rot-goldne Spiegel-Auge starrt und stirbt,
Und der wäßrig-anmutige Umriß dunkelt.

Dieses magische Gedicht wurde in Zell am See geschrieben. Frieda war nach Deutschland gereist, um ihre Familie zu besuchen, Lawrence folgte ihr, wurde depressiv, weil er sich irgendwie von der ungestümen teutonischen Wiedersehensfeier ausgeschlossen fühlte, und ging – ohne jede Erfahrung – zum Angeln an den See. Der einfache Umstand, daß er einen ans Ufer gespülten Fisch in der Hand hielt, gebar ein Wunder, eine Erkenntnis, daß sein Gott nicht derjenige der Geschöpfe des Wassers war, und eine eigenartige, gereizte Verdrießlichkeit:

Cats, and the Neapolitans,
Sulphur sun beasts,
Thirst for fish as for more-than-water;

Water-alive
To quench their over-sulphureous lusts.

But I, I only wonder
And don't know.
I don't know fishes.

In the beginning
Jesus was called The Fish ...
And in the end.

Katzen und die Neapolitaner,
Hitzige Sonnen-Bestien,
Dürsten nach Fisch, nach Mehr-als-Wasser;
Lebend-Wasser,
Um ihre über-hitzigen Lüste zu stillen.

Aber ich, ich überlege nur
Und weiß nicht.
Ich kenne die Fische nicht.

Am Anfang
Wurde Jesus Der Fisch genannt ...
Und am Ende.

Noch einmal Jesus, der auf seine sexuelle Erfüllung in *The Man Who Died* (DER MANN, DER GESTORBEN WAR) wartet und danach in einem Boot weggeschickt wird.

Mit Fledermäuse kam man leichter zurecht als mit Fischen, da sie bloß abstoßend waren (»Kreaturen, die sich selbst wie einen alten Lumpen zum Schlafen aufhängen«), doch mußte Lawrence, weil er eben Lawrence war, tiefer in die »Flügel wie Stücke von Regenschirmen« blicken und eine Beziehung herstellen. Eine Fledermaus geriet »mitten am Vormittag« in sein Schlafzimmer und versuchte, durchs geöffnete Fenster zu entkommen, und Lawrence erkannte, daß ihr Widerwille gegen das Tageslicht wie der eines Mannes war, der sich der »weißglühenden Tür eines Hochofens« gegenüber sah. Die Fledermaus flatterte durchs Zimmer

Till he fell in a corner, palpitating, spent,
And there, a clot, he squatted and looked at me.
With sticking-out, bead-berry eyes, black,
And improper derisive ears,
And shut wings,
And brown, furry body.

Bis sie in eine Ecke fiel, zitternd, erschöpft,
Und dort, ein Klumpen, hockte sie und sah mich an.
Mit hervorstehenden Perlen- oder Beerenaugen, schwarz,
Und unpassend spöttischen Ohren
Und angelegten Flügeln
Und braunem, pelzigem Körper.

Ist die Kreatur in Freiheit, stellt der Dichter sich vor, wie sie spöttisch über ihn fiept, wenn die Nacht hereinbricht:

There he sits, the long loud one!
But I am greater than he ...
I escaped him ...

Da sitzt er, der lange, laute Kerl!
Doch ich bin größer als er ...
Ich bin ihm entkommen ...

Dieser spielerische Anthropomorphismus, geeignet für Kindergeschichten und altjüngferliche Gedichte über Katzen, ist nicht typisch für Lawrence. Er zieht es vor, wenn Tiere ihr Anderssein bewahren. Er hat Respekt vor ihrem tiefen Zuhausesein in einer Welt, in welcher nicht einmal er je ganz zu Hause sein konnte, und dieser Respekt grenzt gelegentlich an Anbetung. Das gilt für die Haltung, die er der Schlange in seinem Garten in Taormina gegenüber an den Tag legt, trotz der Einflüsterungen seiner humanistischen Erziehung und der Furcht Adams. Er wirft ein Stück Holz nach der Schlange und zwingt sie zu Windungen »unwürdiger Hast«, als sie entflieht. Und dann bedauert er seine Tat: »wie erbärmlich, wie gemein.« Denn die Schlange ist ein König im Exil, »ungekrönt in der Unterwelt«, ein Prätendent auf den Thron von Dis. »Und so verpaßte ich meine Chance mit einem der Herren des Lebens.« Kein anderer Autor hat dieses schlichte Verständnis für die Heiligkeit der Welt der wilden Tiere und Reptilien oder zeigt diese Bereitschaft, sein eigenes wütendes Ego (ein Fluch, den er sein Leben lang mit sich herumtrug) aufzugeben in einer fast verzweifelten Sehnsucht nach Identifikation mit dem reinen Sein, unverletzt von Gedanken und Gefühlen.

Konfrontiert mit zwei höchst unpoetisch betitelten Büchern aus dieser Nachkriegsära, *Psycho-Analysis and the Unconscious* (PSYCHOANALYSE UND DAS UNBEWUSSTE) und *Fantasia of the Unconscious* (SPIEL DES UNBEWUSSTEN), könnte der naive Leser zu der Auffassung neigen, Lawrence habe über die Fähigkeit verfügt, sich in einen Naturpoeten und einen Psycho-Metaphysiker aufzuspalten; doch war er immer, um ein starkes Wort zu gebrauchen, ein holistischer Autor. »Diese Pseudophilosophie von mir,« schreibt er in einem Vorwort zum letztgenannten Werk, »leitet sich aus den Gedichten und Romanen her, nicht umgekehrt. Die Romane und Gedichte fließen einem unkontrolliert aus der Feder. Und dann läßt einen der absolute Wunsch, irgendeine Art von befriedigender geistiger Stellung sich selbst und den Dingen im allgemeinen gegenüber zu beziehen, versuchen, definitive Schlüsse aus den eigenen Erfahrungen als Schriftsteller und Mann zu abstrahieren. Die Romane und Gedichte sind nichts als leidenschaftliche Erfahrung. Diese ›Polyanalysen‹ sind nachträgliche Eingriffe, die aus der Erfahrung resultieren.« Der Titelheld von H. G. Wells' *Christina Alberta's Father* (CHRISTINA ALBERTAS VATER), pensionierter Leiter einer Reinigung, liest »ein hübsches, verwirrendes Buch mit dem Titel *Fantasia of the Unconscious*« vor dem Einschlafen und findet viele hübsche Dinge darin, wie etwa das untergegangene Atlantis. In zumindest einer Hinsicht ist es ein hübsches Buch für ungelernte Reinigungsangestellte, da es vom Leser keinerlei Vorbildung auf irgendeinem Gebiet erwartet. Es setzt eine Bereitschaft voraus, sich vom Autor restlos überzeugen zu lassen, daß die Wissenschaft völlig unwichtig ist und daß alles, was wir brauchen, ein Glaube an den laurentianischen Solarplexus ist.

Das zuerst erschienene der beiden Werke, kurz, kaum mehr als ein Pamphlet, erboste die Freudianer, weil es das Freudsche Konzept des Unbewußten mit verdrängtem Inzest als seiner einzigen Fracht attackierte. In den Augen derjenigen Intellektuellen, die *Sons and Lovers* gelesen hatten, war Lawrence der Letzte, der Freud anzweifeln durfte; und was die Verneinung der allumfassenden Bedeutung der Sexualität anlangte – wurde nicht gerade Lawrence als der selbsternannte Jahrhundertprophet des Sex angesehen? Tatsächlich hatte sich Lawrence vernünftigerweise denjenigen angeschlossen, die Freud bewunderten, ohne die Totalität seiner Lehre, die zu eng gefaßt war, akzeptieren zu können. Es gab mehr im Unbewußten als den Stoff sexueller Neurosen. Lawrence zufolge war das Unbewußte der große Quell des Schöpferischen, ein endloser Wald grünen oder feurigen Lebens, welcher durch die negative Vorsilbe *Un* herabgesetzt wurde. Auch hielt Lawrence nicht viel von der Doktrin, ebenso freudianisch wie jungianisch, daß das Unbewußte ein allgemeiner oder kollektiver Besitz sei. Jede individuelle Seele war einzigartig, eine neue Schöpfung, die nicht einfach durch die simple Arithmetik des Zusammentreffens der elterlichen Gene erklärt werden konnte. Lawrence kommt hier seltsamerweise einem Dichter nahe, den er nie gekannt hat – Gerald Manley Hopkins, S.J., der Gottes Ehre in der Vielfalt von einzelnen Individualitäten pries und in »Ingestalten«, welche die Welt scheckten und bunt gestalteten. Ein Dichter muß sich am Besonderen erfreuen. Dieser Umstand nahm Lawrence natürlich gegen die Wissenschaft ein, deren Aufgabe es ist, allgemeine Gesetze aufzustellen. Für Lawrence wie für Hopkins unterschied sich jedes Gänseblümchen von allen anderen Gänseblümchen. Da es die spezielle Fähigkeit des Gehirns ist, lebensverneinende allgemeine Prinzipien zu formulieren, war es nur natürlich, daß Lawrence sich gegen das Gehirn wandte und die Zentren des Denkens und Fühlens im Körper fand. Höchst überzeugend lokalisiert er kraftvolle *élans* unterhalb des Nabels und scheint wenig von der Hirnrinde zu halten, die ihn zu dem Genie machte, das er war, und übrigens auch seinen Lebensunterhalt garantierte.

Lawrence gibt zu:

> Ich bin kein richtiger Archäologe, noch Anthropologe, noch Ethnologe. Ich bin kein ›Gelehrter‹ irgendwelcher Art, aber ich bin den Gelehrten sehr dankbar für ihre gründliche und saubere Arbeit . . ., vom Yoga und von Plato an und von dem Evangelisten Johannes und den frühen griechischen Philosophen, wie Heraklit, bis hinunter zu Frazer und seinem ›Golden Bough‹ und selbst bis Freud und Frobenius. Aber auch da behalte ich nur Winke und gehe den Weg der Intuition. Dies allein schon, lieber Leser, gibt dir die Freiheit, die ganze wortreiche Masse empörenden Unsinns in aller Seelenruhe glatt zu verabschieden.

Das ist alles ziemlich entwaffnend, besonders die Ironie, mit der er die »gründliche und saubere Arbeit« der Gelehrten (der Yoga?, Johannes?) lobt, die er alle nur liest, um sie in Bausch und Bogen zu verwerfen oder willkürlich falsch zu interpretieren. Nachdem er jeden Anspruch auf Gelehrsamkeit von sich gewiesen hat, beginnt er nun, im Vorwort zu *Fantasia*, in nicht gerade zweiflerischen Worten, seine Überzeugung zusammenzufassen, daß es einstmals ein uraltes internationales Wissen gegeben habe, als »die Menschen hin und her zogen, von Atlantis zum polynesischen Kontinent, wie man heute von Europa nach Amerika segelt. Es fand ein reger Austausch statt, und Wissen und Wissenschaft waren universell auf der Erde, die ebenso kosmopolitisch war wie heute.« Bestimmte magische Namen werden angerufen – »Druiden oder Etrusker oder Chaldäer oder Indianer . . .«, die jene alte irrationale Wissenschaft nicht vergessen haben, im Gegenteil, diese »lehrten die alte Weisheit, nur in ihren halbvergessenen, symbolischen Formen. Als Wissen mehr oder weniger vergessen: Erinnert als Ritual, Geste und in den Sagen.«

Einem ausgebildeten Geist mag das als Peinlichkeit erscheinen: Es klingt sogar wie das Raunen über die Dimensionen der Großen

Pyramide oder die Heiligkeit Haile Selassies. Doch Lawrence hat recht, wenn er darauf besteht, daß es einen Weg der Welterfahrung gibt, der moderner Wissenschaft verschlossen ist, und daß die moderne Wissenschaft, welche die Substanzen erklärt, dort nicht sehr effizient ist, wo es um die Beziehungen zwischen Substanz und Erscheinung geht. Man sagt uns und demonstriert es ad oculos, daß Wasser aus zwei Gasen zusammengesetzt ist, doch abstrakte Gasförmigkeit paßt nicht zu konkreter Naßheit. Es ist die alte Geschichte von Noumenon und Phänomenon. Was das Ding an sich auch immer sein mag, wir leben in einem Universum der Phänomene, und die Sonne, welche im Osten aufzugehen scheint, hat seit Urzeiten ihr Licht auf unsere Gehirne (oder Solarplexus) und Sprache geworfen und in uns das Bedürfnis geweckt, die Erscheinung als Wirklichkeit zu nehmen. Die Malayen lokalisieren das Gefühl in der Leber und Europäer im Herzen, und der Kirchenvater Tertullian warnte davor, über die Weisheit volkstümlicher Überlieferungen hinwegzugehen. Unsere Körper sind gleichermaßen mit dem Denken wie mit dem Fühlen verwoben; was Lawrence in diesen beiden seltsamen Büchern wie anderswo zu tun versuchte, war, das Zentralnervensystem mitsamt seiner Begleiterscheinung, dem Intellekt, zu entthronen und alte Ansprüche auf die Gesamtheit des physischen Komplexes wiederzubeleben. Das war eine heilsame Sache.

Aber natürlich auch eine poetische. Die Wissenschaft Bacons und Newtons muß sich sehr vor der Poesie in Acht nehmen, da diese nicht nach der Methode unanfechtbarer Prämissen und dem syllogistischen Erreichen eines notwendigerweise ebenso unanfechtbaren Schlusses vorgeht. Denn selbstverständlich entspringt Poesie, sogar in Prosaform, aus dem äußersten Verlangen, Beziehungen zwischen Elementen herzustellen, die der Erfahrung entstammen, deren logische Grundlage irrationaler Natur ist. Der Abend *liegt* auf dem Himmel wie ein anästhesierter Patient auf dem Operationstisch. Nur weil Prosa das traditionelle Medium rationalen Argumentierens ist, klingen Lawrences Behauptungen in Prosa gelegentlich absurd; und nur deshalb erscheint die einem Gedicht angemessene Intensität schrill und großsprecherisch:

> Du hast zuvörderst und vor allen Dingen einen Solar Plexus, lieber Leser; der Solar Plexus ist ein wichtiges Nervenzentrum, das ungefähr hinter deinem Magen liegt. Man kann mich nicht der Unschicklichkeit oder Unwahrheit zeihen, denn jedes naturwissenschaftliche oder medizinische Buch, welches sich mit dem Nervensystem des menschlichen Körpers beschäftigt, wird es dir ganz offen zeigen. Also winde dich nicht und versuche nicht, geistvoll dreinzuschauen. Denn ob du willst oder nicht, du hast einen Solar Plexus, lieber Leser, neben anderen Dingen . . . Nun, der Solar Plexus, nachsichtigster aller Leser, ist der Punkt, wo du du selbst bist. Es ist dein erstes, stärkstes und wichtigstes Zentrum des Bewußtseins . . . Dort hast du die tiefste und ursprünglichste Bewußtheit deiner selbst. Sag nicht, du hast nicht. Ich weiß, daß du hast. Genausogut könntest du versuchen, die Nase in deinem Gesicht zu leugnen.

Das ist ein tyrannischer Ton, durch die Witzeleien nicht sehr gemäßigt. Doch paßt er häufig gut zu dem ungeschliffenen empirischen Verstand eines Jungen aus Nottinghamshire, der die Welt gesehen und die Probleme des Zusammenlebens mit anderen Menschen erfahren hat:

> Frauen, liebt eure Männer nicht mehr, selbst wenn sie danach schreien, die großen Babys! Sagt: »Genug von der alten Leier«. Und hört auf, sie auch nur das kleinste bißchen zu lieben oder sie »lieb zu haben«: Nicht einmal hassen oder sie ablehnen! Und bloß keine Auseinandersetzungen! Kocht einfach die Eier, bis sie weich sind, und füllt Salz in die Salzfässer und seid nett; und seid allein und still in eurer Seele. Seid allein und seid still und erhaltet euch das bißchen menschliche Anständigkeit und laßt die Unanständigkeiten des Verlangens, des Gutseinwollens und der Ergebenheit, diese scheußlichen Giftgasäpfel vom Sodomsbaum des Liebeswillens.

Mir ist, wie vielen anderen, unbehaglich bei diesem Lawrence, dem

Lehrer aus Croydon, der sich in den Propheten der Polaritäten verwandelt hat. Vermutlich wollte Lawrence Unbehagen verbreiten.

Bevor wir nun den Lawrence der prophetischen Bücher verlassen, will ich ein wenig vorgreifen und ein paar Bemerkungen zu einem späteren Werk anfügen, das erst posthum publiziert wurde, ein kurzes Werk, dessen Titel viele abschreckt, indem er eine höchste heilige Vision ankündigt. *Apocalypse* (APOKALYPSE) bedeutet, wie Lawrence sagt, einfach Offenbarung, und er hat einige vertrauliche, sensible und ziemlich unspektakuläre Offenbarungen anzubieten über die möglicherweise wahre Bedeutung dessen, was der Junge aus Eastwood – »in der Tages- oder der Sonntagsschule, zu Hause oder im Band of Hope oder im Christian Endeavour« – für das am wenigsten attraktive Buch der Bibel hielt. In Wirklichkeit sagt uns Lawrences *Apocalypse*, daß wir alle Teil des Kosmos sind, eines lebenden Wesens, das mit uns kommunizieren würde, stünden dem nicht Wissenschaft und Christentum im Weg, und mit dem wir selbst kommunizieren könnten: »Wir und der Kosmos sind eins. Der Kosmos ist ein großer, lebendiger Körper, und wir sind immer noch seine Teile. Die Sonne ist ein großes Herz, dessen Klopfen bis in unsere kleinsten Adern dringt. Der Mond ist ein großes, glühendes Nervenzentrum, von dem aus wir immer und ewig uns bewegen.« Unglücklicherweise jedoch haben wir, den Kosmos verloren. Die Sonne stärkt uns nicht mehr und auch nicht der Mond.« Die Schuld daran kann man Plato, Aristoteles und Thomas von Aquin zuschreiben.

Denn, so Lawrence, der attische und scholastische Drang, zu dem zu gelangen, was man Wahrheit nannte, führte zu intellektuellen Abstraktionen, es entstand »das nicht-vitale Universum der Kräfte und mechanistischen Ordnung . . . und damit begann das langsame Sterben des wahren Menschen. Dieses langsame Sterben erzeugte Wissenschaft und Technik, die beide Erzeugnisse des Todes sind.« Gut, das aktzeptieren wir vielleicht, aber was hat es mit der bombastischen Sprache und den eigenartigen Bildern des Johannes von Patmos zu tun? Lawrence glaubte – selbstverständlich ohne jeden Beweis –, daß sich das Buch der Offenbarung einer Symbolik bedient, die aus vorchristlichen Kosmogonien abgeleitet ist, nur um diese alten, lebenserhaltenden Systeme zu zerstören: Die christlichen Mystiker waren nicht in der Lage, eine eigene neue Symbolsprache zu schaffen, deshalb nutzten sie brutal aus, was bereits existierte, stellten jedoch die Bedeutungen auf den Kopf. Mehr noch, die kosmische Macht, die in der Symbolik sich ausdrückte, wurde in übler Weise auf eine unerfüllte Gier nach Macht einer ganz anderen Art reduziert. Die Worte der Offenbarung waren, für die Kirchenbesucher in Lawrences Jugend, Ausdruck des Klassenhasses: Die Reichen würden arm werden, und die einfachen Leute würden das Erdreich besitzen. Das Große Babylon muß zu Staub zerfallen, und der knurrende Underdog wird sich von den Ruinen ernähren.

Der antidemokratische – oder antipopulistische – Standpunkt des Buches paßt zu der Philosophie eines Individualisten, der die politische Nivellierung als einen Aspekt der generalisierenden, reduktionistischen Tendenzen einer auf Vernunft gegründeten Zivilisation verstand. Und doch predigt das Buch, in seiner kühlen, vernünftigen Art, nicht die Anarchie: Der Mensch, so behauptet es, findet seine Erfüllung in der Gesellschaft, wenn auch nicht in einer mechanistischen, nivellierten; es gibt ein Bedürfnis nach Herrschaft, eine Erfüllung des Beherrschten in dem Glanz des Herrschers. Gefährliche Worte vielleicht. Wir müssen aber daran denken, daß Lawrence bereits drei Jahre tot war, als Hitler an die Macht kam. Doch das politische Thema sollte man am besten ganz ignorieren: Dieser holistische Schriftsteller kann selten im ganzen geschluckt werden.

Was man sich vor dem Schlucken auf der Zunge zergehen lassen sollte, ist das Manifest am Schluß, das Manifest eines Sterbenden, in dessen Rhetorik nichts Morbides steckt. Es ist natürlich mehr als Rhetorik:

> Was der Mensch am leidenschaftlichsten erstrebt, ist seine lebendige Ganzheit und sein lebendiger Gleichklang, nicht die Einzelrettung seiner Seele. Zuerst und vor allem erstrebt er seine physische Erfüllung, da er einmal und nur einmal im Fleische und stark ist. Lebendigsein ist für den Menschen das große Wunder. Stärkstes, vollkommenstes Lebendigsein ist für

> den Menschen, wie für Blume, Tier und Vogel, höchster Triumph. Mögen die Ungeborenen und Toten wissen, was sie wollen, die Schönheit, das Wunder, im Fleische lebendig zu sein, kennen sie nicht. Mögen die Toten das Jenseits schauen, uns gehört die herrliche Gegenwart des Lebens im Fleische, uns gehört sie für gewisse Zeit. Freudentänze sollten wir tanzen, daß wir leben und im Fleische sind, ein Teil sind des lebendigen, Fleisch gewordenen Kosmos. Ich bin ein Teil der Sonne, wie mein Auge ein Teil ist von mir. Daß ich ein Teil der Erde bin, wissen meine Füße, und mein Blut ist ein Teil des Meeres. Meine Seele weiß, daß ich ein Teil des Menschengeschlechts bin, meine Seele ist ein organischer Teil der großen Menschenseele, wie mein Geist ein Teil meines Volkes ist.

Großmütige letzte Worte für einen Mann, dessen Nation ihn auszuschließen schien. Doch Lawrence akzeptierte den Begriff der Zugehörigkeit in einer Weise, die seine Verleumder nie verstehen wollten. Sein Kummer war, daß der Kosmos und die menschliche Gesellschaft gleichermaßen verarmt waren. Wo waren die wilden Löwen und hochfliegenden Adler? Nur in seinen Gedichten.

11

Ostwärts

Wir befinden uns noch immer im Jahr 1921, einem Jahr beispielloser Hitze und Trockenheit. Auf einer rein meteorologischen Ebene ist es in Eliots *The Waste Land* verewigt. In diesem Jahr hätte Lawrence damit zufrieden sein müssen, im Schatten des Ätna zu bleiben, »wegen der Hitze« im Pyjama durch den Garten zu gehen und Eidechsen und schwarzen Schlangen zu begegnen, aber seine Ruhelosigkeit – teils ein Aspekt seines Temperaments, doch vielleicht hauptsächlich ein Symptom seiner Tuberkulose, von der er nichts wissen wollte – trieb ihn zu Europareisen und zu Träumen von Weltumsegelungen. Er war darüber hinaus höchst reizbar – wegen der Reaktionen auf *Women in Love*, der scheinbaren Abtrünnigkeit der Freunde in England (doch war er es selbst, der sie verstoßen hatte, sogar treue, alte Anhänger wie Edward Garnett), und weil Frieda allein nach Deutschland fuhr, um ihre kranke Mutter zu besuchen und Familienbindungen aufzufrischen. Die Reizbarkeit findet ihren Ausdruck in der Novelle *The Captain's Doll* (DIE HAUPTMANNS-PUPPE), worin ein erfundenes Paar schon bald zu Lawrence und Frieda wird, mit einem Lawrence, der auf alles und jedes schimpft, selbst auf die Berge bei Zell am See: »Ich hasse sie. Ich hasse sie. Ich hasse ihren Schnee und ihr groaßrtiges Getue.« Worauf Frieda mit gespielter Entrüstung reagiert. Die Dinge waren auf die Spitze getrieben, wenn bereits die Alpen Lady Ottolines Affektiertheit annehmen konnten, doch Lawrence war größer als seine eigenen Zornausbrüche, und der Effekt all dieser fiktionalen Wutanfälle ist beinahe immer die Bestätigung des gesunden Verstandes der Frau und männlicher, oder wenigstens laurentianischer Unzurechnungsfähigkeit. Und tatsächlich muß Lawrence fast unzurechnungsfähig gewesen sein, als er Frieda aus der Kühle eines Alpensees riß und nach Florenz verfrachtete – in glühend heißen Zweiter-Klasse-Abteilen von Zügen, denen Mussolini noch nicht beigebracht hatte, nach dem Fahrplan zu verkehren – und weiter nach Rom, Neapel und Capri.

Auf Capri machten sie die Bekanntschaft von Earl H. Brewster und seiner Frau, die später zu Freunden wurden. Brewster, der sieben Jahre älter war als Lawrence und ihn um siebenundzwanzig Jahre überleben sollte, war ein Maler aus Chagrin Falls, Ohio, hatte im Orient gelebt und dachte daran, wieder dort zu leben. Er beschäftigte sich intensiv mit orientalischer Philosophie und Religion, Phänomenen, die eigentlich auch Lawrence, den ewigen Sucher präindustrieller Weisheit, hätten interessieren müssen, doch taten sie das nicht. Die Brewsters blieben gute Freunde von Lawrence, selbst als er sie in der Erzählung »Things« (SACHEN) karikiert hatte. Zu der Zeit bereiteten sie sich darauf vor, nach Ceylon zu gehen, und Lawrence überlegte, ob er mitgehen sollte. Er spielte noch immer mit dem Gedanken, Europa den Rücken zu kehren, wo ihm, wie er meinte, Herz und Seele gebrochen worden waren (doch sicher lag die Schuld allein bei England?). Da erreichte ihn in seiner Villa bei Taormina eine erstaunliche Nachricht.

Die amerikanische Zeitschrift *The Dial*, die zwar keine hohe Auflage, aber einen um so besseren Ruf besaß, hatte im Oktober 1921 begonnen, *Sea and Sardinia* in Fortsetzungen zu veröffentlichen. Eine reiche amerikanische Dame las die erste Folge und war, zu Recht, entzückt. Sie hieß Mrs. Mabel Dodge Luhan (oder Lujan), geboren als Mabel Ganson in Buffalo, New York, war mehrfach verheiratet – obwohl erst zweiundvierzig –, und zwar nacheinander mit Mr. Evans, Mr. Dodge und Mr. Sterne. Sie hatte das mondäne Leben gekostet und es als zu schwach gewürzt empfunden, deshalb war sie nach New Mexico gezogen, in das kleine Städtchen Taos, wo sie versuchte, eine Künstlerkolonie aufzubauen und die eingeborenen Indianer vor den Übergriffen der postkolumbianischen Kultur zu bewahren. Dazu brauchte man ihrer Meinung nach einen ortsansässigen Schriftsteller, der die besonderen Qualitäten von Taos darstellen und der Nachwelt ein getreues und lebendiges Bild überliefern konnte. Es war klug von ihr, sich für Lawrence zu entscheiden, dem sie schrieb und das Angebot unterbreitete, auf Dauer dort zu leben, mietfrei, in einem der Lehmhäuser, die sie errichten ließ. Lawrence antwortete am 5. November 1921, dem Tag der Pulververschwörung:

> Ja, die BK und ich würden wirklich gern nach Taos kommen – kleine Bienen gibt es nicht. Ich denke, es ließe sich machen. Ich denke, ich habe genügend Dollars in Amerika, um bis dort zu kommen. Haben Sie genügend praktische Erfahrung, mir zu sagen, wieviel uns, die BK und mich, der Haushalt monatlich ungefähr kosten würde? Wir sind sehr praktisch veranlagt, machen die gesamte Hausarbeit hier in Taormina selbst, waschen und kochen und reinigen sogar die Böden selbst: Denn ich hasse es, wenn Bedienstete herumlungern. Die vergiften die Atmosphäre. Da wasche ich mein Hemd lieber selbst usw. Und ich tue diese Dinge *gern*. – Zweitens, gibt es dort eine Kolonie mit gräßlichen, herumdilettierenden Kunst-Leuten? Aber auch wenn, schlimmer als in Florenz können sie nicht sein. – Drittens, sind Ihre Indianer im Aussterben begriffen, und ist das sehr traurig?

Da die Welt rund ist (ein Faktum, das Lawrence je nach Laune durchaus bestreiten konnte), war es möglich, nach Osten zu reisen, um nach Westen zu gelangen. Lawrence und die gehorsame Frieda schifften sich am 26. Februar 1922 in Neapel nach Colombo ein. Das Schiff war die *Osterley*, britisch, gut ausgestattet, und Lawrence unterdrückte seinen Puritanismus und genoß das reichliche Essen, den Komfort, das Tanzen und Flirten und die Deckspiele. In Frieda gab es nichts zu unterdrücken. Der Stolz des Briten auf einem britischen Schiff erfaßte ihn, und er wurde zu einem Pfeiler des britischen Weltreiches in Kandy, Ceylon, wo die Brewsters zeitweise lebten. Er entwickelte sogar das Heimweh des Auswanderers – »Ich glaube wirklich, der stärkste Lebensfaden in uns Engländern verbindet uns mit England« – und diese leise Verachtung für östliche

Lebensart (Buddhismus eingeschlossen), die zu einem Jungen aus der Arbeiterklasse gepaßt hätte, der es bis zu einem kleinen Verwaltungsposten in den Kolonien gebracht hat. Während seines Aufenthaltes in Kandy schrieb er ein langes Gedicht über Elefanten, und es verrät mehr über den laurentianischen Machtbegriff als über Dickhäuter mit bösen Augen. Denn der Prince of Wales stattete der Insel einen Besuch ab, und ein zeremonielles Pera-Hera wurde für ihn arrangiert. Lawrence sah ein »bleiches Fragment« eines Prinzen, vor dem sich Elefanten im Fackelschein in einem Selam tief verbeugten, und dachte darüber nach, daß dessen Motto lautete: *Ich dien.* Angenommen, die Elefanten kannten dieses Motto, ebenso wie »die Männer des Dschungels, denen der Schweiß lief und die mit dem seltsamen dunklen Lachen in den Augen zu ihm aufblickten«? Sie wurden alle enttäuscht, sagt Lawrence, denn sie waren gekommen, Königswürde zu sehen, und hatten nichts gefunden als »einen schwächlichen, schüchternen Jungen, dessen Motto ist *ich dien* . . . Knecht des Volkes.« Sie waren gekommen, »zu hören die wiederholte

königliche Anweisung: *Dient Ihr!*
Dient!
Diene, große Rasse der Berge, in Ergebenheit und
Erhabenheit, diene der Königswürde.
Stattdessen nur die stumme, verhängnisvolle Ausstrahlung
dieses bleichen, gebrochenen Jungen dort oben:
Ich dien.«

Hier tritt die Herrschaftsphilosophie zu Tage, welche ihre volle Ausprägung in *Apocalypse* fand. Das britische Empire bot vor seiner Demokratisierung noch immer Platz für einen absolutistischen Herrscher, solange er nach Lawrences Muster geschmiedet oder besser gleich Lawrence selbst war. Der bleiche, gebrochene Junge war ein Affront. Die Totenglocke des Empire sollte in George Orwell läuten, der einen Elefanten erschoß[43] – diese Tat vollzog sich am äußersten Rand der imperialistischen Klasse von Verwaltungsbeamten –, doch der Bergmannssohn aus Nottinghamshire bejahte das Empire als eine Art Gedicht laurentianischer Macht-Mystik. Unglücklicherweise war die Wirklichkeit zuviel für ihn, einen tuberkulösen Mann, der in der immensen feuchten Hitze schwitzte. Und Brewster, der die Unverschämtheit besaß, Pali zu lernen und die Vorzüge des Buddhismus zu verkünden, weigerte sich, ein Blutsbruder, d.h. ein laurentianischer Jünger, zu werden. Also mußte Lawrence weiter, und er zog weiter nach Australien, in dieses demokratischste aller Länder, wo den prinzlichen Diener des Volkes das australische langsame Händeklatschen empfing.

Die Lawrences waren im März 1922 in Colombo angekommen. Bereits Anfang April war Lawrence so weit, den Orient als »idiotisch« abzutun – »Ich kann ihn überhaupt nicht leiden. Ich kann weder diese idiotischen dunklen Leute leiden noch wie sie zu Millionen herumwimmeln, noch ihre häßlichen kleinen Buddhatempel wie verzierte Schweineställe – noch irgend etwas anderes.« So an Mary Cannan. An Mabel Dodge ging er etwas mehr ins Detail:

> Seine knochenlose Lieblichkeit und die schwüle, erstickende Luft tropischer Wälder, und das Metallische der Palmen und der entsetzliche Lärm der Vögel und menschlichen Geschöpfe, die den ganzen lieben langen Tag hämmern und klirren und rasseln und schnattern und sprengen und kleine Maschinen die ganze liebe lange Nacht rattern lassen; und die Gerüche, von denen mir schlecht wird, der andauernde ekelhafte Beigeschmack von Kokosnuß und Kokosfaser und Öl, diese Art von tropischer Süße, die mich an *Untergang* des Blutes denken läßt, heißes Blut und dünner Schweiß: Der Unterton von Blut und Schweiß in den ekelhaften tropischen Früchten; die widerlichen Gesichter und gelben Kleider der buddhistischen Mönche, die kleinen vulgären Buden von Tempeln: Alles das macht für mich Ceylon aus, und all das kann ich nicht ertragen. *Je m'en vais. Me ne vo'*. Ich gehe weg. Ziehe weiter.

Nun, alles was Lawrence über den Fernen Osten sagt, ist in gewissem Maße wahr. Doch gilt es nur für den flüchtigen Besuch. Andererseits, wenn man jahrelang bleibt, wie ich in Malaya, verliert man die Fähigkeit, mit der ungerechten Schärfe des

Neuankömmlings zu sehen, zu hören, zu riechen und zu urteilen. Der Geist eines Ortes teilt sich Lawrence im ersten Moment mit und hat dann, da Lawrence seiner Rastlosigkeit halber weiterziehen muß, keine Chance, abgeschwächt zu werden und in den Hintergrund alltäglichen Lebens abzusinken. Was seinem nächsten Roman, der in Australien spielt, vorgeworfen wurde, ist, daß Lawrence darin eine Kenntnis des Kontinents vorgibt, die er wegen der Kürze seines Aufenthaltes niemals erworben haben konnte. Dieser Vorwurf wird hauptsächlich von australischen Autoren erhoben, denen es nicht gelungen ist, einen ebenso guten Roman wie *Kangaroo* zu produzieren. Besucher wie ich selbst fanden Lawrences Australien magisch und authentisch.

Die Lawrences reisten an Bord der *Orsova* nach Fremantle. Die Seeluft und die Abwesenheit ekelhafter tropischer Früchte besserten seine Laune. Sie wohnten bei Freunden außerhalb von Perth, und hier in Westaustralien lernte Lawrence eine gewisse Maria Louisa Skinner kennen, die geringe literarische Ambitionen hatte und bereits *Letters of a V.A.D.*, einen Bericht über ihr Leben als Krankenschwester im Voluntary Aid Detachment (FREIWILLIGENHILFSKORPS) während des Krieges in Burma und Indien, veröffentlicht hatte. Sie war eine unverheiratete Frau mittleren Alters, die eine Kombination aus Pension und Pflegeheim in Darlington leitete. Dort waren die Lawrences eine Zeitlang zu Gast. Mollie Skinner zeigte Lawrence den Entwurf eines Romans, den er zwar für dilettantisch, aber dennoch vielversprechend hielt. Er wurde zu einer Zusammenarbeit animiert, aus der später *The Boy in the Bush* (JACK IM BUSCHLAND) resultierte. Daß er bereit war, die Titelseite mit einem anderen Autor, und dazu einem äußerst unbedeutenden, zu teilen, hat einige Kritiker in Verlegenheit gebracht; da zudem keine Unterlagen zu finden waren, wie die Arbeit aufgeteilt wurde, hielten sie es für sicherer, den Roman ganz zu ignorieren. Auf dem europäischen Kontinent bringen Verleger ihn schamlos als Lawrences eigenes Werk heraus. In Anglophonien hat man da mehr Skrupel, doch wüßten die Laurentianer gerne genau, was Miss Skinners Anteil an dem Werk ist, denn der ursprüngliche Entwurf ist offenbar verschwunden.

Wie der bekannte Lawrence-Forscher Harry T. Moore darlegt, war Lawrence einer Zusammenarbeit nie abgeneigt. Er hatte sich selbst und Jessie Chambers für Koautoren sowohl von Poesie wie von erzählender Prosa gehalten, er benutzte tatsächlich ein Manuskript seiner Freundin Helen Corke, als er *The Trespasser* schrieb, und später in New Mexico sollte er Mrs. Luhan vorschlagen, mit ihm gemeinsam einen Roman zu verfassen, und nur Friedas Widerstand, dessen Gründe an gegebener Stelle zu untersuchen sein werden, brachte das Unternehmen zum Scheitern. Wahrscheinlich hatte sein Wunsch, an *The Boy in the Bush* (ein Titel, der bereits für einen australischen Roman aus dem Jahr 1869 benutzt worden war, sich jedoch seiner Meinung nach besser eignete als der von Mollie Skinner vorgeschlagene *The House of Ellis*) mitzuarbeiten, viel mit der Faszination zu tun, die Westaustralien auf ihn ausübte. Miss Skinner kannte die Fakten und die Geschichte, aber er, Lawrence, glaubte, den Geist dieser Region beim ersten Kennenlernen bereits eingefangen zu haben. Man kann keinen Roman aus dem Geist allein machen; er brauchte das Skelett und Fleisch von Skinner. Das Werk erschien wesentlich später als sein Solounternehmen *Kangaroo*, aber es gibt mehrere Gründe, es schon jetzt kurz zu betrachten: Vom laurentianischen Aspekt her gesehen, baut es auf seinen ersten Kontakten mit Australien auf (*Kangaroo* spielt in New South Wales: Er hatte Zeit gehabt, das Land und seine Bewohner ein wenig zu verdauen); es hat sicher der Vorbereitung auf *Kangaroo* gedient und muß als Vorspiel zu diesem betrachtet werden; wie *The Lost Girl* muß man es als Pflichtlektüre hinnehmen und froh sein, wenn man es hinter sich hat.

Nein, das ist vielleicht ungerecht. Es ist bei weitem kein mittelmäßiger Roman: Das Problem liegt darin, daß wir irritiert sind angesichts der un-laurentianischen Natur des Themas (bei der Ausgestaltung ist es eine andere Sache). Er gehört dem Genre an, welches man Bildungsroman nennt, und Lawrence übernimmt von Mollie Skinner einen Auszubildenden, der mit ihm selbst wenig gemein hat: Mit anderen Worten, Lawrence hat in uns ein Interesse am laurentianischen Menschen geweckt, und hier finden wir nur einen Jungen vor, der sich außerhalb des Gebietes von Lawrences

Sturm und Drang bewegt. »Er ging an Land, fromm wie ein Lamm.« Einer seiner fesselndsten Anfänge, und der Gegensatz zwischen Erscheinung und Wirklichkeit wird, mit der Effizienz des professionellen Schriftstellers, in ein paar Zeilen vermittelt: »Fern sei es von mir, zu sagen, daß er das Lamm war, dem er glich. Warum hätte man ihn dann von England weggeschickt? Aber ein hübscher Bursch war er mit dunklen blauen Augen und mädchenhaften Farben; nur sein Benehmen war ein bißchen zu lammfromm, um überzeugend zu sein.« Der Bursch ist Jack Grant, noch nicht ganz achtzehn, Sohn eines englischen Armeeoffiziers, und die Mutter »war eine hübsche, reife Australierin mit warmen Farben und weichem Fleisch, auf humoristische, nicht unterstrichene Art vollkommen gütig, von fröhlicher Sinnlichkeit durchwärmt und gut auf eine böse Art.« Dies klingt, über ein Jahrhundert nach der Handlungszeit des Romans, wie eine typische laurentianische Schilderung des Australiers weiblicher Gattung: Oder ist es Mollie Skinners Skizze? Diese Suche nach authentischem Lawrence kann ärgerlich werden, als Prüfung der eigenen literarischen Wahrnehmung – eine freche und unverlangte Dreingabe ohne Aufpreis. Jack hat sich in England nicht gut benommen und wurde für ein Jahr in die Heimat seiner Mutter geschickt, um dort landwirtschaftliche Grundkenntnisse zu erwerben, in einer australischen Familie zu leben und einen gewissen Zug ungerechtfertigten Hochmuts abzustreifen. Die Handlung ist ziemlich simpel. Jack lebt bei der Familie Ellis, lernt reiten (ein wenig zu schnell, wie australische Kritiker meinen, doch Lawrence scheint seine eigenen reiterlichen Fähigkeiten, die er in Taos – wo das Buch geschrieben oder umgeschrieben wurde – rasch erworben hatte, auf seinen und Miss Skinners Helden übertragen zu haben), verliebt sich, schlägt sich mit einem Nebenbuhler, jagt Känguruhs, heiratet, wird Vater, wird Australier, bleibt dort.

Dies ist ohne Zweifel Lawrence:

Es war Frühling in Westaustralien, ein Wunder zarter Bläue, zerbrechlicher, unirdischer Schönheit. Die Erde war voller seltsamer Blumen, Sterne, Nadeln, Federn, blauen, weißen, scharlachfarbenen, eine ganze Welt neuer Blumen. Als sei

man in einem neuen Paradies, aus dem der Mensch noch nicht vertrieben ist.
Die Bäume im Morgengrauen so geisterhaft leise; der Duft der blühenden Eukalyptusbäume, der Geruch der brennenden Eukalyptuszweige und -blätter im Lagerfeuer; niederhängende Blüten, vom Tau beschwert; der Busch nach dem Regen; der bittersüße Duft des frisch gefällten Holzes.
Und die Töne! Elstern riefen, Papageien schwatzten, fremde Vögel flatterten in der wiedergekehrten Stille. Dann Känguruhs, die sich aus der zarten paradiesischen Ferne einander zuriefen. Und das »Zirp« der Grillen in der Tageshitze. Und der Laut der Äxte, der Menschenstimmen, das Krachen der gefällten Bäume. Das fremdartige, schlürfende Sprechen der Schwarzen. Die geheimnisvolle Nacht, wie sie um das Lagerfeuer aufstieg.

Doch wenn wir fundierte Beschreibungen von Flechtwerk, Sandelholz, von Karri und Dscharrah, der Technik des Hausbaues und des gesamten Lebens im Busch (den Lawrence niemals besucht hat) erhalten, wissen wir, woher solche Informationen stammen. Lawrence hatte einfach nicht die Zeit, sich dieses ganze Wissen über das »Outback«, den australischen Busch, anzueignen.

Man könnte sagen, daß eben gerade zuviel Fachwissen über das Outback darin enthalten sei, verschwenderisch vorgeführt mit der Freigebigkeit eines Schriftstellers, der es von einem anderen Schriftsteller gestohlen hat (doch so geht es bei einer ganzen Menge guter Romane: Man borgt, ohne sich um die Konvention schriftlicher Danksagungen zu kümmern). Jedenfalls müssen wir alles über Jacks Lehrzeit erfahren, von der Bienenzucht bis hin zu Faustkämpfen. Mit Verliebtheit in der Mitte. Das scheint Lawrence zu sein:

»Küsse mich!« flüsterte sie mit dem verschwiegensten Flüstern, das er je gehört. »Küsse mich!«
Er wandte sich wieder im Kampf des Nichtwollens. Aber wie hypnotisiert wandte er das Gesicht und küßte sie auf den Mund. Den ersten Kuß seines Lebens. Sie schien ihn

festzuhalten. Und die wilde, feurige Pein der Lust, die mit diesem Kuß kam, jagte seine sich in Qual empörende Seele zur Hölle. Niemals hatte er das gewollt: so preisgegeben sein, so von den schwarzen Händen dieses Schicksals gebändigt sein. Aber gebändigt war er, und seine Seele schien ihn im Schmerz und der Besessenheit dieses Verlangens, gegen das er sich so wild aufgelehnt, zu verlassen.

Monika ist es, die da geküßt zu werden verlangt, und Monika heiratet er. Sie ist eine der Ellis-Töchter, und man kann in der Familie Ellis die Antipoden der Chambers-Familie des Haggs-Hofes sehen, mit einem jungen Lawrence, der im Outback geläutert wurde und einer stärkeren Jessie schließlich nachgibt. Doch die Ellis' sind einzig und allein Mollie Skinners Werk, und ebenso der rote Easu (merkwürdige Schreibweise), der Jacks Nebenbuhler ist. Der Kampf zwischen den beiden zeigt jene gekonnte Darstellung physischer Gewalt, die Lawrence, der es im wirklichen Leben bei Gebrüll und Tellerwerfen bewenden ließ, als Katharsis einsetzt, besonders in den späteren Romanen. Der Kampf mit Dawes in *Sons and Lovers* ist harmlos im Vergleich mit den brutalen Faustschlägen hier:

Er sprang und stürzte auf seinen keuchenden, schluckenden Gegner und wirbelte seine Arme wie Kolbenstangen. Jack entschlüpfte dem Propellerwirbel, stolperte aber über einen der großen, als Falle vorgestellten Füße. Easu traf, als Jack fiel, und schwang einen krachenden Linkshänder auf den sinkenden, ungeschützten Kopf. Und als Jack lag, trat er auf den hingesunkenen Körper ein, in einem Orgasmus besinnungsloser Wut ...
Vollkommen blind vor Wut und Haß starrte Easu höllisch, ohne zu sehen ... Er war bewußtlos vor Wut wie eine furchtbare Kreatur, kein Mensch.

In *Kangaroo* und *The Plumed Serpent* ist die Gewalt in die politische Arena verlegt. Wer bedenkt, daß Lawrence 1922 bereits impotent war, mag nachdenklich werden bei dem Ausdruck »Orgasmus besinnungsloser Wut«, welcher sich so merkwürdig ausnimmt in einem Roman, der im Jahr 1882 spielt.

Lawrence hatte genug mit seinem eigenen Schreiben zu tun. Weshalb hielt er es für lohnenswert, Mollie Skinners Manuskript zu übernehmen und diesen rätselhaften Zwitter zu produzieren? Es genügt nicht, zu sagen, wie er es tat, daß dem Roman, so wie sie ihn geschrieben hatte, die psychologische Wahrheit fehlte und daß Jacks Charakter voller entwickelt werden mußte. Mir scheint, daß er einem Drang nachgab, den viele englische Autoren verspüren, wenn sie Australien besuchen: Daß hier ein ganzer Kontinent liegt, der auf seine literarische Erschließung wartet, und daß es innerhalb dieser spießigen Kultur niemanden gibt, dem das gelingen wird (der Standard der australischen Literatur war zu Lawrences Zeit äußerst niedrig: Banjo Patterson hatte noch eine lange Zeit vor sich, bevor er von Patrick White verdrängt wurde). Der britische Besucher wird den Aussies schon zeigen, wie man das macht. *Kangaroo* ist Lawrences eigentlicher Australien-Roman, doch er ist ein Roman über Frieda und ihn selbst, bloße Besucher. *The Boy in the Bush* ist sozusagen von innen geschrieben, und es prangt der Name einer australischen Dame auf dem Titel, um das zu beweisen. Es ist ein Beweis für die Tatsache, daß Lawrence den schönen, aufregenden Kontinent – oder zumindest das, was er davon sah – ziemlich ernst nahm.

Ein bemerkenswertes Gedicht resultierte aus dem kurzen Aufenthalt. Niemand hat je ein Känguruh so gut beschrieben wie Lawrence, und niemand hat – mit dem riskanten oder dreisten Vertrauen auf die eigene Intuition, das ihm stets eignete – die Beziehung zwischen dem Tier und seinem Land überzeugender erfühlt:

In the northern hemisphere
Life seems to leap at the air, or skim under the wind
Like stags on rocky ground, or pawing horses, or springy
scut-tailed rabbits.
. . . But the yellow antipodal Kangaroo, when she sits up,
Who can unseat her, like a liquid drop that is heavy, and
just touches earth.

The downward drip
The down-urge,
So much denser than cold-blooded frogs.

In der nördlichen Hemisphäre
Scheint Leben die Luft anzuspringen oder unter dem Wind herzujagen
Wie Hirsche auf felsigem Grund oder stampfende Pferde oder geschmeidige stummelschwänzige Kaninchen.
. . . Doch das gelbe antipodische Känguruh – wenn es sich aufsetzt,
Wer kann es umwerfen, wie ein schwerer Tropfen Flüssigkeit, der gerade die Erde berührt.
Das Herabtropfen
Der Drang hinab,
So viel schwer-fälliger als wechselwarme Frösche.

Und die riesige »Senkblei-schwere« Kreatur, mit ihrem »schönen, schlanken Gesicht«, hat Augen »groß und ruhig und entrückt, die so oft den leeren Tagesanbruch im lautlosen Australien geschaut«. Das klingt wahrhaftig, wir sind überzeugt, daß es wahr ist, es muß wahr sein. Aber Lawrence selbst hat dieses lautlose Australien nicht einmal gesehen; selbst jetzt ist er nur im Zoo von Sidney und füttert die reizenden, rätselhaften Beuteltiere mit Pfefferminzbonbons.

Die Lawrences blieben nur vierzehn Tage in Westaustralien; dann reisten sie an Bord der RMS *Malwa* nach Sydney. Sydney bewunderte er – »eine große schöne Stadt, halb wie London, halb wie Amerika« (das er noch nicht gesehen hatte), doch war es ihnen dort zu teuer, so daß sie nicht bleiben konnten. (Bleiben? Waren sie nicht eigentlich auf dem Weg nach Mexiko?) Sie mieteten ein kleines Haus etwa fünfzig Kilometer südlich von Sydney, an der Küste, wo Frieda über »*Den großen oder stillen Ozean*« schwärmen konnte, wie die Heldin von Webers *Oberon* (Lawrence schreibt an die Baronin, seine Schwiegermutter, deshalb auch die Kilometer). Das Haus trug einen dieser deprimierend witzigen Namen, die der australischen Seele so teuer sind – nicht Avarest oder Easystreet, aber Wyewurk.

Lawrence fand es zu schmutzig für seine puritanische Seele, also schrubbte er, bis die Böden aus Dscharrahholz glänzten. Die Stadt, Thirroul, lag in einem Kohlenrevier mit fruchtbarem Farmland ringsum: Lawrence war weit gereist, um nach Hause zu kommen. Trotz seiner Gedanken über gesellschaftliche Hierarchie billigte er die lockere demokratische Haltung der Leute, doch keiner von beiden gewann Freunde. Sie waren völlig allein in einer Gegend, die sowohl er wie Frieda als einen Garten Eden empfanden. Lawrence verliebte sich in den australischen Himmel, die Landschaft, das Meer, aber wie *The Boy in the Bush* fand er, daß »die wilde, feurige Pein der Lust . . . seine sich in Qual empörende Seele zur Hölle« jagte. Er gab nicht nach. Er blieb lange genug, um, in großer Eile, den seltsamsten, jedoch in mancher Beziehung überzeugendsten Roman seiner gesamten Laufbahn zu schreiben. Dann brachen Frieda und er wieder auf – weiter nach Osten, um in den Westen zu gelangen. Werfen wir nun einen Blick auf *Kangaroo*.

12

Ein komisch aussehender Kerl

Negative Kritiken zu *Kangaroo* stützen sich zumeist auf die Unklarheit des Buches, das den Anschein einer Improvisation erweckt (die es auch ist – es wurde innerhalb von fünf Wochen heruntergeschrieben), und auf die Nachlässigkeit in Sprache und Aufbau. Es steckt voller Belanglosigkeiten, welche die Handlung aufhalten, es entzieht sich seinen erzählerischen Pflichten, um ungehemmt zu predigen, es ist eine Art literarischer Kramladen. Doch die Formlosigkeit trägt zu dem Eindruck von Leben bei, Leben, das unentwegt brodelt und gärt, und die Rückblenden und Schimpftiraden bestätigen gerade die Authentizität von Lawrences Australien. Wenn er die Muße hat, über ganz andere Dinge als Australien nachzudenken, wie Reminiszenzen an das Cornwall der Kriegsjahre und ziemlich exakte Reproduktionen von Auseinandersetzungen mit Frieda beweisen, dann ist er nicht mehr nur Tourist: Er hat sich wirklich in diesem halsstarrigen, überreichen Kontinent eingerichtet. Das ist zwar eine künstlerische Vorspiegelung – die Lawrences bezogen Wyewurk in Thirroul am 28. Mai 1922 und hatten Ende Juli das Land bereits wieder verlassen –, doch funktioniert sie bestens. Es ist ein wirklich australischer Roman, was die genaue Beobachtung der Menschen und des Landes angeht; die Handlung, in der es um Politik und Macht und Loyalität und Verrat geht, ist eine höchst europäische, die einem antipodischen Stamm einfach aufgepfropft wurde. Was Lawrence da als mögliche australische Geschichte vorführt, der Aufstieg einer faschistischen Partei in diesem bis an die Grenze zur Anarchie demokratischen Land ist ausschließlich als Phantasie annehmbar. Doch die in diese unmögliche politische

Bewegung verstrickten Figuren sind so glaubhaft, daß wir geneigt sind zu glauben und Lawrence gar prophetische Kräfte zuzugestehen: Es ist zwar noch nicht geschehen, aber eines Tages könnte es eintreten.

Die Lebendigkeit der Figuren ist um so erstaunlicher, wenn wir bedenken, daß Lawrence und Frieda keinerlei soziale Kontakte während ihres Aufenthaltes in Thirroul hatten. Die Australier dieser Geschichte stammen offenbar von Bekanntschaften ab, die sie während ihrer Schiffsreisen zuerst nach Osten und dann nach Süden machten. Die Hauptfigur, Ben Cooley, jener »Kangaroo«, der Führer der autoritären Diggers-Partei, basiert teilweise, so wird behauptet, auf Dr. David Eder, einem der ersten Vertreter der Freudschen Lehre in England, der vermutlich daran schuld war, daß *Sons and Lovers* als eine Art freudianischer Literatur gepriesen wurde. Als Sympathisant von Lawrences utopischen Projekten bot er dem Propheten und seinen Jüngern Land in Südamerika an. Er war Jude, wie Ben Cooley im Roman, und Lawrence übernahm Züge seiner äußeren Erscheinung. Da der Autor seit *Women in Love* jedoch große Angst vor Schadensersatzforderungen hatte, stritt er jede Ähnlichkeit mit irgendwelchen realen Persönlichkeiten entschieden ab. Es spielt zwar keine Rolle, doch ist Kangaroo so kraftvoll gezeichnet, daß Leser leicht in Versuchung geraten, nach einem realen Gegenstück zu suchen. Das passiert Romanautoren häufig, und es ist nicht gerade die willkommenste Würdigung ihrer Kunst.

Zwei auf den ersten Blick erkennbare reale Personen sind Frieda und ihr Gatte, die, mit australischen Augen gesehen, gleich auf der ersten Seite auftauchen. Frieda erscheint als eine »reife, hübsche Frau mit frischem Gesicht, die vielleicht Russin war«. Lawrence ist »ein schmächtiger Mann mit bleichem Gesicht und dunklem Bart« und »einem abwesenden Ausdruck von Selbstbezogenheit«. Er ist, findet ein Handwerker aus Sydney, »ein komisch aussehender Kerl! Womöglich ein Roter.« Der rotbärtige Lawrence, der gar nicht so schmächtig war, wird zum Prototyp des europäischen Intellektuellen umgemodelt, der neue Ideen in ein Land einschleppt, in dem Ideen Bomben sind. Er ist ein Theoretiker, ein Denker, kein Dichter oder Romancier. Sein Name ist Richard Lovat Somers, und seine

Frau heißt Harriet. Auf Lawrences gewinnende Art werden diese beim Leser eingeführt und in einen Bungalow namens Torestin – ohne jede Hast, ohne die Andeutung einer einsetzenden Handlung. Wahrscheinlich hatte Lawrence gar kein Handlungsgerüst. Seitenlang begnügt er sich mit Aufzeichnungen über Lebensmittelpreise, die Flora, den Nachthimmel:

> . . . Droben neigte sich die wunderbare südliche Milchstraße beunruhigend nach Süden, statt den Zenit zu queren; die riesigen Myriaden schwärmender Sterne, die sich entlang der Milchstraße zusammenballen, am Südhimmel, und die Milchstraße selbst lehnte sich stark nach Süden, so daß man sich ganz nach einer Seite verschoben fühlt, wenn man sie betrachtet; der nächtliche Südhimmel, mit dieser schwärmenden Milchstraße, die ganz buschig wirkt vor lauter Sternen und dennoch schwarze Zwischenräume hat, Löcher in der weißen Sternenstraße, während dunstige Flecken von Sternennebel abgetrennt, wie Dampfwolken, im Dunkel an den Seiten treiben, weg von der Straße; der herrliche Nachthimmel des Südens, der den Menschen sich so allein, so fremd fühlen läßt: Orion steht im Westen auf dem Kopf und sein Schwertgehänge ebenfalls, und sein Hundsstern prangt mitten am Himmel, hoch über ihm; und das Kreuz des Südens ist fast unkenntlich unter die anderen Sterne gemengt, demokratisch unauffällig . . .

Dieses »demokratisch« bereitet uns auf das politische Thema des Romans vor. Oder, um es anders zu sagen, auf das Thema ›Macht, denn allein dieses Thema hält die disparaten Bestandteile des Buches zusammen. Es ist die bösartige Macht des britischen Staates während des Krieges, die jenes lange Kapitel namens »Alptraum« rechtfertigt, mit der totalen Vergegenwärtigung von Lawrences Leiden in Cornwall, und das darauf folgende – »'Rache!' ruft Timotheus« –, in dem es darum geht, eine Art Lebensprogramm aus der »Ansammlung von schwarzer Wut und Furcht, wie erstarrte Lava, die in seiner Seele harrt« zu pressen. Und was ist das Programm? Lawrence erinnert sich an seine Arbeit an dem Geschichtsbuch: »Wenn ein Mann der wahren Inspiration durch eine neue, lebendige Idee folgt, so ist er der willfährige Mann, den die Geschicke leiten: Wie Paulus oder Papst Hildebrand oder Martin Luther oder Cromwell.« Doch ist die Idee einmal tot, wird auch der Mann, der ihr folgt, vom Geschick vernichtet – »wie Kaiser Wilhelm oder Präsident Wilson.« Das Progamm scheint ausschließlich Vergeltung zu sein, Rache an der zerstörerischen Vergangenheit. Solange diese in der Seele des Individuums, das heißt der Seele von Lovat-Lawrence, virulent ist. Der rachedurstige Mob, der in Faschismus oder Kommunismus sein Sprachrohr findet, ist anders – »das schrecklichste aller Wesen.« Von den acht Seligpreisungen hat allein »Selig sind, die reinen Herzens sind« Gültigkeit, jedoch nur, wenn »die reinen Herzens diejenigen sind, die vor dem dunklen Gott erbeben, vor dem Lockruf der Frau und dem Lockruf des Mannes. Die reinen Herzens sind die Lauschenden und die Antwortenden.« Das Kapitel mit Erinnerungen aus der Kriegszeit und die lange, verworrene Reflexion über die menschliche, oder laurentianische, Seele und ihre Bestimmung lenken nicht wirklich von der Erzählung ab: Sie sind da, um zu erklären, weshalb Lovat-Lawrence in Australien ist. Die Welt muß auf den Kopf gestellt und das Blut des Autors-Erzählers von der Atmosphäre eines Großbritannien, das nicht ganz britisch ist, durchgeschüttelt werden.

Was den »Lockruf der Frau« angeht, so ist er ein Trompetensignal zur Schlacht. Oder vielmehr eine Einladung zu Sturm, Seekrankheit und möglichem Schiffbruch, denn Lawrence präsentiert Friedas und seine Ehefahrt unter dem Aspekt: Wer wird Kapitän des stolzen Schiffes *Harriet und Lovat*. Er tut dies auf ziemlich merkwürdige Art und nicht ohne hintergründigen Humor:

> »Wir werden ein perfektes Gespann sein: Du weißt, wie ich dich liebe,« sagte Harriet, von dem stolzen Schiff *Harriet und Lovat*.
>
> »Niemals«, sagte Lovat, von demselben Schiff. »Ich werde Herr und Meister sein, aber, ach, solch ein wundervoller Herr und Meister, daß es ein Segen für dich sein wird, zu mir zu

gehören. Schau, ich habe eine neue Flagge genäht.«
Sie sah die Flagge nicht einmal an.
»Du!« rief sie aus. »Du ein Herr und Meister! Weißt du denn nicht, daß ich dich liebe, wie noch kein Mann geliebt worden ist? Du als Herr und Meister! Pah! So siehst du aus. Laß dir sagen, daß ich dich viel, viel mehr liebe, als du je geliebt zu werden verdienst, und das solltest du anerkennen.«

Harriet mag das Wappen der neuen Flagge nicht, dasjenige der Gesamtausgabe von Lawrences Werken – ein Phönix, der sich von seinem Flammennest erhebt. Wenn er der Vogel ist, sagt Lovat, ist Harriet das Nest, doch sie verschmäht ihre Rolle als Hausbesorgerin, Feuerbewahrerin und Mutter. »›Herr Dionysos und Herr Hermes und Herr Gernegroß. Ich muß dir eines sagen. Ohne *mich* wärest du nirgendwo, wärst du gar nichts, wärst du nicht *so* viel, und dabei schnippte sie mit den Fingern unter seiner Nase, eine Geste, die er besonders verabscheute.« Lovat schlägt nun eine andere Flagge und ein neues Schiff vor – die Fregatte *Hermes*, »deren Name noch denselben Bezug enthält – *Her*, wie Harriet, und *me*, lateinisch mich –, doch eine umfassendere Bedeutung hat.« Worauf Harriet mit Sprachlosigkeit antwortet, gefolgt von: »Du spinnst.«

Zumindest erkennt Lovat-Lawrence seinen Wahnsinn. »Er ein Herr und Meister! Wo er nicht einmal Herr und Meister seines täglichen Brotes war; nächstes Jahr könnten sie beide verhungern.« Nur zu wahr, wie das Geständnis, daß gerade seine völlige Abhängigkeit von ihr der Grund für seine Pose arroganter Überlegenheit ist.

»Er *wollte* männlich und einzigartig sein, wie die Mißgeburt eines Phönix. Und dann zu Treffen mit Männern wie Jack Callcott und Kangaroo stolzieren und die Welt retten. Sie konnte diese Welterretter nicht ausstehen. Und sie, sie mußte brav dableiben, als Nest für ihn, wenn er mit zerrupften Federn nach Hause kam. Das war es. Damit er in seiner Vorstellung der absolute und arrogante Gipfel von allem sein konnte, würde er sich selbst in ein Nest verwandeln und auf ihr

> sitzen, sie gänzlich übersehen und wie der einzige Phönix in der Wüste Heilsgesänge krächzen.«

Das ist gut gesagt, und zwar gerade von demjenigen, der, so dürfen wir annehmen, am liebsten gar nicht davon angefangen hätte. Doch in diesem Ehekapitel akzeptiert Lovat-Lawrence, den die leichtlebige australische Umgebung vom hohen Roß (oder aus dem hohen Nest) geholt hat, die Dynamik der Ehe, die ein Spiegel der Dynamik seiner eigenen Seele ist. Die Energie fließt eher ins Wollen denn ins Tun. Darin liegt eine Dialektik, doch führt sie nirgends hin. Diese Erkenntnis bestimmt letztlich Lovats Negativität auf dem Felde erfundener australischer Politik.

Der Jack Callcott aus Harriets innerem Monolog – oder Lovats exakter Vorstellung dieses Monologs – ist ein Nachbar der Somers'. Er und seine Frau sind sehr überzeugend gezeichnet; Victoria kommt zum Tee »in einem blassen Tüllkleid in blassem Rosa mit kleinen goldenen Tupfen – ein Kleid für eine Teegesellschaft –, das braune Haar war zu einem lockeren Knoten hochgesteckt und hing mit unschuldiger Raffinesse ein wenig unordentlich in ihre weibliche Stirn. Sie sah reizend aus. Ihre Wangen glühten, sie war aufgeregt und wirkte ein wenig linkisch.« Sie ist der Inbegriff australischer Weiblichkeit, fühlt sich hingezogen zu dem komisch aussehenden Kerl, der europäische Kultur und Geheimnisse ausstrahlt, und ihr ländlicher Charme bringt für Lovat-Lawrence die gemütlichen Nachmittagstees in Eastwood zurück, und Harriet-Frieda verwandelt sich in die Mutter, Expertin für Schweinebraten mit brauner Kruste. Lawrence zieht in die untere Mittelschicht Australiens mit geradezu unverschämtem Selbstvertrauen ein. Jack Callcott hingegen, der im Krieg in Europa war, möchte, politisch gesehen, daraus ausziehen. Es bildet sich eine Verschwörung, um Australien eine Art von Autokratie aufzuzwingen. Jack sagt:

> »Wofür ist ein Menschenleben überhaupt gut? Soll man es wie verfaulte Birnen in einem Regal aufheben, damit es irgendwann zu einem rosa Kanarienvogel oder so etwas fault? . . . Was wir in Australien wollen, . . . ist kein Staatsmann, noch

> nicht. Es ist ein Trupp Jungs mit Courage, die gehorchen, wenn sie einen finden, der die Befehle gibt.«

Jack erkennt in Lovat eine Qualität, die das neue Australien braucht: Er ist kein unbeleckter englischer Neuankömmling, sondern (ein seltsames Bild, wenn wir uns daran erinnern, wie Lawrence Frieda nannte) »eine Art Bienenkönigin für ein Bienenvolk.« Er repräsentiert das intellektuelle Element, welches die blinde männliche Energie der Bewegung zügeln wird. So werden wir zu Lovats erster Begegnung mit Ben Cooley hingeführt, einem Intellektuellen wie er selbst, doch begabt mit den positiven Überzeugungen und dem Charisma eines Führers, die Lovat bei sich vermißt. Auch Cooley sieht komisch aus, doch das Bizarre seiner Erscheinung verleiht ihm mythologische Züge. Er ist der erste australische Mythos (wenn wir Ned Kelly ausnehmen, dessen Name in seinem anklingt); er wird nicht nur Kangaroo genannt, er ist ein Känguruh:

> Sein Gesicht war lang und schmal und herabhängend, mit eng zusammenliegenden Augen hinter einem Kneifer; sein Körper wirkte massig, aber fest. Er war ein Mann um die vierzig, doch schwer zu schätzen, von dunkler Hautfarbe, mit kurzgeschnittenem dunklem Haar und einem kleinen Kopf, den er auf seinem breiten, aber fein gegliederten Rumpf weit vorgestreckt trug. Er ging vornübergebeugt, und seine Hände schienen nicht richtig zu ihm zu gehören. Doch war sein Händedruck fest. Er war ziemlich groß, doch seine Art, den Kopf herabhängen zu lassen, und die gebeugten Schultern ließen ihn kleiner erscheinen. Er schien nicht viel größer als Somers zu sein, zu dem hin die feine Spitze seiner langen Nase sich zu neigen schien; sich über ihn beugend, musterte er ihn scharf durch seine Augengläser und kam ihm dabei mit der Front seines Bauches nahe.

Lovat fühlt sich von diesem Beuteltier-Bauch angezogen und, da er Lawrence ist, gleichzeitig abgestoßen. Es ist, sagt Cooley, »ein Beutel, um das junge Australien darin zu tragen«; es ist ein Schoß und kein Schoß; Lovat fürchtet sich fast, hineingesteckt und eine Art Joey, ein junges Känguruh, zu werden; er hat sich von Mutter England freigemacht und läuft nun Gefahr, hier unten in eine bizarre Sohnesbeziehung zu geraten. Was will Kangaroo von Lovat? Freundschaft, Loyalität, *Blutsbrüderschaft*? Das Blatt hat sich sozusagen gewendet: Kangaroo hat die Rolle Lawrences übernommen, und Lawrence ist in der Rolle Murrys äußerst verwirrt. Kangaroo besteht ganz aus Gefühl, er liebt, er will geliebt werden; Lovat's Name sieht komisch aus, denn er enthält, was sein Besitzer nicht zu geben bereit ist.

Lawrences politische Einsichten sind präzise. Somers ist eine Art Autorität auf politischem Gebiet: Er hat ein Buch über Demokratie geschrieben, und Willie Struthers, Führer der Sozialisten, hat es gelesen. Die beiden Männer begegnen sich, und Lovat offenbart, woher Lawrence sein Wissen über aktive Nachkriegspolitik hat: aus Italien, wo »die Faschisten, als sie merkten, daß die Sozialisten eine Heidenangst hatten, aufstanden und ihnen das Fell gerbten.« Wird der australische Sozialismus funktionieren? Alles hängt von Vertrauen ab, und das bedeutet Liebe. Liebe unter den Genossen, was man in Australien »mateship«, also etwa Kameradschaft, nennt. Der absonderliche Lovat-Lawrence denkt darüber folgendermaßen: »Liebe ist das Wichtigste zwischen den Menschen, Männern und Frauen, Männern und Männern, Frauen und Frauen, wenn es Liebe ist, wenn es klappt. Beginnt die menschliche Liebe jedoch, Individuen aneinanderzuketten, fordert sie nur Unheil heraus.« So wird Liebe zum Thema des Buches, ebenso wie Macht, doch gibt es wirklich einen Unterschied zwischen beiden? Es spielen drei Arten von Liebe eine Rolle – die Loyalität von unten nach oben, was auf die Diggers zutrifft; die gleichrangige Liebe unter Kameraden und Arbeitern; die Liebe unter Eheleuten, die gleichzeitig erhält und zerstört. »Doch menschliche Liebe ohne göttliche Passion tötet stets gerade das, was sie liebt.« Liebe braucht ein Absolutes, und dieses ist »der große dunkle Gott, der allein uns in unserer Liebe zueinander erhalten wird. Bis dahin spielt man am besten nicht mit noch mehr Feuer.« Man versuche, das den Diggers oder Willie Struthers' Partei zu erklären. Struthers hat keine Verwendung für den »ersten, dunklen ithyphallischen Gott, den die Menschen einst als so furchtbar kannten.« Mit anderen Worten, Politiker werden dem Propheten Lawrence nicht folgen. Der Arbeitersohn wird den Arbeitern nicht helfen. Hilft er Kangaroo?

Kaum. Er ruft aus:

> »Was hat es für einen Sinn, wenn Menschen Gott sein wollen? Sie sind Jude, und Sie müssen Jehova sein oder nichts. Wir sind Christen, alles kleine Christusse, die mit ihrem Kruzifix herumlaufen ... Struthers ist der Antichrist, der nur die Liebe predigt. Ich bin müde, so müde. Ich will ein Mann sein mit den Göttern über mir, größer als ich. Ich will die großen Götter und für mich nichts als die eigene Mannheit.«

Er sieht Cooley haßerfüllt an, und dieser erwidert den Blick. Kangaroo spricht wie ein Mann und fordert Lovat auf, Australien zu verlassen, doch dann verwandelt er sich in eine furchtbare Kreatur: »ein großer, häßlicher Götze, der jeden Moment zuschlagen konnte. Er fühlte den intensiven Haß des Mannes in kalten Wellen auf sich zukommen ... Mit Grauen richtete er sich auf vor der großen, entsetzlichen Kreatur mit den eng zusammenstehenden Augen, die nun Kangaroo war. Ja, eine Kreatur, kein Mann. Ein großes Ding, ein Greuel. Also die Parodie eines dunklen Gottes. Doch Lovat geht nicht. Getreu der Tradition des populären Romans oder Films muß ein extremer physischer Höhepunkt folgen, durch welchen die destruktive Kraft des Politischen erkennbar wird, und Lovat-Lawrence muß darauf mit seiner Philosophie der Masse, deren Schärfe eines Adolf Hitler würdig wäre, hinleiten. Der dunkle Gott klopft an die Tür, doch der Mob hört nichts. »Die große Masse der Menschheit war immer hilflos und wird es immer sein ... Das seltsame Pochen und Pulsieren des göttlichen Drangs im Menschen würde auf ewig ungehört bleiben, gäbe es nicht einige außergewöhnlich feinfühlige und furchtlose Seelen, die mit aller Kraft darum kämpfen, das dumpfe, tiefe Pochen in Handlung oder Sprache zu übersetzen.«

Die Labour Party führt eine Versammlung durch, und Willie

Struthers hält eine äußerst überzeugende Rede. Das geschieht in Sydney. Lovat hat einen Zimtapfel gegessen und fand in seinem weichen, süßen Fruchtfleisch den »zaubergleichen Schlaf . . . einen tiefen, endlosen, sonnendurchglühten Nachmittagsschlaf, die Welt eine einzige Luftspiegelung«, welche die Stadt einhüllt. Noch hat er die latente Gewalt nicht erkannt. Struthers predigt über das »wunderbare ›Empire . . . mit seinen rückständigen Lords und fettarschigen, bigotten höheren Klassen«, als das typisch australische Auszählen des Redners beginnt. Lawrence hat uns darauf vorbereitet durch Lovats frühere Lektüre des *Sydney Bulletin* (eine Zeitung, die Lawrence im Angedenken an *John Bull* und andere britische Gazetten, die ihn haßten, sehr bewunderte), in dem über das Auszählen des Prince of Wales bei seinem Besuch – wegen unterstellter britischer Hochnäsigkeit – berichtet wurde. Nun beginnen die Stimmen der Diggers unheilverkündend mit *Eins!*, und bei *Acht!* bricht die Hölle los. Lovat fühlt sich charakteristischerweise zu beiden Seiten hingezogen, bereit zu einer gewaltsamen Auseinandersetzung im Namen eines dunklen Gottes oder eines anderen. Doch dann: »Ich kann nichts tun. Ich kann für niemand Partei ergreifen. Ich muß mich von allem fernhalten. Wenn man nur sterben könnte und nicht sehenden Auges das ganze menschliche Greuel durchwarten müßte. Das sind meine Mitmenschen, das sind meine Nächsten.« Hier haben wir die große laurentianische Sackgasse. Die Gewalttätigkeit wird mit bemerkenswerter Meisterschaft geschildert, im Ton einer obsessiven Faszination. Kangaroo wird niedergeschossen: »Kugeln in meinem Brutbeutel.« Er mußte dort getroffen werden. Er wird ins Krankenhaus geschafft. Lovat besucht ihn, bevor er stirbt. Bei ihren letzten Zusammentreffen wird das ganze merkwürdige Thema von Liebe und Macht zusammengefaßt, sofern bei Lawrence überhaupt je etwas zusammengefaßt wird.

Kangaroo steht nach wie vor für die Liebe ein. Es klingt in seiner letzten Erklärung sehr nach der australischen Kameradschaft, »mateship«, auf der ein Sozialismus aufbauen könnte, doch meint Kangaroo etwas Mystischeres:

»Wir müssen das Volk retten, wir müssen es tun. Und wann sollen wir damit anfangen, mein Freund, wann sollen wir beginnen, du und ich? Erst wenn wir es wagen, es zu führen ... Die Liebe des Mannes zu Frau und Kindern, die Liebe des Mannes zum Mann, so daß jeder für den anderen sein Leben geben würde, dann die Liebe des Mannes zu Schönheit, Wahrheit, zu dem, was recht und gerecht ist. Das ist es doch. Zerstöre Liebe nicht. Bereite nur den Boden für noch mehr Liebe.«

Das nähert sich sehr der Sicht von Lawrence selbst, der begonnen hat, die Gefahren marxistischer Metaphysik zu erkennen: Wenn im Menschen primär der Arbeiter gesehen wird, so liegt darin eine Abstraktion vom Individuum; Kangaroo zielt auf eine politische Lehre, die den ganzen Menschen einbezieht, was natürlich eine politische Unmöglichkeit ist. Bevor er nun stirbt, will er die Liebe Lovats, der, wie in seiner Beziehung zu Harriet, ein »verstockter kleiner Teufel und ein ewiges Kind« bleibt. Doch wie Stephen Dedalus am Sterbebett seiner Mutter wird Lovat sich nicht verstellen. »Ich will niemanden lieben. Wirklich. Ich gerate einfach außer mir und werde unerträglich, wenn ich das Gefühl habe, noch jemanden lieben zu müssen.« Er nähert sich einem Verständis der dunklen Götter. Es gibt einen Gott der Liebe, das ist wahr, doch er verlangt absolute Loyalität. Lovat-Lawrence glaubt »an den Gott der Furcht, der Dunkelheit, der Leidenschaft und des Schweigens, den Gott, der einen Mann sein eigenes verdammtes Alleinsein erkennen läßt.« Einen solchen Gott wird Kangaroo niemals anerkennen, und deshalb wird Lovat ihn nicht lieben.

Die Gespanntheit der Situation wird auf die Spitze getrieben. Der sterbende Kangaroo beschuldigt Lovat, ihn getötet zu haben. Er liegt da wie ein waidwundes Tier, »dessen Tod langsam naht«. Jack, der mit Lovat gekommen ist, erweist sich als vernünftiger als die beiden anderen.

Kangaroo wandte den Kopf und sah Somers rachsüchtig an. »Dieser Mann hat mich getötet,« sagte er in entschiedenem Ton.

»Nein, ich glaube, da täuschst du dich, mein Alter«, sagte Jack. »Mr. Somers hat nie so etwas getan ...«
»Laß mich in Ruhe.« Dann, mit einer mürrischen, unklaren Stimme, »Ich wollte, daß er mich liebt.«
»Ich bin sicher, daß er dich liebt, 'Roo – ganz sicher.«
»Frag ihn.«
Jack sah Richard an und gab ihm ein deutliches, heftiges Zeichen mit den Brauen, als Aufforderung, zuzustimmen.
»Sie lieben Ihren guten alten Kangaroo, nicht? Nicht wahr, Mr. Somers?«, sagte er mit einer männlichen Stimme, die keinen Widerspruch erwartete.
»Ich habe ungeheure Achtung vor ihm«, murmelte Richard.

Wir müssen Jack beipflichten, als er später sagt: »Wenn Beelzebub selbst dort so gelegen und mich aufgefordert hätte, zu sagen, daß ich ihn liebe, dann hätte ich das getan. Aber ich glaube, manche Leute knausern mit jedem Groschen und andere mit den paar Worten, die einem armen Teufel seinen Seelenfrieden verschaffen könnten.« In einem Buch, das ein Jahr zuvor erschien, hält Buck Mulligan Stephen Dedalus bei einer ähnlichen Weigerung für etwas Schlimmeres als knauserig. Stephen hat »etwas Unheimliches« an sich – und Lovat Somers ebenfalls.

Und er ist völlig verdreht. Er will Kangaroo nicht lieben, doch er liebt die Beuteltiere im Zoo und füttert sie, wie in seinem Gedicht, mit Pfefferminzbonbons. Er liebt das ganze Land, mit einer verzweifelten, hoffnungslosen Liebe. Wenn wir jemandem die Schuld für seinen Irrsinn geben wollen, halten wir uns am besten an den australischen Mond, der hier so magisch und schrecklich ist wie in *Women in Love*. »Die Nacht war voller Mondlicht wie Perlmutt. Er bildete sich ein, es läge eine Wärme vom Mond darin, eine Mond-Hitze. Das Licht auf den Wellen war wie flüssiges Radium, gleitend und fließend. Wie Radium, mystische Tugend lebhaften Zerfalls, flüssig-flüchtige Helligkeit.« Und so weiter. Er hat einen nicht-menschlichen Gott gefunden, »ohne Füße, Knie oder Gesicht.« Lovat hat sich durch seine Verweigerung einiger Worte der Loyalität selbst entmenschlicht. »Der Mond, die konkave Perlmutterschale der Nacht, das große schwingende Radium und sein kleines Ich. Ruf und Antwort, ohne Vermittler. Nicht-menschliche Götter, nicht-menschliche Menschen.« Kangaroo stirbt und bekommt ein pompöses Begräbnis, und für die Somers' wird es Zeit, Australien zu verlassen. Natürlich – denn er liebte es so sehr. »Es ist, wie wenn man eine Frau begehrt . . . Ich begehre es.« Aber: »Ich werde nicht aufgeben, noch nicht. Es ist, wie wenn man sich einer Frau geschlagen gibt: Noch gebe ich nicht nach. Ich komme wieder.«

Das tat Lawrence nicht, außer in diesem seltsamen und verstörenden Roman. Kein Roman, nicht einmal der eines gebürtigen Australiers, hat den Geist des Landes so gut eingefangen, eines Landes, dessen Magie von der denkfaulen Kultur, die darüber ausgegossen wurde, praktisch geleugnet wird. Jack Callcott spricht für Lawrence, wenn er sagt, das Land sei nie geliebt, sondern nur geplündert und ausgenutzt worden. Aber das Land zu lieben, bedeutet anscheinend für Lawrence nicht, auch seine Bewohner zu lieben. Er selbst beutet es in gewissem Sinne brutal aus, indem er es zum Hintergrund einer Philosophie degradiert, die, nachdem sie anfangs die Bedeutung der menschlichen Identität leugnete, schließlich das Menschsein selbst leugnet. Oder, um das zu präzisieren, das Menschsein, das sich in den grundlegenden menschlichen Funktionen der Bildung von Gemeinschaften und politischen Systemen ausdrückt. Was natürlich untrennbar verbunden ist mit Liebe, gegenseitiger Abhängigkeit und dem Sprechen bestimmter Worte. Menschsein, so Lawrence, muß wieder dem Kosmos angehören.

Man kann sich vorstellen, weshalb Aldous Huxley, der kurz vor Lawrences Tod in dessen Leben trat, so stark von diesem gar nicht verwandten Geist angezogen wurde. Huxley war ein Intellektueller, was Lawrence nicht war, doch wollten sich beide freimachen von der ekelerregenden Klebrigkeit menschlichen Eingebundenseins auf der Ebene der Identität. Lawrence hat sich vielleicht nach Blutsbrüderschaft gesehnt, doch bedeutete das immer die Kontrolle über den anderen, das Ersticken des Gefühls von Identität in diesem anderen. Dies war ein seltsamer Punkt in dem Programm zur fortschreitenden Befreiung vom Ich, doch dürfen wir niemals, wie ich wohl schon viel zu oft bemerkt habe, nach Konsequenz in

Lawrences Werk suchen. Was Huxley für das laurentianische Wesen hielt, »war ein außergewöhnliches Gespür für das, was Wordsworth ›unbekannte Seins-Weisen nannte. Stets war er des Weltgeheimnisses zutiefst inne, und das Geheimnis war für ihn stets ein *numen* – göttlich. Nie konnte Lawrence die dunkle Präsenz der Anderheit vergessen, die jenseits der Grenzen des menschlichen Bewußtseins liegt . . .« Wenn Lawrence denn religiös war, und das war er, dann nicht im Sinne eines Hungerns nach der Gerechtigkeit Gottes. »Es gibt, wie Kierkegaard betont, eine geistige Welt jenseits des Ethischen – die vielmehr auf Leben abzielt, auf Göttlichkeit, auf Vereinigung mit dem Mysterium. Paradoxerweise ist dieses ›Nicht-Wir doch ein Etwas, das in uns behaust ist; diese Quintessenz der Anderheit ist doch die Quintessenz unsres wahren Wesens.«

Nun, man sieht, warum Kangaroo, der bis zum Erdmittelpunkt vor Liebe und dem Verlangen nach Liebe trieft, zurückgewiesen werden muß. Dogmatisch sogar. Lovat-Lawrence muß sich rein halten. Wäre Lawrence ein schwächerer Romancier gewesen, hätte aus Kangaroo leicht ein Stück künstlich belebte Pappe werden können, die man am besten dem Phönix-Feuer übergibt. Doch er ist äußerst lebendig, so lebendig wie der Kontinent, den er (ein höchst europäischer Jude im Fell eines Beuteltiers) in seinem Brutbeutel hegen und pflegen will. Es gab und gibt noch immer Leser, die den lebenden oder toten Lawrence seines engherzigen Treuebruchs wegen tadeln. Das ist ein indirektes Kompliment an eine höchst bemerkenswerte künstlerische Leistung.

13
Quetzalcoatl

Am 31. August 1922 schrieb Lawrence an Bord der RMS *Tahiti* der alten Gefährtin seines Malta-Ausfluges, Mary Cannan:

> Hier sind wir nun nach 21 Tagen an Bord dieses Schiffs – allmählich ist jeder nervös und gereizt. Wir waren einen Tag in Rarotonga und zwei Tage in Tahiti: sehr schön anzusehen, doch ich wollte da nicht bleiben, nicht im geringsten. Papeete ist ein ziemlich armseliger Flecken, hauptsächlich Chinesen, Eingeborene in europäischer Kleidung und fett. Wir fuhren hinaus – wiederum herrlich anzusehen, aber ich möchte niemals in den Tropen *bleiben*. Es liegt da eine ungesunde Atmosphäre über allem, der Geruch nach Kokosnußöl, und eine Übelkeit, die irgendwie von den Palmen und Reptilien ausgeht. Aber schöne Blumen, besonders in Rarotonga. Das hält man nun für die irdischen Paradiese. Ich schenk' sie Ihnen.

Nichts gefiel Lawrence. Trug der edle Wilde erst einmal europäische Kleidung, war er schon vom Industriezeitalter korrumpiert. Und Lawrences Blick auf Gottes Natur war äußerst selektiv. Er war noch nicht bereit anzuerkennen, daß das Ungesunde, das er in den Tropen spürte, in Wirklichkeit in ihm selbst lag. »In Tahiti kam ein Trupp von Filmleuten an Bord, die einen Streifen namens *Captain Blackbird* gedreht haben . . . So gewöhnlich, so vulgär.« Diese Leute (»eher wie erfolgreiche Ladenmädchen«) reizten den Puritaner in ihm. Sie waren ausgelassen und betranken sich wahrscheinlich, und Lawrence stieg auf die Kanzel und prangerte dieses Übermaß an.

Wenn er schon dabei war, hätte er gleich sein eigenes Übermaß an Bitterkeit anprangern können. Bei einem Zwischenhalt in Wellington erinnerte er sich, daß Katherine Mansfield Neuseeländerin war, und brach ein zweieinhalbjähriges Schweigen, indem er ihr eine Postkarte schickte. Sein letzter Kontakt war ein Brief gewesen, der laut Murry »so monströs, so grausam« war, daß der erzürnte Gatte schwor, den Absender zu verprügeln, sollte er ihm je wieder unter die Augen treten. Katherine Mansfield jedoch, die mit derselben Krankheit auf den Tod lag, welche auch Lawrence töten sollte, war zu einer Versöhnung nicht mehr fähig.

Am 4. September schrieb er an Mrs. Luhan (der Brief war an Mabel Dodge adressiert), er und Frieda seien im Palace Hotel in San Francisco, und er habe weniger als zwanzig Dollar in der Tasche (er hatte auf der Reise zuviel ausgegeben, doch die Zeiten echter Armut waren vorbei: In New York lag Geld für ihn bereit). Von nun an würde Mrs. Luhan seine Spesen übernehmen. »So Americanisch!« schrieb er an seine Schwiegermutter (auf deutsch). »Alles sehr bequem: bequem, bequem. Ich hasse wirklich diesen Mechanischen Comfort.« Wie gesagt, nichts gefiel ihm. Am 18. September schrieb er aus Taos, New Mexico, an Koteliansky, daß er sich in einem »neuen und bezaubernden Lehmhaus« eingerichtet habe, das Mrs. Luhan, die inzwischen Mabel Sterne hieß, für ihn hatte bauen lassen, »denn sie will, daß ich dieses Land preise und damit aufwerte. Gott weiß, ob ich es tun werde. Amerika ist mehr oder weniger so, wie ich es erwartet hatte: tritt oder werde getreten. Aber dennoch hat es eine Größe, ein Gefühl von Weite und eine gewisse Art von rauher Freiheit, die ich mag. Ich verabscheue die spießig-neblige Beengtheit Englands.« In Taos schrieb er das letzte Kapitel von *Kangaroo*, voller Heimweh nach einem Land, das zu verlassen er sich gezwungen hatte. Doch er war bereit, Taos zu akzeptieren.

Taos war mit Santa Fe durch eine äußerst schlechte Straße verbunden und fast ganz von der amerikanischen Modernität abgeschnitten; es lag nahe an den Rocky Mountains, mit einem Blick über die buschbewachsene Wüste und einem etwa drei Meilen entfernt gelegenen Indianer-Pueblo. Die unverdorbenen präindustriellen Apachen empörten den Puritaner aus Eastwood durch ihre

Weigerung, sich zu waschen, und »einen unerträglichen beißend-menschlichen Geruch«, doch aus angemessener Entfernung waren sie durchaus akzeptabel, wenn sie ihre Zeremonien abhielten und tanzten: »den Hintern ein wenig vorgestreckt, die Gesichter nach innen gewandt, schrien sie mit weit geöffnetem Mund zum Klang der Trommel, halb lachend, halb spöttisch, halb übermütig, halb scherzhaft.« Lawrence war zwar nicht im Land Fenimore Coopers, aber er hatte eine Art allgemeiner literarischer Vorbildung für seinen Kontakt mit Indianern erworben. Dennoch schloß er sich den Cowboys an, lernte reiten, offenbar ohne je einen Sturz zu erleiden. Er blieb ein Bleichgesicht.

Lawrence wurde auf eine fünftägige Autoreise geschickt, um ein Apachenfest zu erleben. Das war Mrs. Luhans Gedanke, und er wurde ein wenig zu rasch nach Ankunft der Lawrences realisiert (sie hatten eine sehr anstrengende Reise hinter sich); der Hintergedanke dabei war, daß Mrs. Luhan mit Frieda allein bleiben und sie über ihren Ehemann aushorchen konnte: Immerhin hatte sie sich verpflichtet, auf ihrem Land einen Mann zu beherbergen, über den sie seltsame Dinge gehört hatte. (Sie hatte aus England einen Brief bekommen, in welchem stand: »Sein Geschimpfe ist ungeheuerlich. Er verschont keinen. Er hatte mit jedermann Streit.« doch ebenso: »Und dennoch ist er der netteste, freundlichste Mensch, . . . den man sich auf dieser Welt vorstellen kann.«) Lawrence war es zuwider, daß Frieda ohne Umschweife »den ganzen Schwindel aufdeckte«, besonders einer anderen Frau gegenüber, ganz besonders einer amerikanischen Frau, einer modernen, freien, selbstsicheren und angeblich herrschsüchtigen Kreatur. Welchen Schwindel sie aufdeckte, ist jedoch weniger wichtig als die Dreieckskonstellation, die er hätte vorhersehen müssen. Mrs. Luhan, mehrfach verheiratet, war einer Polyandrie fähig, die Lawrence verschlingen konnte, wenn er sie ließ. Frieda erkannte dies bald. Lawrence sah die Spannung zwischen den beiden Frauen, doch sah er auch das Problem, unter den Augen einer *padrona* zu leben, von der er materiell ein Stück weit abhängig war. Er hätte die Gefahren des Mäzenatentums voraussehen sollen: Ihm fehlte jene jesuitische, weltmännische Nonchalance, welche Joyce die Arbeit an *Finnegans Wake*, seine Trinkerei und andere Extravaganzen gestattete, ohne daß er sich allzusehr darum kümmerte, ob seine Mäzenin, Harriet Shaw Weaver, das guthieß oder nicht. Doch war Joyce weder Puritaner noch unschuldig.

Die Lawrences zogen von Taos weg, an einen Berghang namens Lobo, etwa siebzehn Meilen entfernt. Dort mieteten sie zwei Lehmhütten von einem ortsansässigen Rancher; später schenkte ihnen dann Mrs. Luhan ein Anwesen in dieser Gegend (von welcher ihr 170 Morgen gehörten) – die Kiowa Ranch, der einzige Grund und Boden, den sie je besaßen. Das Leben war rauh, der Winter kalt, die Arbeit – Holzfällen eingeschlossen – zu hart für einen Mann, der krank war, es aber nicht zugeben wollte. Zwei dänische Maler erschienen auf der Bildfläche, Merrild und Gòtzsche, und Lawrence überließ ihnen eine der Hütten mietfrei, wofür sie ihm bei den allzu schweren Hausarbeiten zur Hand gehen sollten. Das war kein Leben für einen Schriftsteller, und Lawrence schrieb wenig. Fast dreitausend Meter hoch in den Rockies durchlebten Frieda und er monatelang Schlechtwetterperioden, und man muß fragen, weshalb Lawrence sich das antat; Frieda war stark und unbeschwert genug, um jede Entbehrung auszuhalten. Der Masochist und der Sadist in ihm hatten sich die Waage gehalten: An diesem sicheren Ort nun nahm sein seltsamer Machthunger unerträgliche Formen an. Wenn er Frieda nicht unterkriegen konnte (und wie hoffnungslos dieses Bemühen war, hatte er gerade erst in *Kangaroo* zum Ausdruck gebracht), würde er sich einem weiblichen Tier gegenüber, das sich nicht wehren konnte, als Herr aufspielen. Die Geschichte der Hündin Bibbles ist keine angenehme Lektüre.

Er schrieb ein Gedicht über sie, eines seiner besten.

Believe in the One identity, don't you,
You little Walt-Whitmanesque bitch?
First time I lost you in Taos plaza,
And found you after endless chasing,
Came upon you prancing around the corner in exuberant,
bibbling affection
After the black-green skirts of a yellow-green old Mexican
woman

Who hated you, and kept looking around at you and cursing you in a mutter,
While you pranced and bounced with love of her, you indiscriminating animal,
All your wrinkled miserere Chinese black little face beaming
And your black little body bouncing and wriggling
With indiscriminate love, Bibbles;
I had a moment's pure detestation of you.

Du glaubst an die Eine Identität, nicht wahr,
Du kleine Walt Whitmansche Hündin?
Zum ersten Mal verlor ich dich auf dem Markt von Taos
Und fand dich nach endloser Jagd,
Stieß auf dich, wie du um die Ecke stolziert kamst in überschwenglicher, tippelnder Zuneigung
Hinter den blaugrünen Röcken einer gelbgrünen alten Mexikanerin,
Die dich haßte und sich ständig nach dir umsah, Verwünschungen murmelnd,
Während du tänzeltest und herumsprangst vor Liebe zu ihr, du wahlloses Tier,
Dein faltiges chinesisches schwarzes kleines *miserere* Gesicht leuchtete,
Und dein kleiner schwarzer Körper sprang und wedelte
Vor blinder Liebe, Bibbles;
Einen Moment lang hatte ich nur Verachtung für dich.

Wie Kangaroo verlangt Bibbles nach Liebe, doch anders als Kangaroo nicht allein nach Lovat-Lawrences Liebe, sondern ihr ist jeder recht, und diese verachtenswerte Wahllosigkeit ist der Grundzug ihres Wesens:

Everybody so dear, and yourself so ultra-beloved
That you have to run out at last and eat filth,
Gobble up filth, you horror, swallow utter abomination and fresh-dropped dung.

Jeder ein Schatz, und du selbst so über alle Maßen geliebt,
Daß du zuletzt hinauslaufen mußt und Dreck fressen,
Dich vollstopfen mit Dreck, du Scheusal, widerlichstes Zeug und frischen Kot verschlingen mußt.

Sie muß, schreit Lawrence, »Treue! Loyalität! Anhänglichkeit!« lernen, wie Frieda das muß, oder zumindest sollte. Doch sind das abstrakte Dinge »für deinen ekelhaften kleinen Bauch. Du mußt ständig wedeln vor LIEBE.« Die Zeit der Vergeltung bricht an, als Bibbles läufig wird und die Hunde der Ranch schnüffeln kommen:

You loved 'em all so much before, didn't you, loved 'em indiscriminate.
You don't love 'em now.
They want something of you, so you squeak and come pelting indoors . . .
All right, my little bitch.
You learn loyalty rather than loving,
And I'll protect you.

Vorher hast du sie alle so sehr geliebt, nicht wahr, wahllos geliebt.
Jetzt liebst du sie nicht.
Sie wollen etwas von dir, deshalb jaulst du und kommst ins Haus gestürmt . . .
Schon gut, meine kleine Hündin,
Du wirst eher Loyalität lernen, als zu lieben,
Und ich werde dich beschützen.

Wovon das Gedicht nicht berichtet, ist die Unvernunft, mit der Lawrence Loyalität fordert zu einer Zeit, da Bibbles völlig im Bann der Natur steht (oder des Kosmos, dem der Mensch sich ergeben sollte). Sie anzubinden oder einzusperren, war nicht das Mittel, ihren freien Willen zur Einsicht in die Richtigkeit der Forderungen ihres Herrn zu bringen. Bibbles verschwand mit einem der Ranch-Hunde in die Nadelwälder, kam wieder und wurde furchtbar verprügelt, rannte also zu Recht wieder weg. Als ihre Hitze vorüber war, kam sie schwanzwedelnd zu den beiden Dänen, die sie aufnahmen. Lawrence kam, sah sie, geriet außer sich vor Wut und hätte sie ohne das Eingreifen der Dänen sicher umgebracht. Er selbst war in Gefahr, von seinen Mietern und Gehilfen niedergeschlagen zu werden, und hätte sie, laurentianischem Ethos folgend, eigentlich hinauswerfen oder zumindest in einem Roman verunglimpfen müssen. Er hatte die Wahl, sich vor ihnen zu erniedrigen oder in die Umgebung der *padrona* zurückzukehren: letzteres (sich einem anderen weiblichen Wesen unterwerfen) konnte er nicht tun, also sandte er eine Entschuldigung an die Dänen (wegen des anderen weiblichen Wesens, der Hündin) in Gestalt einer Ofenladung Brot und Gebäck.

Die Mordlust, die er an einem Tier demonstriert hatte, war auf ihre Art sogar ein Kompliment: Er hatte Bibbles damit in menschlichen Rang erhoben. Die Mordlust richtigen Menschen gegenüber, obwohl das nur Gerede war, verstörte die Dänen, wie sie uns verstört, da sie einen Zusammenbruch anzukündigen scheint. Er schrieb nichts Wesentliches, und beim Holzfällen, Backen, Kochen, Schrubben und Waschen scheint er sich ungesunden Gedanken über den Zusammenbruch aller Dinge, den der Krieg prophezeite, hingegeben zu haben. Das war ein Schritt zurück zu jenem »'Rache!' ruft Timotheus« aus *Kangaroo*, Rache an der ganzen verderbten Welt, die bereits in Verwesung übergegangen ist: Schlag sie kurz und klein und dann ins Feuer mit ihr! Die erste Person, die er ermorden wollte, war Mrs. Mabel Luhan.

Er brauchte die Arbeit an einem Roman, und dieses Bedürfnis wurde nur zum Teil durch die Umarbeitung von *The Boy in the Bush* befriedigt. Nicht New Mexico, sondern Mexiko verlangte offenbar danach, in ein substantielles Werk eigenen Zuschnitts einzugehen, und Lawrence brach mit einer gehorsamen, oder zumindest diesen Anschein erweckenden, Frieda (auch sie hatte genug von dem endlosen Winter am Lobo) im März 1923 nach Mexico City auf. Dort herrschte jener blutrünstige Geist, der alles kurz und klein schlagen wollte, doch Lawrence hatte nicht den Wunsch, sich daran zu beteiligen. »Hier auch in Mexiko«, schrieb er seiner Schwiegermutter auf deutsch aus dem Hotel Monte Carlo am 27. April,

»gibt's Bolshevismus und Fascismus und Revolutionen und alles was. Es ist aber mir egal. Ich höre nicht. Und die Indianer sind immer draußen. Revoluzion kommt und Revoluzion geht, sie bleiben dieselben. Unsere Bewußtseinsmaschinerie haben sie nicht, sind wie schwarzes Wasser, darüber gehen unsere schmutzige Motorschiffe mit Stink und Lärm, das schwarze Wasser ist geschmutzt, aber nicht wirklich ändert.«

Er hatte die Indianer im Blick, oder vielmehr die indianischen Götter. Doch sein Blick war auch auf Mexiko selbst gerichtet. Um es besser zu sehen, ließen Frieda und er die Metropole hinter sich und bezogen am 2. Mai ein Haus am Lago de Chapala. Hier begann er, *The Plumed Serpent* (DIE GEFIEDERTE SCHLANGE) zu schreiben.

Dies ist der ungeliebteste von Lawrences Romanen, und man erkennt leicht, weshalb. Ihm fehlt jeglicher Humor, und er beschreitet feierlich ein Feld nur geringen Interesses für Leser ohne Kenntnisse über die alten Götter der Azteken und ihre mögliche Bedeutung für ein revitalisiertes oder laurentianisiertes Mexiko. Vielleicht hat auch die Schwierigkeit, ihre Namen richtig auszusprechen, etwas damit zu tun – Itzapapalotl, Huitzilopochtli und Quetzalcoatl, letzterer übrigens die große Gefiederte Schlange selbst. Diese Liquida am Schluß sind nur der bestimmte Artikel im Aztekischen, wie in *chocolatl* und *tomatl*, aber sie haben einen unheimlichen Klang. Lawrence war darauf eingestellt, die alte brutale Religion der Mexikaner noch in voller Kraft anzutreffen, nachdem er in New Mexico Zeuge der blutigen Geißelungen der *penitentes* gewesen war – ein heidnischer Ritus in äußerst durchsichtiger Verkleidung als christliche Buße für christliche Sünden. Was er im wirklichen Mexiko fand, war jedoch nur die Geschichte der alten Kulte, worin die jungfräuliche Göttin, die später zur Jungfrau Maria gewandelt wurde, aus ihrem Schoß keinen Erlöser hervorbrachte, sondern ein Messer, um das Herz des Opfers herauszuschneiden, das dem Sonnengott dargebracht wurde. Für den Sohn der Independenten-Kirche war all dies Blutvergießen, um die Sonne zu nähren, zu primitiv, doch ein Teil seines Gehirns gelangte zu der Überzeugung, daß eine Rückkehr zu diesem Glauben für die Mexikaner besser wäre als ein saft- und kraftloser Import des Jesuskinds, das sie nie recht verstehen gelernt hatten. Zumindest handelt davon *The Plumed Serpent*.

Wir begegnen Frieda in diesem Roman maskiert als die Irin Kate, aber wir wundern uns über Lawrences Abwesenheit. Lawrence wird jedoch später in der unglaubwürdigen Verkleidung eines mexikanischen Generals auftreten, der sich für die Reinkarnation einer aztekischen Gottheit hält. Gleichzeitig ist Kate nicht nur da, um sich einem Mann unterzuordnen, der zu einem Gott wurde, sondern auch, um die typisch europäischen Bedenken des puritanischen Lawrence gegen die Dinge zu äußern, die sich Lawrence-Quetzalcoatl anscheinend blutdürstig zu eigen macht. Zum Beispiel Kates Haltung zum Stierkampf und seinen *aficionados* in Mexico City:

> Glanzlos! Farblos! Einige wenige alltägliche Menschen in der Betonweite waren die Auserwählten; unten standen die Helden, vier groteske, weibische Burschen in engen, verzierten Kleidern. Mit ihren dicken Hinterteilen, ihren falschen Zöpfen und glattrasierten Gesichtern sahen diese herrlichen Toreadors aus wie Eunuchen oder Frauen in engen Hosen.

Und der Kampf selbst stößt sie ab:

> Fast überwältigte sie die Erregung. Ein tapferes Spiel hatte sie sehen wollen. Hierfür hatte sie bezahlt. Menschliche Feigheit und Bestialität, Geruch von Blut und Gestank geplatzter Eingeweide! Sie wandte das Gesicht ab.
> Als sie wieder hinschaute, sah sie das Pferd schwankend und benommen aus der Arena taumeln, ein großer Ball seiner eigenen Eingeweide hing ihm aus dem Bauch und pendelte rot zwischen seinen Beinen hin und her, während es sich mechanisch fortbewegte.

Dies ist die Phase des Stierkampfs, welche Hemingway, da die große, bombastische, tragische Epiphanie des Augenblicks der Wahrheit noch folgt, für komisch hielt. Kate schreit dem Stier zu, auf die Männer loszugehen statt auf die Tücher. Als guter, tierliebender Engländer lehnt Lawrence den antiken Mithraskult der Stieropfer an die Sonne ab. Tauromachie ist ein schönes Wort in Gedichten; die Wirklichkeit ist ein schmutziges Geschäft der Latinos.

Als sie die Arena verläßt, ist Kate nicht gerade darauf erpicht, sich erneut der Stadt auszusetzen:

> Sie empfand vor allem die ungeheure Widerlichkeit von all dem. Schon viele Städte der Welt hatte sie gesehen, über Mexiko aber lag verborgene Häßlichkeit, lag gemeine Bosheit; mit ihm verglichen, wirkte Neapel heiter, gütig. Sie hatte Angst, hatte Angst schon bei dem Gedanken, daß irgend etwas dieser Stadt sie berühren, sie in den Bereich des schleichenden Bösen ziehen könnte. Aber eins wußte sie auch, sie durfte den Kopf nicht verlieren.

Da erscheint General Videma, oder Don Cipriano, um ihr zu helfen, ihn zu behalten. Er ist zwar Mexikaner, aber er spricht das Englisch von Oxford, wo er – welch glücklicher Zufall gleich neben einer Stierkampfarena – den Bruder von Kates verstorbenem Ehemann kennenlernte. So kommt Kate in flüchtigen Kontakt mit den potentiellen Führern des Kultes der Gefiederten Schlange. Don Cipriano und sein Freund Ramon Carrasco schicken sich an, den alten Glauben wiederzubeleben und – laurentianische Unwahrscheinlichkeit – eine politische Bewegung daraus zu machen. Die Mexikaner brauchen einen neuen Erlöser; tatsächlich, so einer von Kates Informanten, brauchen sie ein Wunder. Sie schlafen, unvernünftiger als Hunde, auf dem blanken, kalten Boden, wachen auf, um sich den Magen mit Chili zu verbrennen, und finden ein ebensowenig nahrhaftes Reizmittel in der Sexualität. Etwas anderes haben sie nicht; sie müssen auf eine Offenbarung warten, die erhabener ist als die Epiphanie des Koitus, welche mit schöner laurentianischer Folgewidrigkeit ihr »Augenblick höchster Hoffnungslosigkeit« ist, in dem sie sich in den »Abgrund der Verzweiflung« stürzen. Und wie Lawrence erkennt Kate die Todessehnsucht Mexikos, das er und sie mit dem gesamten amerikanischen Kontinent identifizieren, und da sie gleichzeitig die europäische Totenstarre verabscheut, meint sie, daß vielleicht Mexiko der einzige Ort ist, an dem die »unbekannten Götter« zurückkehren werden, um das Land zu erlösen und gleichzeitig »wieder das Wunderbare in ihr Leben zu bringen, sie zu retten aus der Unfruchtbarkeit dieser verfaulten Welt.« Sie zieht aus der Stadt zu ebendem Lago de Chapala, an dem über sie geschrieben wird, und dort betritt sie das wahre Mexiko, das so glänzend geschildert ist, wie wir erwartet hatten; und dasselbe gilt für die Menschen dieses Landes. Die Bootsleute etwa, die sie über den See fahren:

> In dem hellen, siedenden Licht des Sees mit den furchtbaren, blaugerippten mexikanischen Bergen im Hintergrund hatte sie ein Gefühl, als würde sie von einem grausigen Skelett verschlungen, als wäre sie gefangen in dem Knochengerüst. Sie empfand fast mystische Furcht vor dem Mann, der im Bug des Bootes kauerte; seine Schenkel waren so glatt, seine Lenden von schlangenhafter Geschmeidigkeit, seine schwarzen Augen lagen auf der Lauer. Ein Halbwesen mit dem Willen zu Auflösung und Tod. Der große Mann hinter ihr an der Ruderpinne hatte unter schwarzen Wimpern die seltsamen, rauchgrauen, phosphoreszierenden Augen, die man oft bei Indios findet. Er war schön, ruhig und scheinbar verschlossen. In seinem Gesicht aber lauerte versteckt sein teuflisches Lächeln, der halbspöttische Blick eines Halbwesens, das sich seiner Macht, das reinere Wesen zu vernichten, bewußt ist.

Nicht zufrieden damit, ein reales Mexiko zu beschreiben und ein phantastisches Programm zu dessen Wiedergeburt zu entwerfen, macht sich Lawrence auch noch die Mühe, eine Liturgie für Quetzalcoatl zu komponieren, mit Hymnen und allem, was dazugehört. Diese Hymnen werden gesungen, gedruckt, und die wiederbelebte Religion breitet sich aus. Jesus wird sanft in den Schatten zurückbefördert, und Quetzalcoatl tritt ans Licht der Sonne. Selbstverständlich widersetzen sich die Priester der Ausbreitung des Kultes und verbieten den Menschen, die Liturgie zu lesen. Da die Liturgie aus Lawrences Feder stammt, ist sie natürlich höchst poetisch und, wenn wir unsere Vernunft beiseite lassen, sehr überzeugend. Weit überzeugender als beispielsweise das Buch Mormon. Doch weder die Rhetorik noch die Argumentation der Quetzalcoatlaner überzeugen den Bischof des Westens. Er ist nicht großherzig, oder laurentianisch, genug, um die neue Theologie zu verstehen. Ramon sagt:

> »Ich bin gekommen, Sie um Frieden zu bitten. Berichten Sie, was ich Ihnen sagte, dem Erzbischof. Er soll den Kardinälen und dem Papst melden, daß die Zeit für eine katholische Kirche der Erde gekommen ist, die katholische Kirche aller Menschensöhne. Der Erlöser sind mehr als einer, und wir wollen beten, daß ihre Zahl noch wächst. Aber Gott ist Ein Gott, und die Erlöser sind die Söhne des Einen Gottes. Der Baum der Kirche soll seine Zweige breiten über die ganze Erde und die Propheten schützen in seinem Schatten, wenn sie ihre Kenntnis des Jenseits kundtun.«

Und der Bischof des Westens antwortet ausweichend, in typisch priesterlicher Manier, daß er kein kluger Mann sei und vom Glauben allein lebe. Er versinnbildlicht die Leere der Religion des Gringo. Die Kirche muß sich nun von ihren abgenutzten Heiligenbildern trennen, damit die Gefiederte Schlange an deren Platz treten kann. In einer erschreckenden und überzeugenden Szene (die darüber hinaus höchst filmisch ist) sieht Kate, wie eine wirkliche Kirche, nämlich diejenige von Sayula, zeremoniell der neuen Religion umgeweiht wird, von einem Priester, der sein geistliches Amt aufgegeben, beziehungsweise gewechselt hat und nun intoniert:

> »Jesus, der Sohn Gottes, sagt euch: lebet wohl!
> Maria, die Gottesmutter, sagt euch: lebet wohl!
> Noch einmal segnen sie euch!
> Rufet: Lebet wohl!
> Rufet: Lebet wohl! ihr, meine Kinder.«

Der gekreuzigte Christus, seine Mutter und alle Heiligen werden ans andere Ufer des Sees gebracht, um verbrannt zu werden. Der Priester wirft seine alte Kleidung ab und legt das weiße Baumwollgewand und den Serap der Anhänger des Quetzalcoatl an. Mexiko ist reif für die Erlösung.

Australien ist es in *Kangaroo* ebenfalls. Zwischen beiden Romanen gibt es Berührungspunkte bei Szenen, in denen Blut vergossen wird – offensichtlich machten diese Lawrence beim Schreiben besondere Freude. Ramon und Cipriano haben politische Feinde und schlagen zu.

> Kate konnte es gar nicht fassen, daß das bleiche Gesicht mit den blinden Augen und dem beißenden Mund das Gesicht eines bewußten Menschen war. Ramon hatte ihn mit einem Arm um die Hüfte gepackt. Der Revolver des Banditen fiel zur Erde. Die Hand des Burschen suchte ihn jetzt auf dem Betonboden. Blut floß über seine Zähne. Irgendein Überbewußtsein schien ihn gepackt zu halten, als wäre er ein Teufel und kein Mensch.

Ramon ist niedergestochen worden, doch er lebt; es hätte ebensogut Cipriano sein können. Der Leser hat oft Schwierigkeiten, zwischen beiden zu unterscheiden, und offensichtlich ergeht es auch Lawrence so, der seine neue mythische Persönlichkeit auf beide verteilt zu haben scheint. Ramon identifiziert sich mit Quetzalcoatl und Cipriano mit dem Gott Huitzilopochtli, doch Kate ist zur Aufnahme in das aztekische Pantheon durch die Heirat mit Cipriano ausersehen. Sie soll die erste Frau des Itzapapalotl werden, sagt Ramon, »weil ich gerade auf den schönen Namen kam.« Und mit einem Reim wie in einer komischen Oper antwortet Kate: »Ach, eher sterbe ich vor Scham.« Leider geht ihr dieser gesunde irische Humor bald verloren.

Sie wird Cipriano »gesetzlich angetraut«, doch erfahren wir nicht, ob nach mexikanischem Gesetz oder nach den Gesetzen des neuen Heidentums. Jedenfalls soll sie einen Monat darauf nach Europa reisen, und Huitzilopochtli ist einverstanden. Der Bericht über den Vollzug der Ehe ist interessant, und man fragt sich, inwieweit er

Lawrences eigene sexuelle Praktiken reflektiert. Die Vereinigung ist phallisch, rein männliches Eindringen und puritanische Ablehnung dessen, was er »reibende Wollust« nennt.

> Fast verwundert beobachtete sie, wie in ihr die schaumgeborene Aphrodite starb: die siedende, reibende, ekstatische Aphrodite . . . Ein dunkler und starker Instinkt ließ Cipriano sich von ihr zurückziehen, sobald diese Lust in ihr erwachte . . . Und während sie neben ihm lag, erkannte sie die Wertlosigkeit dieser Schaumglut, wie äußerlich sie letzten Endes war. Sie schien von außen, nicht von innen über sie zu kommen. Nach dem ersten Augenblick der Enttäuschung, wenn diese Art »Befriedigung« ihr versagt wurde, kam ihr die Erkenntnis, daß sie sie in Wirklichkeit gar nicht wollte, daß sie ihr in Wirklichkeit ekelhaft war.

Die Wunscherfüllung männlicher Phantasie, in welcher die Befriedigung des Mannes diejenige der Frau begründet. Kates Entschluß, nach Hause zurückzukehren, gerät ins Wanken: Die großartige, gottgleiche Manneskraft hat sie gefangengenommen. Am Ende des Romans sagt sie zu Cipriano: »Du willst doch nicht, daß ich gehe?« Und er antwortet: *»Te quiero mucho! Mucho te quiero! Mucho! Mucho!«*, was ziemlich kraftlos übersetzt ist als: »Ich mag dich! Ich mag dich sehr!« Doch Kate ist sich seines »weichen, heißen Blutes« bewußt, so daß sie erbebt und sagt: »Du läßt mich doch nicht fort!« Damit endet die Geschichte, und im gesamten Werk Lawrences gibt es keinen weniger überzeugenden Schluß. Doch Lawrence hat das Interesse verloren, nachdem er vollbracht hat, worum es ihm ging – nämlich ganz Mexiko zum Kult des Quetzalcoatl zu bekehren; Frieda-Kates Unterwerfung kann nun als sicher gelten.

> Es war eine wilde, bewegte Zeit. In Zacatecas hatte sich der General Narcisco Beltran gegen Montes und für die Kirche erklärt. Aber Cipriano griff mit seinen Huitzilopochtli-Soldaten schnell und wild an, Beltran wurde gefangengenommen, erschossen, sein Heer wurde zerstreut.

> Montes erklärte die alte Kirche für ungesetzlich, erklärte durch ein Gesetz die Religion des Quetzalcoatl als nationale Religion der Republik. Alle Kirchen wurden geschlossen. Alle Priester mußten der Republik den Treueeid leisten oder das Land verlassen. Die Heere des Huitzilopochtli und die blau-weißen Serape des Quetzalcoatl erschienen in allen Städten und Dörfern der Republik. Ramon arbeitete unaufhörlich, Cipriano war mit Blitzeseile bald hier, bald da. Die unzufriedensten Staaten Vera Cruz, Tamaulipas, Yucatan versetzte er in eine Art religiösen Wahnsinns. Seltsame Taufen wurden im See vollzogen, und am Strande wurde ein schwarzroter Turm des Huitzilopochtli gebaut …
> Der Erzbischof wurde verjagt; auf den Straßen sah man keinen Priester mehr. Überall nur die blauen und erdfarbenen Serape des Quetzalcoatl und die schwarz-roten des Huitzilopochtli. Überall Erlösung, fast Jubel.

Lawrence spielt ein Spiel, das unter englischen Autoren keineswegs unüblich ist. Es begann mit Swift und erreichte seinen Höhepunkt mit Orwell. Er stellt sich ein Land vor mit einem sozialen und politischen System, das den Forderungen einer verrückten Theorie entspricht. Die laurentianische Theorie fällt zwischen die Stühle Swiftscher Satire und Orwellscher Prophetie: Sie ist weder komisch, noch kann sie einen Anspruch auf Wahrscheinlichkeit erheben. Wie der neue Glaube das politische und ökonomische Leben des Staates erneuern soll, erfahren wir nicht, und Lawrence ist daran auch nicht sonderlich interessiert. Er konnte Politik stets mit religiösen Begriffen neu interpretieren, doch Ökonomie war eine Wissenschaft und konnte daher nicht mit dem Solarplexus erfaßt werden. Wir können von Glück sagen, daß Lawrence nicht versucht hat, Australien aus dem Geist animistischer Buschmann-Religionen nachzubilden. Er ging nie in den Busch, und die Aborigines zogen ihn nicht an. Es genügte, die Möglichkeit einer faschistischen Machtübernahme in einem Land, das nie sehr autoritätsgläubig war, aufzuzeigen und sie dann durch einen zufälligen Gewaltakt wieder zu verwerfen. Beim Schreiben von *Kangaroo* hatte Lawrence noch einen Maßstab für die Wirklichkeit, und sein Humor hatte ihn noch nicht verlassen.

Nineteen Eighty-Four (1984) war für Orwell ein metaphysisches Spiel und *The Plumed Serpent* für Lawrence ein politisch-religiöses Spiel. Es ist vermutlich nicht zulässig, darüber zu spekulieren, inwieweit der tödliche Tuberkel bei beiden Männer, die sich den mittleren Jahren und dem Tod näherten, verantwortlich für ihre jeweiligen Phantasien war. Doch für die Veranstalter von Kursen in utopischer Literatur könnte es sich als sinnvoll erweisen, Lawrence aufgrund zweier später Romane in einen Kanon typisch britischer Schriften aufzunehmen. Eine Neuausgabe von *The Plumed Serpent* sollte die Zeichnung als Frontispiz wählen, welche Hobbes seinem *Leviathan* voranstellte: ein großer Königskopf voller kleiner Menschen. Eine fliegende Schlange könnte die Krone ersetzen, und der Kopf sollte als der von Lawrence zu erkennen sein.

The Plumed Sepent wurde, wie andere Bücher von Lawrence, zu zwei verschiedenen Zeiten geschrieben: Der Anfang unterscheidet sich deutlich vom Ende. Die Unterbrechung der Arbeit war zum Teil die Schuld Friedas, die allmählich genug hatte von der sengenden Hitze Mexikos und den »noch zuckenden Herzen, dargebracht der Sonne, auf daß die Sonne sie trinke.« Sie wollte nach Hause, zu ihren Kindern in England und ihrer Familie in Deutschland. Und wahrscheinlich war sie nicht glücklich über die Quetzalcoatl-Allüren ihres Mannes, der wollte, daß sie Kate war und sich dunklen, »reibungslosen« Umarmungen unterwarf. Wenn Lawrence nicht mit ihr nach Europa ginge, würde sie allein reisen. Und das tat sie.

14
Ein roter Fleck

Der Kampf um die Durchsetzung des eigenen Willens erreichte seinen Höhepunkt. Zuerst schien Lawrence nachzugeben, möglicherweise zu Vernunft gekommen durch den Schreck über Friedas Entschlossenheit, wegzugehen. Jedenfalls reiste er mit ihr per Schiff von Vera Cruz nach New Orleans und dann weiter mit dem Zug nach New York. Es war August, und die Transatlantik-Passagen waren von amerikanischen Touristen, die der Prohibition entfliehen wollten, völlig ausgebucht. Als es Frieda gelang, eine Überfahrt zu bekommen, entschied sich Lawrence, sie nicht zu begleiten, und schließlich hatten sie am Kai, mit dem Tuten des Ozeanriesen im Hintergrund, einen so gewaltigen Streit, daß Frieda glaubte, dies sei das Ende ihrer Ehe. Sie ging an Bord und ließ die Gefiederte Schlange ramponiert und mürrisch zurück, einsamer Nichtwinker unter den Winkenden. Sie hatte das einzig Richtige getan: Es wäre bei dem verbohrten und anmaßenden Zustand, in dem ihr Mann sich befand, fatal gewesen, hätte sie eine Bereitschaft gezeigt, zu gehorchen. Nun kam es darauf an, wie lange jeder ohne den anderen existieren konnte.

Lawrence erklärte sich praktisch vom Beginn ihrer Trennung an für geschlagen. Er ging nach Westen, über Buffalo und Chicago nach Los Angeles, wo sich, wie er wußte, seine beiden dänischen Freunde aufhielten. Der Streit über die Hündin Bibbles war verraucht; sie waren gewillt zu helfen, gar besorgt um ihn: Sie bemerkten sofort, daß er nicht gesund aussah. Sie holten ihn am Bahnhof ab und fuhren ihn ins Miramar Hotel nach Santa Monica. Lawrence, der nichts an die Filmbosse verkauft hatte und für die Filmkunst keine Zukunft sah, kam auf diese Weise viel zu früh nach Hollywood. Es ist schade, daß er keine Short story über die Zelluloid-Metropole geschrieben und sie nicht einmal in einem seiner Reisebücher verewigt hat (wie es Aldous Huxley später auf ziemlich laurentianische Weise tun sollte). Er war ruhelos, einsam und ohne Beschäftigung; ein weniger puritanischer Mensch hätte vermutlich zu trinken begonnen. Stattdessen zermürbte er sich auf ziellosen Reisen durch Mexiko, das er eben erst verlassen hatte, grün und blau geschlagen vom Holpern über miserable Straßen in klapprigen Bussen und auf dem Rücken von Mauleseln. Ohne Frieda war Mexiko ein anderes Land. Ohne Frieda war Lawrence ein anderer Mann. Die Dänen glaubten, er würde wahnsinnig. Am 20. November 1923, in einem Brief an Mabel Dodge Luhan aus dem Hotel Monte Carlo in Mexico City, zeigt er sich bereit, nachzugeben: »Ich packe gerade, um morgen früh abzureisen . . . Ich will nicht nach England – nehme aber an, es ist der nächste Zug in einer Schlacht, die niemals endet und bei der ich niemals gewinne.« Um welche Schlacht es sich dabei handelt, wird nicht ausgeführt. Er beschwört Quetzalcoatl, doch die Schlange muß biblische Schläue lernen und ihren Willen, zuzuschlagen, unterdrücken: »Überlassen Sie mir die Welt. Und seien Sie gewiß, daß ich mit der Welt umgehen muß wie die Schlange – zeige ich mich offen, werden sie mich vernichten. Die Schlange der Sonne.« Wer sind »sie«?

Die Entfremdung zwischen ihm und Mabel Luhan gehörte der Vergangenheit an, wenn auch einer sehr nahen Vergangenheit. Vielleicht glaubte sie, aus der Erfahrung ihrer fünf gescheiterten Ehen, daß er nun für immer frei von Frieda sei, die sich mit vollem Recht gegen ihr Besitzergreifen gewehrt hatte. Am 27. Dezember schrieb er freundschaftlich an die »liebe Mabel« als seine offenbar einzige Verbündete (»Ich bin froh zu wissen, daß Sie zu mir halten«) im Kampf gegen alles und jedes, hauptsächlich aber gegen den Schrecken Englands (»Meinem Gefühl nach sind die Engländer viel mehr meine Feinde als die Amerikaner. Ich wäre wirklich lieber in Amerika.«). In diesem Brief erwähnt er Frieda nicht. Frieda war offenbar recht gut ohne ihn zurechtgekommen, freute sich an ihren erwachsenen Kindern, pflegte freundschaftlichen Umgang mit

Middleton Murry, sonnte sich stellvertretend im Ruhm ihres Mannes. Sie glaubte, sie und Lawrence könnten sich in London niederlassen und Teil der höchst provinziellen Literaturszene dort werden. *The Plumed Serpent* war noch nicht beendet, und sie wußte, was auf sie zukam, wenn er das Buch je beendete. Es war eine Sache, die Kate zu sein, der bei Stierkämpfen in New Mexico schlecht wird, eine ganz andere aber, die Kate zu sein, die sich dunklen Göttern ergibt. Das Buch mußte den Lesern als Feier des laurentianischen Triumphes über die gebändigte Gemahlin erscheinen, und das war ein Verrat an der historischen Wahrheit. Frieda hatte gesiegt; Lawrence war geschlagen zu ihr gekommen, war aber natürlich nicht gewillt, seine Niederlage einzugestehen. Es gab jede Menge physische Bedrohungen, laute Beschimpfungen im Dialekt von Eastwood, und Teekannen, Teller und Tassen wurden mit dem Schürhaken zerschlagen. Wenn Lawrence Unterwerfung wollte, glaubte er zu wissen, wo er sie bekommen konnte. Die liebe Mabel hatte sie ihm mit weiblicher Schläue versprochen. In dieser humorlosen Phase von Lawrences Leben ist der folgende Brief vom 9. Januar 1924 sehr bezeichnend:

> Liebe Mabel: Ganz gewiß sind Sie ein Egoist, und Ihre Briefe sind egoistisch, wie Sie selbst sagen. Sie müssen schnell lernen, sich selbst zu vergessen. Sie müssen lernen, *sich keine Sorgen zu machen*, nicht nachzudenken und einfach zu lachen. *Poco a poco* . . .
> Ich habe das Gefühl, jeder hier in London haßt mich *instinktiv*: weit mehr als in Amerika. Doch auch darüber kann ich schließlich nur lachen. Meine Götter, wie der Große Gott Pan, haben ein natürliches Lachen im Gesicht. *Nous nous entendons* . . . Sie sind einer von ganz wenigen Menschen auf der Welt, denen das zur Zeit gelingt: Diese ungestüme Tollkühnheit, die auf Vertrauen beruht, wie die Tollkühnheit Pans; im Vertrauen auf den Urgrund der Natur, die Quellen: und dann das Lachen.

Er plante, nach New Mexico zurückzukehren, zu einer ergebenen

Mabel. Und wenn er das tat, so konnte er ebensogut seinen alten Traum von der Gesellschaft der Freunde, Rananim, wiedererwekken – eine breite Palette an Möglichkeiten, Unterwerfung zu fordern, eröffnete sich ihm da. Also arrangierte er ein Abendessen für jene Freunde, die bereit schienen, alles über Bord zu werfen und den Traum zu verwirklichen. Seine Gäste waren Mary Cannan, Dorothy Brett, Murry, Koteliansky und Catherine und Donald Carswell. Donald Carswell war ein Londoner Rechtsanwalt, der anscheinend bereit war, seine Praxis aufzugeben und Lawrence zu folgen; seine Frau kannte Lawrence bereits seit 1914, und er hatte sich nie ernsthaft mit ihr entzweit. Später schrieb sie lesenswerte Bücher über Robert Burns und Giovanni Boccaccio und brachte 1932 eine der besten Biographien über Lawrence heraus, *The Savage Pilgrimage* (Die Pilgerfahrt eines Wilden). Dorothy Brett war die Tochter von Viscount Esher und die Schwester der berüchtigten Ranee von Sarawak (einer ihrer Scherze war, auf einem Billiardtisch zu stehen, den Rock zu heben, so hoch es ging, und auszurufen: »Nur zu Jungs, versenkt die Rote.«). Sie hatte die Lawrences 1915 kennengelernt und blieb beiden bis zu ihrem Tod verbunden. Ihre Geschichte wird in einer Biographie von Sean Hignett, die 1985 erschien, erzählt, *Brett: From Bloomsbury to Mexico.*

Der Titel zeigt schon, daß Dorothy Brett sich Rananim anschloß. Sonst keiner. Das Restaurant, welches Lawrence für das heilige Abendessen gewählt hatte, ließ nichts Gutes ahnen – das Café Royal, Schauplatz von Philip Heseltines wiederholtem Verrat, das Pompadour aus *Women in Love.* Wir wissen nicht, was zu diesem Anlaß gespeist wurde, aber wir wissen, daß Lawrence roten Bordeaux und zuviel Portwein trank und sich über das Tischtuch erbrach. Koteliansky hatte gerade eine Rede über Lawrences Größe gehalten, und Murry hatte ihm einen Judaskuß gegeben, wobei er ihm versprach, nicht zu versprechen, den Meister nicht zu verraten. Frieda fand das gar nicht komisch und überließ es Dorothy Brett und Catherine Carswell, das Erbrochene aufzuwischen, und Murry und Koteliansky, den Messias, der ohnmächtig geworden war, in ein Taxi zu verfrachten.

Am 5. März 1924 schifften sich Frieda, Lawrence und Brett (wie sie formlos genannt wurde, außer wenn Lawrence – insgeheim stolz, daß er, der Bergmannssohn, eine Aristokratin in seine Gefolgschaft gelockt hatte – an die Ehrenwerte Dorothy Brett schrieb) auf der *Aquitania* nach Amerika ein. Obwohl Lawrence Brett als »etwas einfältig, aber harmlos« bezeichnete, besaß die Dame Persönlichkeit und darüber hinaus Talent. Sie hatte an der Slade School of Fine Arts[44] studiert und erhoffte sich, neben den zu erwartenden Anregungen durch Rananim, brauchbare Objekte für ihre Malerei in dem harten Licht Mexikos. Was der Literaturkritiker Francis King ihre »unrealistisch gelängten mexikanischen Bauern« nannte, hat gute Preise erzielt, doch ihre weniger beachteten Zeichnungen, reine Improvisationen, zeigen ihre wahre Stärke. Sie war keine Schönheit – dünn, mit kleinem Kopf und fliehendem Kinn – und war so schwerhörig, daß sie ein Hörrohr benutzen mußte (wie Evelyn Waugh benützte sie es nur von Fall zu Fall). Sie ist die einzige Frau im Leben des verheirateten Lawrence, mit welcher der Meister erwog, ins Bett zu gehen (einer Anekdote zufolge tat er es wahrhaftig und nahm dann Abstand mit den Worten : »Dein Schamhaar ist falsch«). Ganz sicher schlief sie mit Middleton Murry, sogar zu Katherine Mansfields Lebzeiten. Sie schrieb der toten betrogenen Ehefrau einen Brief mit folgenden Zeilen: »Liebste Tig, zum ersten Mal in meinem Leben habe ich mit einem Mann geschlafen, und dieser Mann war Deiner.« In Mexiko trug sie einen Dolch, und die Eingeborenen hielten sie für gefährlich. Es gibt solche und solche Gefahren.

Die drei reisten über New York und Chicago nach Taos. Mabel Luhan hielt Brett für eine Art »heilige russische Idiotin«, stellte aber später fest, daß sie eine wirkliche Dame war, was man von der Baronin Frieda nicht behaupten konnte. Lawrence fand Mabel nicht allzu bereit zur Unterwerfung, und wie entfernter mexikanischer Donner kündigte sich der Ausbruch eines Streites an. Höchst großzügig schenkte Mabel nun den Lawrences die gesamten 170 Morgen Land, die sie am Lobo besaß. Genau genommen erhielt Frieda das Geschenk, denn Lawrence, der sich seit Jahren eine Farm in den Rocky Mountains gewünscht hatte, verweigerte nun störrisch die Annahme. Aber die Arbeit, die damit verbunden war, lehnte er nicht ab und baute mit der Hilfe von Indianern die verfallenen Lehmhütten wieder auf, grub einen Bewässerungsgraben, der Wasser vom Gallina Canyon brachte, pflanzte Gemüse und Blumen an (seinen kleinen englischen Garten gibt es noch, oder zumindest gab es ihn vor ein paar Jahren), molk, kochte, buk, wurde also ein Mann für alles, wie sein Vater. Er war restlos glücklich, obwohl er seinen Lungen nichts Gutes tat, wenn er unter der brennenden Sonne in fast dreitausend Metern Höhe Schwerstarbeit leistete. Und gleichzeitig war er restlos unglücklich oder wütend oder voller Haß. Wenn Lawrence in der Welt ansonsten völlig bedeutungslos wäre, so wäre er noch immer ein perfektes Modell für die Unbeständigkeit des Menschen, ein lebender Beweis für die Torheit, die Gefühlswelt des Menschen auf einen Kanon wissenschaftlicher Gesetze reduzieren zu wollen.

Die Novelle *St. Mawr* (DER HENGST ST. MAWR) gehört in diese Periode – ein Keil, der zwischen die beiden Teile von *The Plumed Serpent* getrieben wurde. Sie ist ein brillantes Stück Prosa, obwohl auch ihr die laurentianische Tendenz eignet, wie eine Frucht aufzuplatzen und in zwei Hälften zu zerfallen. Der zweite Teil glorifiziert, mit nur geringen Versuchen fiktionaler Einkleidung, Lawrences eigene Kiowa-Ranch und ihr Umland:

> Die Wüste zog ihren großen rehbraunen Kreis nach allen Richtungen. Ganz weit unten und hinten sah sie aus wie ein Strand, dessen innerer Rand von einer langen Bergkette aus reinen blauen Schatten gebildet wurde. Etwas weiter weg erhoben sich sonderbare bläuliche Hügel wie nasse Felsen am Meeresufer, und dahinter, in fernster Ferne, schauten von Westen her blaßblaue Bergspitzen über den Horizont, als lugten sie aus einer anderen Welt herüber.

Das einzige fiktive Element ist die Besitzerin der Ranch, eine Frau aus Neuengland, die wegen »ihrer starken, kraftvollen Seele und ihrer egoistischen Leidenschaft des Dienens« berechtigt erscheint, auf die Landschaft New Mexicos mit einer an Hysterie grenzenden Leidenschaftlichkeit zu reagieren. Lawrence ist nicht da: Er hat sich eine Rolle vorbehalten, die ausklingt, sobald der Weg zur Kiowa-Ranch führt. Denn er ist kein durch die Welt reisender Schriftsteller oder ein mexikanischer General, sondern ein Pferd. Er ist der Hengst St. Mawr, der vorgibt, zahm zu sein, doch in Wirklichkeit rachsüchtig und unberechenbar ist. Er tritt einem Mann ins Gesicht, läßt sich fallen und zermalmt dabei fast seinen Reiter, doch er ist Gottes eigenes Werk, wild und herrlich »wie eine Ringelblume mit einem rein goldenen Schein und einem grüngoldenen Lackschimmer auf einem brennenden Orangerot.« Hier ist er in Rotten Row: »Er zerrte am Gebiß und drängte seitwärts auf das Gitter zu, zum Entsetzen der Kinder und der Zuschauer, die aufschrien und zurücksprangen und damit ihrerseits den Nerven des Pferdes zusetzten wie ein platzendes Raketenbündel.« Die Polizei rückt an, die Behörden werden über St. Mawr informiert, und er wird aus der feinen Gesellschaft ausgeschlossen. Die Situation nimmt vorweg, was dem Autor von *Lady Chatterley's Lover* und dem Maler gewisser freizügiger neuheidnischer Bilder bevorstand.

Gerade als Lawrence Frieda und Brett *St. Mawr* vorlas und sich an der mächtigen Zerstörungswut des Hengstes (*mawr* heißt im Walisischen ›groß‹) erfreute, spie er plötzlich Blut. Er sagte nicht ruhig wie John Keats: »Das ist mein Todesurteil«; er weigerte sich, einen Arzt aufzusuchen, machte sich warme Brustwickel, wie seine Mutter es getan hatte, und behauptete felsenfest, keine Tuberkulose zu haben. »Alles in Ordnung; die Lungen sind gesund. Nur eine leichte Bronchitis.« Obwohl dies eine Lüge war, rechtfertigte es doch seinen Wunsch, für den Winter nach Süden zu ziehen. Am 3. Oktober 1924 schrieb er an Murry:

> Die Gegend hier ist gegenwärtig sehr schön. Die Espen oben auf den Bergen wie ein goldenes Vlies. *Ubi est ille Jason?* Die Zwergeichen sind dunkelrot, und die Zugvögel gehen in die Wüste hinunter. Es wird Zeit, in den Süden zu ziehen . . ., wo es keinen Herbst gibt und wo die Kälte nicht wie ein Schneeleopard auf der Lauer liegt, der abwartet, bis er zuschlagen kann. Das Herz des Nordens ist tot, und die Finger der Kälte sind Leichenfinger.

Am 10. September, einen Tag vor Lawrences Geburtstag, war sein Vater gestorben. Der Tod ging ihm durch den Kopf, doch nicht sein eigener. Der wahre Grund für die Rückkehr ins wirkliche Mexiko war das Bedürfnis, *The Plumed Serpent* in der angemessenen Umgebung zu vollenden. Mexico City war schrecklicher als je zuvor, und die Zugfahrt dorthin verlief wegen der überall im Land ausgebrochenen Anarchie recht ungemütlich (Banditen im Zug, manche als Soldaten verkleidet). Ganz Rananim unternahm die Reise, und Brett schwärmte von der wilden, ungewaschenen Männlichkeit der Indianer. Der britische Vizekonsul in Mexico City fand ein kleines Haus für die Lawrences in dem Ort Oaxaca, weit im Süden, jedoch nichts für Brett, die in ein Hotel ziehen mußte. Das einzige Problem mit Oaxaca war, daß es im Malariagebiet lag.

Lawrence beendete *The Plumed Serpent* in Oaxaca und schrieb die Skizzen über das dortige Leben, aus denen *Mornings in Mexico* (MEXIKANISCHER MORGEN) besteht. Darin begegnet man einem entspannten und liebenswerten Lawrence, der das apokalyptische Element kurzzeitig aus seinem Denken verbannt hat. Er berichtet ruhig über den Tanz vom sprießenden Mais und den Schlangentanz der Hopi, und mit der tiefen Einsicht, die er nie verlor, unterrichtet er uns über den Charakter des Indianers, Sklave des großen weißen Affen:

> Aber der große weiße Affe hat sich der Schlüssel der Welt bemächtigt, und der schwarzäugige Mexikaner muß dem großen weißen Affen dienen, um leben zu können. Er muß die Kniffe des Weißen-Affen-Theaters lernen: Tageszeit – Geld – Maschinen, die auf die Sekunde anlaufen – Arbeit, die sinnlos ist und doch pünktlich bezahlt wird, in genau abgezählter Münze. Ein ganzes Dasein voller Affenkniffe und Affentugenden. Die befremdliche Affentugend der Mildtätigkeit – die weißen Affen, die in alles ihre Nase stecken, um zu *helfen*, zu *retten*! Kann man sich einen unnatürlicheren Kniff vorstellen? Und doch gehört er zu den Kniffen des großen weißen Affen.

Nun, Lawrence erkannte sein eigenes Affentum und akzeptierte, daß er dem Affen-Durcheinander seiner eigenen Kultur nicht entfliehen konnte. Er bleibt ein Gringo, von den Mexikanern getrennt durch bestimmte protestantische Affentugenden, die er niemals aufgeben konnte, wie die Fähigkeit zu harter Arbeit und eine Leidenschaft für Sauberkeit. Doch er und der mexikanische Bauer treffen sich auf grundlegendem Gebiet, wo die Forderungen einer Revolution und die Forderungen einer europäischen Kriegsmaschinerie gemeinsames Entsetzen hervorrufen. Lawrences *mozo* Rosalino weigerte sich, seinen Militärdienst abzuleisten; er sagte:

> *No quiero!* Er gehört wie ich selbst zu denen, die einen Schrecken davor empfinden, in einer Masse von Männern zu dienen oder auch nur in eine Masse von Männern eingereiht zu werden. Er weigerte sich hartnäckig. Worauf ihn die aushebenden Soldaten mit ihren Gewehrkolben prügelten, bis er bewußtlos dalag – anscheinend tot ... Aber in der Stadt griff die siegreiche Seite Aurelio auf, weil er der Vetter des Übeltäters war ... Ein freundlicher Soldat übergab die Nachricht, die Aurelio zurückgelassen hatte. »*Adios ... Me llevan.*« Oh, was für ein schicksalsschweres Wort: *Me llevan* – Sie führen mich fort ... Sich nicht *erwischen* lassen! Sich nur nicht *erwischen* lassen! Das muß der vorherrschende Zug im Leben Indianisch-Mexikos gewesen sein, seit vor langer Zeit Montezuma seine Gefangenen zur Opferung aufmarschieren ließ.

Ohne die theologische Politik von *The Plumed Serpent* im Kopf bereitete sich Lawrence nun darauf vor, die in *Lady Chatterley's Lover* implizierte Haltung einzunehmen: daß wir machtlos sind, das von den Massen oder dem autoritären Staat verhängte Böse zu ändern, und daß das Heil allein in der Pflege unseres Privatlebens zu suchen ist. Anderen war diese resignative Lösung schon vor ihm eingefallen, doch Lawrence gab ihr eine neue Wendung, hin zu privater Zärtlichkeit. Zunächst jedoch mußte er die private Zärtlichkeit in seinem eigenen Leben wiederherstellen; wegen seines verrückten Verlangens nach Unterwerfung war sie längst geschwunden. Die Wiederherstellung vollzog sich unter verzweifelten Umständen.

Er hatte ernsthaft – oder in den Spekulationen seiner Kunst zumindest fast ernsthaft – versucht, die dunklen Götter zu beschwören. Jetzt, in der Ruhe und Abgeschiedenheit von Oaxaca, erschienen sie, doch nicht so, wie er erwartet hatte. In seiner privaten Theologie hatten sie eine Macht repräsentiert, aber er hatte angenommen, diese Macht sei in ihrem Wesen gut. Nun stellte er fest, daß sie böse war. Er erkrankte an Malaria; Diarrhöe und Ruhr kamen hinzu, und um sein Leid zu komplettieren, wurde Oaxaca von einem Erdbeben erschüttert. Er hatte zu sehr auf die wohltätige Natur vertraut, Gemüse und Früchte gegessen, die Krankheitserreger enthielten, und ebenso auf die Etymologie des Wortes *malaria*, von dem er zu glauben geneigt war, es bedeute nur »schlechte Luft«. Ihr Haus schwankte unter den Erdstößen, während Lawrence kraftlos im Bett lag und Frieda, krank vor Angst, darunter. Als das Beben vorüber war, brachte man Lawrence ins einzige Hotel von Oaxaca, wo er akzeptierte, daß er sehr krank war, und wo, ihren Memoiren zufolge, Frieda weinte wie eine Irrsinnige, als sie erkannte: »Er wird nie wieder ganz gesund, er ist krank, er ist dem Schicksal verfallen. All meine Liebe, all meine Kraft werden ihn nicht mehr heilen können.« Und Lawrence, in dem der alte Kampf erloschen war – das törichte Gerede von Unterwerfung lag in Asche –, sagte: »Aber wenn ich sterbe, sollst du wissen: nichts hat mir etwas bedeutet, nur du, sonst gar nichts.«

Man brachte ihn in ein Hotel nach Mexico City, und dort machte ihm in Friedas Anwesenheit ein Arzt die Eröffnung, die niemals mehr mit dem Gerede von »entzündeten Bronchien« widerlegt werden konnte. Lawrence hatte Tuberkulose und höchstens noch, wie man Frieda vertraulich mitteilte, ein oder zwei Jahre zu leben. Er mußte nach Hause, was bedeutete, auf die Ranch zurück, und jetzt wurde ihnen schmerzhaft bewußt, was für ein Zuhause dieser Ort auf fremdem Territorium war. An der mexikanischen Grenze machten die Einwanderungsbehörden, in ihrer krankhaften Angst vor einer Verseuchung der USA durch kranke oder schmutzige Ausländer, große Schwierigkeiten, ihn ins Land zu lassen. Was sollte er tun? Zurückkehren nach Oaxaca, in ein zerstörtes Haus? Der Arzt in Mexico City hatte ihn für viel zu krank erklärt, um eine Seereise nach England zu wagen, wo der kalte Frühling nur darauf wartete, Tuberkel zu entzünden, die in einer wärmeren Klimazone eine Chance zur Heilung besaßen. Nur durch eine freundliche Intervention der Amerikanischen Botschaft in Mexico City konnten sie die Pedanterie der Einwanderungsbehörden umgehen. Aber Lawrence bekam nur ein Visum für sechs Monate, und in seinem Gesundheitszustand war eine Verlängerung unwahrscheinlich.

Er gewann genügend Kraft und Energie zurück, um seinen letzten Sommer auf der Ranch zu genießen. Tatsächlich war seine rasche Erholung fast ein Wunder: Schon bald sprang er wieder in den Sattel seines Pferdes, kochte, buk, pflegte den Garten, grub seinen Bewässerungsgraben. Und jenes gefühlsmäßige Denken, das er nicht auf seine Hirnrinde begrenzt wissen wollte, arbeitete eifrig wie eh und je, sann über das Geheimnis seiner schwarzen Kuh Susan nach – ihre »sonderbare, sprunghafte Kuhfröhlichkeit«, ihren »Kuhfrieden« – und grübelte in dem bemerkenswerten Essay »Reflections on the Death of a Porcupine« (Reflexionen über den Tod eines Stachelschweins), lange vor Sartre, über die Kategorien von Sein und Existenz. Ein streunender Hund hatte Stacheln von einem Stachelschwein in der Nase und litt Schmerzen. Lawrence entfernte sie mit Geduld und Sorgfalt, und der Hund dachte, er hätte endlich einen liebevollen Herrn gefunden. Doch Lawrence konnte sich nicht an den Besitz eines Hundes binden, warf einen Stock nach ihm, der die wunde Nase traf, und hörte voller Qual und Reue das verzweifelte Geheul des weglaufenden Hundes.

Es besteht keine Notwendigkeit, Lawrences Gedanken über die Einheit der belebten Welt näher auszuführen, doch hatte ihn die Attacke der dunklen Götter Oaxacas gelehrt, daß diese Einheit zum Teil durch Zerstörung am Leben gehalten wurde. Es gab Geschöpfe im Umkreis der Ranch, die wegen ihrer Destruktivität vernichtet werden mußten, und dazu gehörten auch die riesigen Stachelschweine, groß wie Bären. Zum ersten Mal in seinem Leben schoß Lawrence mit einem Gewehr auf eines von ihnen, traf nicht tödlich, hatte keine Patronen mehr und erschlug es deshalb mit einem Stück

Zedernholz. Er mußte seine Tat mit dem Hinweis auf die wirtschaftlichen Verhältnisse einer Ranch rechtfertigen, doch diese eine Erfahrung des Tötens führte ihn auf ein philosophisches Gebiet, wo er versuchte, zwischen der absoluten Bedeutung jeder Lebensform an sich und ihrer relativen Bedeutung im gesamten Schema des Seins zu unterscheiden. Es besteht ein Konflikt zwischen den beiden Haltungen zum Leben, »eine Verschlingung von Existenz und Sein, eine Verschlingung, welcher der Mensch niemals hat entkommen können, außer durch eine Opferung des einen zugunsten des anderen.« Aber, sagt er, »Opferung ist sinnlos.« Wir können unsere eigene (laurentianische) Lebenskraft nur erhalten, indem wir die Lebenskraft anderer Lebewesen in Anspruch nehmen; wir erkennen die Notwendigkeit, »niederere Zyklen des Lebens durch unsere Bedürfnisse zu beenden und zu *vollenden*, in ein neues Wesen zu verwandeln.« Er sagt zwar, Opferung sei sinnlos, doch das Stachelschwein ist geopfert worden im Namen »der Eroberung, des Eroberten und des Eroberers, in Ewigkeit.« Und er schließt, weit entfernt von dem Gewehrschuß und dem Stück Zedernholz, mit einem Angriff auf den modernen Menschen:

> Wir haben versucht, Mauern um das Himmelreich zu errichten: aber es ist sinnlos. Innen verfault nur der Kohl.
> Unsere letzte Mauer ist die goldene Mauer aus Geld. Das ist eine tödliche Mauer. Sie schneidet uns vom Leben ab, von der Lebenskraft, von der lebendigen Sonne und der lebendigen Erde, wie *nichts sonst* es vermag. Nichts, nicht einmal die fanatischsten Dogmen einer eisernen Religion, kann uns vom Fluß des Lebens und der Erleuchtung trennen, wie Geld es vermag.
> Wir verlieren Lebenskraft: verlieren sie schnell. Wenn wir nicht die Fackel der Erleuchtung in die Hand nehmen und unsere Geldtaschen fallen lassen, werden die Mittellosen von der Flamme der Flammen entzündet werden und uns verzehren wie alte Lumpen.
> Wir verlieren Lebenskraft, und Schuld tragen das Geld und die Maßstäbe des Geldes. Die Fackel in der Hand der

Mittellosen wird unser Haus anzünden, und wir werden darin verbrennen wie Schafe in einem brennenden Stall.

All das als Resultat des Grübelns über ein erschossenes Stachelschwein.

Das amerikanische Visum lief Ende September 1925 ab. Lawrence warf den letzten Blick auf die Schönheit ringsum und gaukelte sich vor, er würde sie einstmals wiedersehen. Doch in einer tieferen Schicht seines Wesens akzeptierte er die Wahrheit. Am 15. September waren er und Frieda am Washington Place 71 in New York und warteten darauf, an Bord der SS *Resolute* zu gehen. Brett, die später nachkommen sollte, war noch in Mexiko. Lawrence schrieb ihr: »Natürlich ist es dumm, die Ranch zu verlassen, aber vielleicht tut Europa uns gut für den Winter« – laurentianischer Unsinn. Sie legten ab, und Lawrence äußerte sein Mißfallen über den Atlantik – »ein gräßliches Meer: es deprimiert mich immer, dies Grab von Atlantis« –, während er sich darauf vorbereitete, sein Mißfallen über England auszudrücken. Er hatte Anfang Oktober seine Reise um die Welt beendet und fühlte sich nicht wie jemand, der nach Hause gekommen war, sondern »merkwürdig fremd«. Der ewig Fremde fühlte sich in Europa weniger fremd, und er ging nach Europa, um dort die letzte Phase seiner sonderbaren Laufbahn zu verleben. Doch in Europa richtete er seinen Blick besonders auf England.

15
Leben im Tod

Im Herbst 1925 waren Lawrence und Frieda in Baden-Baden, dann ließen sie sich für den Winter in Spotorno nieder, in der Villa Bernardo. Italien war Lawrences wahre Heimat, das Mittelmeer das einzige Meer für ihn, die Götter der Reben und Oliven die einzigen, die ihn nicht enttäuschten. Die heimtückischen Gottheiten Mexikos, welche die Erde beben ließen und ihn mit Malaria und Ruhr schlugen, gewannen noch einmal für eine letzte kurze Phase rachsüchtiger Feindseligkeit die Herrschaft über seine Nerven, und er griff Frieda und ihre Kinder an, rief seine Schwester Ada herbei, um ihn in seinen Wutausbrüchen zu unterstützen, und benutzte Brett, die ihm gehorsam nachgefolgt war, als Resonanzboden für sein Gebrüll und seine Flüche. Doch Brett wurde schon bald vertrieben, und für Lawrence und Frieda begann der letzte, mehr oder weniger ruhige Abschnitt ihrer Ehe, den sie entweder allein verbrachten oder in der Gesellschaft verwandter Seelen wie den Brewsters, die aus Ceylon zurück waren und sich in Capri niedergelassen hatten, oder Aldous Huxley und seiner Frau. Lawrence hatte Maria Huxley, die Belgierin war, schon damals in Garsington kennengelernt; Aldous war er während des Krieges kurz begegnet und hatte ihn beinahe dazu überredet, sich Rananim anzuschließen. In den allerletzten Tagen seines Lebens sollte Lawrence Trost in der Ergebenheit der Huxleys finden. Aber noch hatte er fünf Jahre schöpferischer Raserei vor sich. Anfang des Jahres 1926 schrieb er an Murry:

> *Ach! du lieber Augustin, Augustin, Augustin* – ich kümmere mich nicht die Bohne drum, wer mich druckt oder nicht, und

auch nicht wo und wie oder wann und warum. Soweit ich kann, will ich danach trachten, genug Geld zum Leben zu verdienen. Aber ich nehme mich nicht ernst, außer zwischen 8.00 und 10.00 Uhr morgens und Schlag Mitternacht. Zu andern Zeiten mag sich mein Sprüchlein wie ein Schmetterling niederlassen, wo es ihm gefällt: auf den Lilien des Feldes oder auf den Pferdeäpfeln der Landstraße oder nirgends. Von mir hat es sich getrennt ... Nein, nein! Ich bin vierzig, und ich möchte – im besten Sinne – mein Leben genießen. Mein Sprüchlein sagen und andere Leute beobachten, wie sie es schlucken, ist mir – was mich betrifft – keinen Pfifferling wert. Damit will ich keine Zeit vergeuden ... Das Mittelmeer ist heute glitzerblau. Pah, daß man bloß ein Gebirge aus Worten sein soll! Den Anker gelichtet, mein Junge! Mach dich frei!

Leichter gesagt als getan. Lawrence hätte ebensowenig aufhören können, ein Gebirge aus Worten zu sein, wie er hätte aufhören können zu atmen, obwohl das Atmen ihm immer schwerer fiel. Der Drang, in der Welt herumzuziehen, war noch immer da: Er wollte die griechischen Inseln umsegeln; er lernte sogar Russisch, damit die leninistische Utopie sich in den Lenden ansiedeln konnte; doch er hatte die Kraft nicht mehr. Natürlich sehnte er sich nach der Ranch zurück, doch schon seit Juni hatte Brett die Verantwortung für den Betrieb (»in diesem Moment trägst Du gewiß Reithosen und fühlst Dich wie ein richtiger *ranchero*!«), und Brett war, trotz ihrer angeblichen Hohlköpfigkeit, sehr zuverlässig. Im Juli schrieb er ihr:

Wegen mancher Dinge wünschte ich wirklich, dort zu sein. Ich würde so gern die Blumen sehen und den Himbeer-Canyon hinaufreiten und mit einer Schaufel am Graben entlang gehen. Doch etwas anderes hält mich ab, zumindest im Moment: ich weiß nicht, was es ist, aber es sitzt tief in meiner Magengrube. Es hat mit Amerika selbst zu tun, der ganzen Affäre – und doch habe ich das natürliche Gefühl, der Baum vor dem Haus ist mein Baum. Sogar die kleinen Espen am Tor – ich spüre, daß ich auf sie achtgeben muß.

Es gab eine Menge Dinge, auf die er, wie ihm sein Gefühl sagte, achtgeben mußte, und dazu gehörte England, das bald, in Gestalt von *Lady Chatterley's Lover*, eine Lektion in Erneuerung erhalten sollte, welche es brüsk zurückwies. 1927 war sein Hauptaugenmerk visionär auf die Schaffung einer endgültigen Form der Treue und Ergebenheit gerichtet. Er hatte die ganze Welt bereist auf der Suche nach einem Volk, das nicht von der kommerziellen und industriellen Irrlehre des Westens verdorben war, und keines gefunden. Die Tropen hatte er gehaßt, den Buschmännern gegenüber nur Gleichgültigkeit verspürt und die Mexikaner vom großen weißen Affen korrumpiert gefunden. Ausgerechnet in seiner wahren Heimat Italien fand er eine Rasse – oder glaubte es zumindest –, die durch eine Harmonie mit dem Kosmos gesegnet war und ihre Gesetze in den Lenden und im Solarplexus trug: mit einem Wort, eine laurentianische Rasse. Mit Earl Brewster besuchte er die antiken Städte der Etrusker.

Das Buch, welches aus dieser Reise resultierte – *Etruscan Places* (ETRUSKISCHE STÄTTEN), 1932 erschienen –, sollte ursprünglich wesentlich umfangreicher werden, als es heute ist. Bereits 1920 hatte sich Lawrence für die Etrusker interessiert und die einschlägigen Werke gelesen – D. Randall-MacIvers *Villanovans and Early Etruscans*, Pericles Duratis *Etruria Antica* und die große Studie von George Dennis, einem Engländer, also einem potentiellen Rivalen. Er erkannte, daß er an Wissenschaftlichkeit und Detailliertheit nicht mit diesen Arbeiten konkurrieren konnte. Und natürlich war sein Blick nicht ganz objektiv: Er brauchte die Etrusker mehr als sie ihn; ihre posthume Aufgabe war es, die laurentianische Phallus-Mystik zu erhärten. Doch weist sein Buch Qualitäten auf, die zumindest ebenso willkommen sind wie exakte Wissenschaftlichkeit – ein Gefühl von Unmittelbarkeit, das nicht nur die Etrusker wieder zum Leben erweckt, sondern gleichfalls das Italien der zwanziger Jahre, als es noch keine *autostrade* oder Agip-Motels gab und die Züge noch nicht nach Fahrplan verkehrten, wenn überhaupt. Das Essen in den

Gasthöfen war in der Regel ungenießbar – ausgekochte Fleischfasern, mit dem abgeschöpften Fett wurde lappiger Spinat aufgewärmt –, und die Betten waren schmutzig und voller Ungeziefer. *Etruscan Places* ist das vielleicht letzte Reisebuch der alten, umständlichen Tradition – das Auge nimmt langsam alles in sich auf, schmerzende Füße erzwingen die notwendige Muße, um die einfachen Leute in der Küche des Gasthofes zu beobachten. Obwohl er ein kranker Mann war und schnell ermüdete, hätte sich Lawrence, wie ich glaube, kaum an den Annehmlichkeiten moderner Italienreisen erfreut – den gesichtslosen Autobahnen, der Verzweiflung, in Spoleto keinen Parkplatz zu finden –, und wegen des Smogs über Ravenna hätte er getobt. All das hätte er als den endgültigen Sieg Roms angesehen, dieser entindividualisierenden Macht, welche die Etrusker vernichtete und Monster wie Caligula und Mussolini ausspie. Das Thema des Buches ist der Mord an einer Zivilisation, die, da sie auf den natürlichen Trieben beruhte und mit dem Kosmos in Einklang stand, zwangsläufig von den Göttern des ruchlosen Puritanismus und der abstrakten Logik ausgerottet werden mußte.

> Die Etrusker waren, wie jedermann weiß, das Volk, das in der römischen Frühzeit Mittelitalien bewohnte und das die Römer, auf ihre übliche gutnachbarliche Manier, völlig ausrotteten, um für Rom – ein sehr groß geschriebenes Rom – Raum zu schaffen. Sie hätten sie nicht alle ausrotten können, es gab ihrer zu viele. Aber sie vernichteten die etruskische Existenz als Volk und Nation. Jedenfalls scheint dies das unvermeidliche Ergebnis jener sehr groß geschriebenen Expansion zu sein, die für Leute wie die Römer die einzige *raison d'être* darstellt.

Leute »wie die Römer« schließt die Briten ein – Imperialisten, die nur allzu gern den Neo-Etrusker Lawrence ausrotten würden – und die Preußen. Das Preußentum war so fest in der Seele des großen Historikers Mommsen verankert, daß er seine Abneigung gegen die Etrusker nicht verbergen konnte. »Der Preuße in ihm begeisterte sich an dem Preußen, der in den römischen Welteroberern steckt.

Obwohl er ein großer Gelehrter und Historiker war, bestritt er beinahe die pure Existenz des etruskischen Volkes.« Und das tut, nach Lawrences Ansicht, fast jeder. Werden die Etrusker überhaupt erwähnt, so werden sie »als schwache griechisch-römische Nachahmung bezeichnet und dadurch herabgesetzt.« Sie hinterließen keine Literatur, nicht einmal eine Sprache. Sie waren nicht selbstbezogen genug, um ihr Bild über die Grenzen der Zeit hinaus verewigen zu wollen. Sie lebten ihr Leben. Das machte sie Lawrence teuer.

Die Liebe zum Leben gilt bei den großen abstrakten Imperialisten als lasterhaft. »Die Etrusker waren lasterhaft! Wahrscheinlich das einzige lasterhafte Volk im Angesicht der Erde. Du und ich, lieber Leser, wir sind doch ohne Makel wie reiner Schnee, nicht wahr? So sind wir durchaus befugt, ein Urteil zu fällen.« Alles, was Etrurien bleibt, sind seine Gräber, und es liegt eine gewisse Berechtigung in Lawrences Suche nach Leben unter der Erde, wo es nicht nur Knochen, sondern auch keimende Samen gibt. Für die Etrusker waren die Toten lebendig. Sie errichteten eine Stadt der Lebenden auf einem Hügel und gegenüber, auf einem anderen Hügel, die Nekropolis, die »nahegelegene Stadt ihrer lieben Toten«. Ein Teil von ihm war dabei, sich mit dem Tod abzufinden, und er wäre glücklich gewesen, ihn bei den Etruskern zu verbringen. In ihren Gräbern finden die Etrusker »eine heitere Fortsetzung des Lebens, mit Edelsteinen und Wein und mit Flöten, die zum Tanz aufspielten. Es war weder eine ekstatische Seligkeit, ein Himmel, noch ein qualvolles Purgatorium. Es war einfach eine natürliche Fortdauer der Lebensfülle. Alles fand seinen Ausdruck in Begriffen des Lebens, des Lebendigen.« Und das Symbol des Lebens ist der Phallus oder Lingam, und sein weibliches Gegenstück, die *arx*, die Lawrence sofort in ›Arche‹ Noah und Bundeslade (Ark of the Covenant) übersetzt – »der Schoß . . ., der das Geheimnis des ewigen Lebens, das Manna und die Mysterien birgt.« Diese Sinnbilder des Lebens suchte Lawrence in den Gräbern und fand in ihnen, sofern sie nicht von puritanischen Aasgeiern entfernt worden waren, das äußere Anzeichen des etruskischen Bewußtseins – »den ganzen etruskischen Puls und Rhythmus.« So etwas mußte ausgerottet werden.

Nun erkennen wir wieder, unter den blauen Himmeln, wo die Lerchen in der heißen Aprilluft singen, weshalb die Römer die Etrusker lasterhaft nannten. Selbst in ihren besten Zeiten waren die Römer nicht gerade Heilige. Aber sie meinten, von Rechts wegen hätten sie es sein müssen. Sie haßten den Phallus und den Schoß, weil sie Imperium und Herrschaft und vor allem Reichtümer – gesellschaftlichen Gewinn erstrebten. Man kann nicht fröhlich zum Klang der Doppelflöte tanzen und zugleich Völker knechten oder riesige Geldsummen aufhäufen. *Delenda est Carthago.* Für den gierigen Mann ist jeder, der seiner Gier im Wege steht, das leibhaftige Laster.

Die Suche nach dem antiken Etrurien führte Lawrence und Brewster nach Cerveteri, Tarquinia, Vulci und schließlich Volterra. Während der gesamten Reise wird die lebendige Welt ebenso genau studiert wie die tote, die auf ewig das Leben verherrlicht. Lawrence sieht einen Schäfer, der wie ein Faun aussieht, und beginnt eine Klage über das Verschwinden des »Faunsgesichts«, das, wie so vieles aus der italienischen Vergangenheit, im Weltkrieg zu Staub zermalmt wurde. »Sie können nicht leben bleiben, die Faunsgesichtigen, mit ihren reinen Konturen und ihrer seltsamen amoralischen Ruhe. Nur die ihres Reizes beraubten Gesichter überleben.« Er stellt Betrachtungen über die Asphodele an und verwirft sowohl die romantische Auffassung von ihr als einer großen und geheimnisvollen Lilie als auch ihre Reduzierung zur Narzisse:

Jedenfalls: man vertraue nur einem Engländer, und dazu einem modernen, wenn er das Bedürfnis verspürt, den schlanken, stolzen, sprühenden Draufgänger, der die Asphodele ist, in die bescheidene gelbe Narzisse zu verwandeln. Ich glaube, wir lieben die Asphodele nicht, weil wir nichts Stolzes und Sprühendes lieben! Die Myrte öffnet ihre Knospen genau auf die gleiche Weise wie die Asphodele: explosiv, indem sie die Funken ihrer Staubfäden aussprüht. Und ich meine: eben das haben die Griechen *gesehen*. Sie selber waren so.

Lawrence scheint abzuschweifen, doch in Wirklichkeit ist er stets nahe an seinem Sujet, dem Leben. Diese erstaunliche Sensibilität schoß los, sprühte, explodierte und brachte jedesmal eine neue und erstaunliche Variation seines Grundthemas zustande. In Volterra sah er die Urnen der Nordetrusker, fluchte auf die Museen, weil sie sich mit ihnen befaßten wie mit allem und jedem – »Es ist widerwärtig! Warum muß denn jede Erfahrung in ein System gebracht werden? Warum müssen sogar die verschwundenen Etrusker auf ein System reduziert werden? . . . Man zerschlägt sämtliche Eier und produziert einen Eierkuchen, der weder etruskisch noch römisch noch italisch noch hethitisch noch irgend etwas sonst ist, sondern lediglich aus einem systematisierten Durcheinander besteht.« –, und grübelte dann über die trostlose Festung, in der das Gefängnis untergebracht war: Dort schmachtete ein alter Mann der seine Frau umbrachte, weil sie unaufhörlich wegen seines Klavierspiels gekeift hatte. »Als das dreißigjährige Keifen so zum Schweigen gebracht war, erhielt er dreißig Jahre Zuchthaus und darf *noch immer nicht* Klavier spielen. Es ist eigenartig.« Aber es gab einige Männer, die dem Gefängnis entflohen, indem sie ihre eigene Form aus Brot nachbildeten und diese zugedeckt auf ihre Pritschen legten, als sie den Ausbruch durchführten. Eier, Gräber, Flucht, ewiges Leben im Tod. Die Bruchstücke warteten geradezu darauf, zu etwas Neuem, Sonderbarem zusammengesetzt zu werden. Brewster wies auf die Osterdekoration eines Schaufensters in Volterra – ein Huhn, das aus einem Ei schlüpfte – und mußte die christliche Allegorie gar nicht erst erwähnen. Lawrence war nun in der Lage, die eigenartige Novelle *The Man Who Died* zu schreiben.

Lawrences Schauplatz ist Jerusalem unter einem römischen Prokurator: Mit gewohntem Selbstvertrauen versetzt er sich in diese fremde Gegend und Zeit. Ein judäischer Bauer besitzt einen schönen Kampfhahn und hat Angst, daß er fortfliegen könnte. Er bindet ihn mit einem Bein an einen Pfosten, und der Hahn wird langsam zahm, doch »der grimmige Lebensdrang in ihm war ungebrochen.« Eines Morgens erwacht er, schnellt auf seinen Schwingen hoch, und die Fessel zerreißt. Er flattert auf eine Mauerkrone und kräht dort einen markerschütternden Fanfarenruf in die Welt. Im selben Augenblick erwacht ein Mann in einem Grab aus langem Schlaf und zerreißt seine eigenen Fesseln, Bandagen, die ihn an den Tod binden. Mit letzter Kraft drückt er die steinerne Tür zu seinem Grab auf und begegnet »dem bestialischen Ansturm des Lichts«. Er ist weder lebendig noch tot, kennt keinen österlichen Triumph der Auferstehung. Er war zu früh vom Kreuz genommen worden; versteckt er sich nicht, kreuzigt man ihn noch einmal. Er findet Zuflucht bei dem Bauern, nachdem seine erste Tat gewesen war, den Hahn wieder einzufangen und ihn in die Arme seines Herrn zurückzugeben. Tagelang liegt er und sammelt neue Kräfte und beobachtet dabei den wieder angebundenen Hahn, wie dieser ihn beobachtet.

> Der Mann lag still, und mit Augen, die gestorben und jetzt weit offen und ruhig und dunkel waren, sah er die ewige Entschlossenheit des Lebens. Und der Hahn mit seinem leeren, blanken Blick blickte mit dem halb sehenden Ausdruck eines Vogels auf ihn. Und immer sah der Mann, der gestorben war, nicht nur den Vogel allein, sondern die kurze, spitze Lebenswoge, deren Kamm der Vogel war. Er beobachtete den wunderlichen Schnabelzugriff des Geschöpfs, als es Futterbrocken in sich hineinschlang, das Herumblicken aus dem Auge des Lebens, immer wachsam und auf der Hut, hochmütig und vorsichtig, und die Stimme dieses Lebens, die Triumph und Selbstbehauptung hervorkrähte, jedoch durch die Fessel der Umstände stranguliert wurde . . . Und das Schicksal des Lebenmüssens erschien ihm wilder und zwingender als sogar das Schicksal des Sterbenmüssens. Das Verhängnis des Sterbens war ein Schatten, verglichen mit der rasenden Lebensgier, der entschlossenen Brandungswoge des Lebens.

Christus (wir dürfen ihn ruhig so nennen, auch wenn Lawrence es nicht tut) identifiziert sich mit dem Hahn und erkennt, daß es allein auf das Leben im Fleisch ankommt und das Leben im Geist eine Chimäre ist. Maria Magdalena (von Lawrence zu Madeleine französiert) sieht in dieser Wirklichkeit nur Bitternis und möchte glauben, daß der Erlöser tatsächlich auferstanden ist, aber nicht als Mensch –

»als reiner Gott, der nicht vom Fleisch angerührt und der in den Himmel entführt werden sollte.« Doch für Christus liegt die wahre Bedeutung seines Todes in der Auslöschung des banalen Lebens seiner Identität. Er segnet den angebundenen Hahn, reines Leben ohne die Qualen durch Forderungen des Geistes, und Lawrences Sprache nimmt einen ironisch biblischen Ton an: »Und der Mann lächelte, da der Vogel ihm lieb geworden, und er sagte zu ihm: ›Wahrlich, du bist in die Herrlichkeit des Vaters eingegangen, so weit es Vögeln möglich ist.‹ Und der junge Hahn antwortete ihm und krähte.«

Der auferstandene Christus tritt mit einer neuen Berufung ins Leben: ein Arzt zu werden, der den Körper heilt, nicht die inexistente Seele. Sein Gastgeber, der Bauer, überläßt ihm den Hahn, den er als eine Art lebende Fanfare des Lebens und der Reinheit mit sich trägt. Doch er gestattet dem Vogel, mit einem anderen, gewöhnlichen, weniger schönen Hahn zu kämpfen und ihn zu töten. »›Du wenigstens hast dein Königreich gefunden, und Weiber für deinen Körper. Dein Alleinsein kann Größe annehmen, die durch den Zauber deiner Hennen verschönt wird.‹« So sieht sich Christus ohne seine Fanfare dem Leben der Stadt gegenüber und lehnt es ab: Es steckt voller »Zwang«, welcher das menschliche Recht auf Alleinsein verletzt, und in einem Wiederaufleben seines Abscheus beim Erwachen erkennt er, daß seine eigene Mission, die Liebe erzwingen wollte, im Grunde eine Sünde war. Er sieht Furcht vor dem Tod, die in Wahrheit Furcht vor dem Kreislauf des Lebens ist, und wahnsinnige Ichbehauptung (er springt hier kurz von Jerusalem nach Wien), also lehnt er die Stadt ab und zieht weiter.

Es folgt ein Szenenwechsel zu einem Tempel der Isis am Meer. Eine Priesterin der Göttin, Aristokratin wie Frieda, »weiß und gelb und einsam wie eine winterliche Narzisse«, sieht zu, wie sich ein Junge über ein Mädchen wirft wie der Hahn auf die Henne, und wendet sich uninteressiert ab: Das sind nur Sklaven, während sie aus guter Familie stammt und einst Antonius kannte, der nur in den ägyptischen Lebenskreislauf hineingezogen wurde, um von der linearen Rache Roms getötet zu werden. Sie identifiziert sich mit Isis, der Beraubten, und mit Isis auf der Suche; sie muß die verstreuten Teile des Osiris wieder zu einem lebenden Körper zusammensetzen und sich selbst der befruchtenden Kraft jenes Gottes des Lebenszyklus darbringen. Dann sieht sie Christus, den Wanderer, der (und Lawrence gibt sein eigenes liebstes lateinisches Etikett an ihn zurück) »dem unwiderruflichen *Noli me tangere*, das den Wiedergeborenen vom Vulgären scheidet, noch nicht zugestimmt hatte.« Er ist willens, sich berühren zu lassen, und die Priesterin sieht in seinem verwundeten Körper die Züge des Osiris. Doch die Berührung muß die gebende Berührung des Lebens sein und nicht das besitzergreifende Anfassen der Egoisten und Furchtsamen. Christus ist nun bereit für die körperliche Liebe, da er sich erinnert, daß alles, was er zuvor gegeben hat, der Leichnam der Liebe ist: »Das ist mein Leib – nehmet und esset – meinen Leichnam – «. Er wird nun noch einmal von einer Frau gesalbt, doch nicht von einer Prostituierten wie Maria Magdalena, die wohl in ihrer Haltung zur Liebe ebenso leichenhaft war wie der Meister selbst; die Priesterin heilt seine Wunden mit Öl, und nach dem Koitus sieht sie diese zu lebendigen Sonnen erblühen. Nun kann ein wahrhaft auferstandener Christus sich in den Strom des Lebens, symbolisiert durch das Meer, eingliedern und braucht die Identifikation mit dem zügellosen Hahn nicht mehr (der Sklave, der sich wie ein Hahn über sein Mädchen geworfen hatte, weicht bei der Begegnung mit Christus voller Angst zurück). Er hat nicht nur die körperliche Liebe entdeckt, sondern auch Isis mit dem Samen des Osiris befruchtet.

> Der Mann, der gestorben war, ruderte langsam mit der Strömung weiter und lachte in sich hinein: »Ich habe den Samen meines Lebens und meiner Auferstehung gesät und habe auf immer das Siegel meiner Verbundenheit auf der auserwählten Frau dieses Tages zurückgelassen, und wie die Essenz von Rosen trage ich ihren Duft in meinem Fleisch. Sie ist mir lieb im Innersten meines Wesens. Und die golden gleitende Schlange rollt sich wieder zusammen, um am Fuß meines Baumes zu schlafen.
> Möge das Boot mich forttragen. Morgen ist ein neuer Tag.«

Dieser letzte Satz, den sich Scarlett O'Hara zu eigen machte, gilt für gewöhnlich als eine Segnung der Saumseligkeit. Hier bei Lawrence bedeutet er nicht nur ein Akzeptieren des Alltäglichen, sondern darüber hinaus eine stille Freude, sich dem Sonnenzyklus zu ergeben. Indem Jesus Christus ein tangentiales Leben predigte, eine gerade Linie hinauf zu einem fleischlosen Himmel, sündigte er gegen die Sonne und den sich selbst erneuernden Kosmos. (Robert Graves scheint, in seinem *King Jesus*, diese These von Lawrence entlehnt zu haben.) Das Christentum, so Lawrence implizit, ist ein gefährlicher Umweg gewesen, doch mit laurentianischer Hilfe können selbst die Anhänger der Independenten-Kirche zurück zum Licht geführt werden.

The Man Who Died läßt sich als Anhang zu *The Plumed Serpent* und zu den Betrachtungen über die Etrusker (dazu paßt es gut, daß die Novelle wie ein Huhn aus dem Ei Nordetruriens schlüpfte) verstehen. Wenn der christliche Gott zugunsten der großen dunklen Götter und der Sonnenmacht abgelehnt werden muß, so hat dies mitleidsvoll und mit einem gewissen Bedauern zu geschehen: Christus ist zu sanft, um der Feind zu sein. Hier haben wir ein Überbleibsel der jugendlichen Hingabe an die Religion von Lawrences Mutter vor uns, und wahrscheinlich war dem Autor wohl bewußt, daß die Novelle für sie ein Schlag ins Gesicht gewesen wäre (Jesus schläft mit einer heidnischen Priesterin: welch eine entsetzliche Vorstellung). Es ist merkwürdig, daß die Erzählung keinen Sturm der Empörung provozierte, doch man muß Lawrence Klugheit attestieren, den heiligen Namen nicht zu erwähnen. Und das ganze Werk ist ein so meisterhaftes Stück dichterischer Prosa, daß es selbst Gläubige zu entwaffnen vermag.

Es ist amüsant und rührend zugleich, den Artikel »Hymns in a Man's Life« (Kirchenlieder im Leben eines Mannes) zu lesen, entstanden in jener letzten Phase, da Lawrence anscheinend alles leichter nahm – wie der Mann, der gestorben war, selbst –, tatsächlich jedoch ein Talent als produktiver, populärer Journalist entwickelte. In dieser kurzen Würdigung der Hymnik der Nonkonformisten setzt Lawrence den Sinn für Religion (er nahm an, ihn im Übermaß zu besitzen) mit dem sechsten Sinn oder dem Sinn für Wunder gleich und nennt ihn »den *natürlichen* Sinn für Religion«. Man muß, sagt er, das Christentum nicht als Dogma hinnehmen, und Dinge in der orthodoxen Christologie wie die wunderbare Vermehrung der Brote und Fische brauchen nicht nach dem Grad ihrer historischen Wahrheit gemessen zu werden. Es kommt allein auf das Wunder an. Er ist dankbar für das Wunder, das ihm zuteil wurde durch die Verse

Son of my soul, thou Saviour dear,
It is not night if Thou be near

Sonne meiner Seele, Erlöser mein,
Es wird nie Nacht in deinem Schein

welche ihn mit dem Mysterium der Dämmerung durchdrangen. Er wollte nicht wissen, wo »das herrliche Land Kanaa« lag: das Wunder des Namens genügte. Man durfte nur nicht zuviel darüber *nachdenken*, denn sonst brach der ganze Bau, der das Mysterium stützte, zusammen. Interessant an Lawrences Haltung zum Christentum ist sein Stolz, eine besondere Art Protestant zu sein: Seine Independenten (Congregationalists) waren »die ältesten Nonkonformisten, Abkömmlinge der Independenten Oliver Cromwells. Sie wahrten noch immer die alte puritanische Tradition, keinen Ritus zu haben. Doch sie vermieden die private Gefühlsduselei, der man bei den Methodisten begegnete, als ich noch ein Kind war.« Die offenbare Inkonsequenz von Lawrence, der sowohl Puritaner als auch Heide war, hat viele seiner Leser gestört, doch Freunde wie Aldous Huxley (der eine ziemlich ähnliche Mischung war) verstanden das Bedürfnis nach solch einem Dualismus, aus dessen Dialektik erst die wahre menschliche Dynamik erwuchs. William Blake setzt »Genug« mit »Zuviel« gleich, doch für Lawrence bedeutete Übermaß die Auflösung der menschlichen Identität, so wie Konsequenz die Nahrung des alles verschlingenden Ego war. Sein Puritanismus gab ihm auch die Kraft, für sein Heidentum zu kämpfen.

Vor sechsunddreißig Jahren glaubten sogar die Lehrer in der Sonntagsschule noch an den Kampf ums Überleben und den

Spaß dabei. »Haltet die Festung, denn ich werde kommen.« Das war weit weg von jedem Militarismus oder irgendwelchen Schießereien. Doch es war der Schlachtruf einer starken Seele – und etwas Schönes dazu.

Stand up, stand up for Jesus,
Ye Soldiers of the Lord.

Steht auf und kämpft für Jesus,
Ihr Soldaten des Herrn.

Jesus steht dabei für die etruskischen Götter oder Quetzalcoatl oder Lawrence oder Sex. Fürs Leben jedenfalls.

16
Die Liebe einer Frau

1925, bei seiner Rückkehr aus New Mexico nach Europa, hatte Lawrence die Midlands besucht, die Landschaft seiner Kindheit. 1926 ließ er einen weiteren Besuch folgen. Bei beiden Gelegenheiten war er entsetzt über die Häßlichkeit und Heruntergekommenheit, welche die Kräfte des Industrialismus über das Land gebracht hatten:

> Das Auto pflügte sich bergauf durch das langgezogene, schmutzige Tevershall, vorbei an den geschwärzten Backsteinhäusern, deren schwarze Schieferdächer ihre scharfen Kanten glitzernd vorstreckten; der Straßenschlamm war schwarz von Kohlenstaub, die Pflastersteine naß und schwarz. Es war, als sei alles tief in Trübseligkeit getränkt. Die totale Verneinung natürlicher Schönheit, die totale Verneinung der Lebensfreude, das totale Fehlen des Sinnes für Gestalt und Maß, den jeder Vogel, jedes Tier besitzt, der totale Tod aller menschlichen intuitiven Kraft – das war erschreckend. Die Seifenstapel in den Krämerläden, der Rhabarber und die Zitronen in den Gemüsehandlungen, die scheußlichen Hüte in den Modegeschäften! Häßlich, häßlich, häßlich flog alles vorbei, und dann kam das Gips- und Gold-Ungeheuer, das Kino mit seinen durchnäßten Bildplakaten: *Die Liebe einer Frau!*

Das stammt aus *Lady Chatterley's Lover*, und es gibt noch sehr viel mehr davon. Der Puritaner in Lawrence hätte sich über die Seifenstapel freuen und gleich eine größere Lieferung für die mexikanischen Bauern ordern sollen, und was ist eigentlich so entsetzlich an

Rhabarber und Zitronen, Farbtupfen in dem Grau und Schwarz? Vielleicht ist der wahre Schlüssel zu dem Entsetzen der Film mit dem Titel »Die Liebe einer Frau«, welcher auf billige Kommerzialisierung menschlicher Leidenschaft schließen läßt – schaler und ungesunder Balsam für die »gespenstischen, verkrümmten, körperlich zurückgebliebenen Wesen, die nur entfernt wie Männer aussahen« und die mitten in diesem Alptraum leben.

Ruskin hatte gegen den Alptraum gepredigt, umsonst. Lawrence, dessen vielfältige Wurzeln auch zu Ruskin reichen, hatte durch sein eigenes Leben erfahren, wie unmöglich es für einen Mann des Wortes war, ein bösartiges System zu zerstören oder auch nur anzukratzen. Das Böse existierte, und weder Kangaroo noch Quetzalcoatl konnten daran etwas ändern. Lawrence sah, als er älter wurde (älter? Er hatte nie die Chance, alt zu werden) immer deutlicher, daß die Veränderung von innen kommen mußte, nicht von der christlichen Welt des Geistes, sondern aus den Quellen der »phallischen Zärtlichkeit«, die von ihrem Schlamm zu einer heidnischen Klarheit gereinigt werden mußten. Darin liegt vielleicht keine Logik, und man kann es höchstens als eine Doktrin der Flucht ansehen, abgeleitet von der eigenen erfolgreichen Flucht aus dem Schmutz seiner Jugend, indem er Frieda heiratete und sich in das Land der Trauben und Oliven und der lächelnden priapischen Statuen stürzte. Was immer ein zufälliger Leser oder auch ein Schmutzfink von *Lady Chatterley's Lover* erwarten mögen, die laurentianische Botschaft ist unmißverständlich: Bringe dein Eheleben in Ordnung, und etwas von seinem Glanz wird vielleicht die Häßlichkeit und Erniedrigung der industriellen Sklaverei überstrahlen. Aber auch wenn nicht, bringe auf jeden Fall dein Eheleben in Ordnung.

Es mag sonderbar scheinen, daß ein Roman, der offenbar den Ehebruch eines Hegers mit einer adligen Dame glorifiziert, als Lobpreis der Ehe interpretiert werden soll, doch genau das ist er. Frieda schrieb über das Buch 1944:

> Nur ein Engländer oder Neuseeländer hatte es schreiben können. Es ist so ganz und gar puritanisch. Auch andere Rassen

kennen die Ehe, doch die mediterranen Völker folgen noch immer Homers antikem Muster einer treuen Penelope am Herd und dem Mann, der die Welt auf der Suche nach Circen und Kalypsos durchstreift – um zu seiner Penelope zurückzukehren, wenn er von der Wanderschaft genug hat; sie ist stets für ihn da. Die Franzosen haben *l'amour*, die Amerikaner ihre schnellen und einfachen Scheidungen usw., doch nur die Engländer haben diese besondere Art der Ehe. Es handelt sich dabei nicht um die Bande gemeinsamer Interessen noch um Kameradschaft, nicht einmal um die Kinder, sondern die gottgegebene Einheit der Ehe ist gemeint. Englands Größe beruhte zu einem großen Teil auf jener hehren Auffassung der Ehe, und die entstammt dem Puritanismus.

Anders gesagt, *Lady Chatterley's Lover* handelt von einem Mann und einer Frau, die zusammenbleiben. Eine Ehe ohne Liebe darf – wie Friedas Ehe – unter dem Druck wahrer Liebe gebrochen werden, doch kann das nur einmal im Leben geschehen. Es gibt keine dritte eheliche Vereinigung. Am Ende des Romans freuen sich Mellors und Connie Chatterley nach den Aufregungen zweier Scheidungen auf ihre Heirat, doch hat der Familienstand überhaupt nichts mit den Rechten des Klerus oder des Standesamtes zu tun: Wichtig ist allein die Liebe – Liebe, Zärtlichkeit, phallischer Friede und die übrigen laurentianischen Schibboleths.

Der Roman wurde im Oktober 1926 in Scandicci begonnen, als die Schrecken des industrialisierten England Lawrence noch frisch vor Augen standen. Im folgenden Februar hatte er ihn beendet, oder besser gesagt die erste Fassung (später veröffentlicht als *The First Lady Chatterley*). Insgesamt gab es drei Fassungen, die dritte ist die weltberühmte, doch halten manche Kritiker die erste für die beste. Während der Arbeit an der zweiten, im Sommer 1927, erlitt Lawrence die schlimmste Lungenblutung, die er je hatte. Überanstrengung in der großen Hitze hatte viel damit zu tun, doch wie üblich schob Lawrence die Schuld auf den Ort, an dem er lebte. Er entwickelte ein ständiges Verlangen zu reisen und ließ im Januar 1928 Italien hinter sich, das er undankbar als »dumm« bezeichnete und »völlig abgestorben« fand, und hielt sich mit den Huxleys im verschneiten Les Diablerets in der Schweiz auf. Der unablässige Ortswechsel sollte bis zu seinem Tod in Vence, in Südfrankreich, weitergehen. Auf einer Reise beendete er die dritte Fassung von *Lady Chatterley's Lover* und brachte sich in Schwierigkeiten, die er klar, doch vielleicht nicht klar genug, voraussah, indem er sich zu ihrer Veröffentlichung entschloß.

Da er sich so viel Mühe damit gab, hielt er das Buch, oder dessen Botschaft, offenbar für äußerst wichtig: Seit *Women in Love* hatte er keinen seiner Romane so gewissenhaft umgestaltet. Böswillige Kritiker haben ihm höchst unreine Motive unterstellt, das Buch überhaupt schreiben zu wollen. Er stand, nach *The Plumed Serpent*, nicht gerade im Licht der Öffentlichkeit: »Ruhm ist der Sporn«, schrieb Milton aufrichtig, und Schriftsteller sind – wenn sie nicht etwas von einem Heiligen an sich haben, und nicht einmal dann immer – schreckliche Beispiele für ein entflammtes Ego: sie wollen beachtet sein und würden gar ein Martyrium auf sich nehmen, solange es in der Öffentlichkeit stattfindet. Lawrence, so behauptet man, beneidete James Joyce, der einen weltweiten Skandal verursachte mit einem Buch, welches angeblich voller Sex und schmutziger Wörter war. Lawrence konnte mit Joyce gleichziehen, ihn vielleicht gar überflügeln, denn er kannte all die Obszönitäten der Bergleute aus Eastwood und hatte Erfahrung mit dem Schreiben erotischer Literatur. Er bewies jene unschöne Fähigkeit zum Neid noch einmal, als Huxleys *Point Counter Point* herauskam. Das Buch war trotz seiner »Absage an das Leben« ein Bestseller, und es enthielt, in Mark Rampion, ein eher mangelhaftes Porträt von Lawrence. Jedenfalls faßte Lawrence den Plan, alle Welt vor den Kopf zu stoßen – durch eine Lebensbejahung und eine ausgewählte Artillerie an alten, ehrlichen Wörtern.

In *Lady Chatterley's Lover* begegnen wir dem alten, ehrlichen Wort *fuck*. Lawrence glaubte, es könne vom Schmutz der Jahrhunderte gereinigt werden und nackt über seine Seiten stolzieren wie Connie und Mellors selbst, als Ausdruck für einen Liebesakt, der zu lange in Euphemismen eingewickelt war. Es gibt eine Menge Leute, die an dem Trugbild eines Goldenen Zeitalters angelsächsischer

Freizügigkeit festhalten, in welchem Liebende einander zum Ficken oder Geficktwerden aufforderten, wie es die Figuren von Mrs. Jackie Collins oder Mrs. Erica Jong tun. Das gab es nie. Das Wort war immer Tabu. Man wird keine altenglische Urkunde finden, die es enthält. Richtig, es ist alt, verwandt mit dem deutschen *ficken*, aber es bezeichnet einen brutalen Akt und ist für das Ehebett durchaus unangemessen. Es hat einen Beiklang von Unpersönlichkeit und Aggressivität. Als Dr. Johnson[45] erklärte (unaufrichtig, so darf man annehmen), trinken und ficken seien die beiden einzigen sinnvollen Beschäftigungen, da meinte er: sich besaufen und ins Bordell gehen. Ein Mann kann eine Hure ficken, aber nicht seine Frau, wenn diese keine Hure ist. Mellors fickt Connie nicht, noch ficken er und sie eine Flamme ins Sein. Sie schlafen miteinander. Das ist kein Euphemismus. Auf der anderen Seite ist *fuck* ein ausgesprochener Dysphemismus. Joyce benutzte das Wort in *Ulysses* richtig: Dort ist es Teil eines Ausbruchs an Obszönität und ein sorgfältig vorbereiteter verbaler Höhepunkt. Molly spricht davon, von Blazes Boylan gefickt zu werden, doch tut sie das in einer Phase der Verbitterung gegenüber einem Ehemann, der aufgehört hat, mit ihr zu schlafen. Die Aufhebung des Verbotes von *Lady Chatterley's Lover*, 1960, schien das Wort zu rehabilitieren als legitimes Glied im Vokabular der Liebe, doch ist darin keine Liebe. Lawrence machte eher einen ästhetischen als einen moralischen Fehler, und sein Irrtum wurde in einer großen Anzahl von Romanen und Erzählungen, die sich auf ihn als Pionier sexueller Offenheit beriefen, perpetuiert.

Sexuelle Offenheit bedarf des Vokabulars der Straßen von Eastwood nicht, und selbst wenn man das Wort *fuck* durch *love* ersetzte, mußten die Szenen erotischer Erfüllung in *Lady Chatterley's Lover* größten Anstoß erregen. Ein wenig tun sie das noch immer, obwohl man heute eher peinlich berührt als geschockt ist. Wir wissen, was beim Liebesakt vor sich geht, und die Schriftsteller unter uns bemühen sich seit jeher verzweifelt, verbale Entsprechungen für Lust und Schmerz der befriedigten Erregung in jener »venerean ecstasy« (Ekstase der Venus), wie Rabelais' englischer Übersetzer Urquhart es nannte, zu finden. Eine mechanische Beschreibung des Aktes selbst sagt uns nichts, ebensowenig wie eine wissenschaftliche Darstellung der Geflügelmast den Geschmack einer gebratenen Ente vermittelt. (Von einem Fick zu sprechen, bedeutet, von einer raschen Erleichterung analog der Darmentleerung zu sprechen.) Lawrence berührt jedoch noch auf andere Weise peinlich. Wir können mit gewissem Gewinn orientalische Handbücher der Liebeskunst wie *Pokam* und das *Kama-Sutra* lesen, denn dort werden wir über wertvolle Techniken zur Steigerung der Lust in Kenntnis gesetzt, doch kein Mensch, Mann oder Frau, der den Liebesakt schätzt, kann Lawrences Beschreibung davon je für adäquat halten, trotz der rituellen Einbettung in die Natur und trotz der Brüste, die wie Glocken schwingen.

Wie in *The Plumed Serpent*, wo Kates Befriedigung nur ein Anhängsel derjenigen ihres dunklen Gottes ist, wird auch Connie der »friktionale«, also durch Reibung erzeugte, Höhepunkt nicht gestattet, den jede Frau mit Recht erwartet; man fragt sich manchmal, ob Lawrences Verlangen nach Beherrschung Friedas nicht vielleicht bis zur Klitoridektonomie gegangen wäre, wenn er im rechten Moment ein genügend scharfes Messer zur Hand gehabt hätte. Nicht einmal Küsse auf den Mund sind Connie erlaubt, denn Mellors macht sich nichts daraus. Irgendwo in Mellors' Vergangenheit gibt es eine von ihm getrennte Ehefrau, die »fordernd« gewesen zu sein scheint. Connie fordert nichts als Zärtlichkeit (*Tenderness* war ein von Lawrence vorgeschlagener Titel für das Buch), und anscheinend erfährt sie diese hauptsächlich durch unverzügliche Penetration, der eindringende Phallus ist wie ein tiefer Stoß des Friedens.

Eines von Lawrences Zielen in diesem Buch ist der Angriff auf die übersteigerten Egos der verderbten Menschheit, er will die einzelnen Identitäten zugunsten einer höheren Einheit schwächen. Der Vogel in *The Man Who Died* birst vor Lebenskraft, die nicht von dem ungesunden Ehrgeiz des Selbst, eine allzumenschliche Erfindung, belastet ist. Beim Vögeln wird der Penis des Hegers Mellors ebensosehr zu einer Romanfigur wie der judäische Hahn; für die Vagina von Constance Chatterley gilt dasselbe. Ein anderer Titelvorschlag – später wurde er für die Publikation der zweiten Fassung aufgegriffen – war *John Thomas and Lady Jane*. So nannten die beiden ihre jeweiligen Geschlechtsorgane, nach Ansicht vieler eine häßliche Witzelei. Lawrence hatte natürlich recht, dem männlichen Organ, das in einem eigenen autonomen Rhythmus an- und abschwillt, eigenes Leben zuzugestehen. Alberto Moravia schrieb einen Roman mit dem Titel *Lui* (ICH UND ER), worin er »ihm« gar eine eigene, unabhängige Existenz zubilligt, doch er wie Lawrence können auf eine lange volkstümliche Mythologie der Phallus-Personifikation zurückblicken. Ich erinnere mich, während meiner Zeit bei der Armee einmal völlig nackt einer medizinischen Begutachtung unterzogen worden zu sein, bei welcher der Rekrut vor mir wegen einer unangebrachten Erektion gemaßregelt wurde. »Ich kann nichts dafür, Sergeant«, sagte er. »Er findet Gefallen an diesem Arzt hier.« John Thomas findet mehr als Gefallen an Lady Jane, doch die Titulierungen sind zu ausgefallen, um akzeptabel zu sein. Wird Lady Jane so genannt, weil sie der Gattin eines Baronets gehört? Wenn wir zu den elementaren Dingen hinabsteigen, warum muß man sie dann durch eine ironische Anspielung auf den Adel verfälschen? John Thomas könnten wir akzeptieren, wenn wir uns nicht bereits unserer eigenen John Thomase bewußt wären, seit den Tagen, da wir sie auf der Schultoilette zum ersten Mal herausgezogen haben. Die Witzelei bringt nichts.

Einige Kritiker und insbesondere Prozeßteilnehmer haben in Connie und Mellors kaum mehr als belebte Geschlechtsteile gesehen – die Persönlichkeiten waren für sie nur skizzenhafte Erweiterungen ihres erotischen Halblebens. Connie, deren vollständiger Name Constance ist, ersetzt eine konstante Beziehung durch eine andere. Mellors ist Melodie und Honig (griech. *meli*). Manche haben die eine als neurotische Idiotin und den anderen als Bock bezeichnet. Es fällt schwer, Connie so ernst zu nehmen wie Gudrun oder Ursula oder sogar Kate: Sie ist völlig passiv. Mellors ist weniger anziehend als Lawrences erster Heger in *The White Peacock.* Er zeigt das Verlangen seines Schöpfers, weder auf das eine noch auf das andere verzichten zu müssen – weder auf den groben Phrasendrescher im Dialekt, der das vulgäre angelsächsische Wesen gutheißt, noch auf denjenigen, der »gutes Englisch« (man beachte die Vornehmtuerei) spricht, wenn ihm danach ist. Es steckt vielleicht etwas von Lawrences Vater in ihm – und ein wenig von der Mutter in dem stillen Leser erbaulicher Bücher, während im Backsteinofen die

Fleischpastete bräunt. Indem er die erotische Zärtlichkeit in den Vordergrund stellt, versagt Lawrence diesen beiden das Recht, wie normale Menschen zu leben – die alltäglichen Arbeiten zu erledigen und in ihrer Freizeit dem Sex zu frönen.

Lawrences Apologie seines Romans – *Apropos of Lady Chatterley's Lover* (APROPOS LADY CHATTERLEY) – ist in mancher Beziehung unterhaltsamer als das Buch selbst; auf jeden Fall ist sie humorvoller. Er empfiehlt zwar nicht, daß jede unbefriedigte Lady mit einem geilen Heger durchbrennen sollte, doch er siedelt »die Blut-Wärme der Einheit und Zusammengehörigkeit« in den unteren sozialen Rängen an (aus denen Mellors, wie Lawrence selbst, nur allzu rasch in eine Art Neo-Aristokratie überwechselt, so ihm danach ist). Es gibt einen Absatz, in dem er die Anhänger Jane Austens mit jener beiläufigen Brutalität abtut, die er so geschickt anzuwenden wußte:

> Im alten England hielt die sonderbare Blut-Verbindung die Klassen zusammen. Die Landjunker mochten anmaßend, gewalttätig und ungerecht sein, doch in gewisser Hinsicht waren sie mit dem Volk einig, ein Teil desselben Blutstromes. Wir fühlen das bei Defoe oder Fielding. Bei der gewöhnlichen Jane Austen gibt es diesen gemeinsamen Blutstrom nicht mehr. Diese alte Jungfer verkörpert schon die ›Persönlichkeit‹ anstelle des Charakters, sie empfindet bereits, daß die Menschen Einzelwesen sind und nicht zusammengehören. Für mein Gefühl ist sie eine unangenehme Person, im schlechten, gewöhnlichen, snobistischen Sinn des Wortes englisch, so wie Fielding im besten, edelmütigen Sinn Engländer ist.

Danach hat er etwas über Sir Clifford Chatterley zu sagen, den wir seltsamerweise mit der Jane-Austen-Tradition reiner »Persönlichkeit« in Verbindung bringen sollen. Sir Clifford, der seit seinem Kriegseinsatz für König und Vaterland von der Hüfte abwärts gelähmt ist, den seine Frau im Stich läßt und sein Heger zum Hahnrei macht, wird bestraft, so wie Gerald Crich dafür bestraft wurde, den eisigen, unmenschlichen Industrialismus zu verkörpern.

Er hat eine Welt errichtet, in der ein Kino die Liebe einer Frau entwürdigt, in seinem Namen klingt die Leere der Gespräche an[46], er ist einer der Verdammten. Während Gerald nur im Schnee sein Leben zu lassen hat, muß der arme Baronet in die Kindheit zurückfallen und nach Küssen seiner Pflegerin schreien. Er taucht aus infantiler Hilflosigkeit auf und erlangt ein sogar Crich noch übertreffendes Maß an Machtbewußtsein und eiskalter Effizienz. Lawrence räumt ein, daß Connies böswilliges Verlassen eines Krüppels unsere Sympathien für sie stark einschränkt, doch es ist ihm ziemlich egal. Obwohl er gleich in den ersten Worten des Buches abstreitet, daß es im Zeitalter der Moderne Tragödien geben kann, präsentiert er uns mit Sir Clifford Chatterley beinahe so etwas wie einen tragischen Helden. Mellors und Connie gehören eher in eine Komödie. Die äußere Natur bleibt zum Glück immun gegen menschlichen Verrat und verbotene Ekstasen und ist, wie immer bei Lawrence, wundervoll geschildert.

Lawrences britischer wie amerikanischer Verleger, Secker beziehungsweise Knopf, lehnten seinen letzten Roman prompt ab, der erst das Dämmern des permissiven Zeitalters abwarten mußte, um – dreißig Jahre nach dem Tod des Autors – in ungekürzter Form in dem Großbritannien erscheinen zu können, das Lawrence so lange zu erneuern getrachtet hatte. In dem Prozeß *Königin von England gegen Penguin Books* plädierte der Staatsanwalt, Mr. Griffith-Jones, nicht nur für eine Literatur traditioneller Zurückhaltung, sondern auch für gesellschaftliche Positionen, die 1960 bereits museumsreif waren. Er fragte die Geschworenen, ob einer von ihnen es seiner Frau oder seinen Dienern gestatten würde, *Lady Chatterley's Lover* zu lesen. Die Annahme, daß es noch immer Diener gab, daß Frauen nichts ohne die Erlaubnis ihrer Männer tun konnten und daß Bücher hohe Posten im Budget des Hauhaltsvorstandes darstellten, wurde von Laurentianern der Arbeiterklasse wie Professor Richard Hoggart erfolgreich über den Haufen geworfen. Es war ein Taschenbuchverlag, gegen den prozessiert worden war, Taschenbücher waren damals billig, und im Fernsehen feierte man den Moment des Triumphes mit Bildern der unteren Schichten, die vor Buchläden Schlange standen, um ihre Exemplare eines Buches zu kaufen, das ein Teil der Verbots-Mythologie gewesen war und nun greifbar und billig in all seiner blumigen Nacktheit vorlag, um zu belehren, zu unterhalten, zu enttäuschen. Die Erleichterung unter denjenigen von uns, die stets, und nicht nur im Fall Lawrence, gegen jede Zensur gewesen waren, hatte mehr damit zu tun, nun offen aussprechen zu können, daß *Lady Chatterley's Lover* kein großer Roman war, als mit der neuen Liberalität des Gesetzes. Denn bis dahin war es immer notwendig gewesen, zu behaupten, hier sei ein herausragendes Werk der Weltliteratur in Ketten gelegt worden; nun konnten wir endlich ehrlich sein.

Im Frühjahr 1928 war Lawrence wieder in Italien, und ein alter Freund aus Florenz, Giuseppe (»Pino«) Orioli, übernahm es, *Lady Chatterley's Lover* zu drucken und zu vertreiben. Er war Verleger und Buchhändler, hatte die Lawrences während des Krieges in Cornwall kennengelernt und eine Reihe italienischer Bücher veröffentlicht, die der unglaublich tatkräftige Lawrence herausgegeben oder übersetzt hatte. Er unterhielt enge Verbindungen zu den Anglo-Florentinern. Einer von diesen war Reginald Turner, unehelicher Sohn eines britischen Zeitungszaren, der sein beträchtliches Vermögen Orioli hinterließ. Turner, ein Freund von Oscar Wilde und später von Norman Douglas, wird in *Aaron's Rod* als Algy Constable verunglimpft; Orioli erhielt also seine Belohnung dafür, ein guter Laurentianer zu sein, auf ziemlich umständliche Art. Nach einem heiligen Lunch in Florenz brachten Lawrence und Orioli das Typoskript zu den Druckern, die kein Englisch verstanden. Die Einsprachigkeit der Drucker von Joyces *Ulysses* in Dijon hat sich als kein großer Nachteil erwiesen (spätere angloamerikanische Ausgaben enthielten ebensoviele Fehler wie die erste); die Druckfehler in Oriolis *Lady Chatterley's Lover* sind eher Maria Huxleys schlampiger Tipperei zuzuschreiben als der Unzulänglichkeit des Druckermeisters Franceschini und seiner Assistenten (von denen einige laut Lawrence buchstäblich Analphabeten waren). Die Ausgabe, die sie produzierten, ist ebenso ansehnlich wie die von *Ulysses* aus dem Jahr 1922. Im Juli 1928 begann der Versand an die Subskribenten in Großbritannien, und die Hüter der öffentlichen Moral traten in Aktion.

Man konnte weder Lawrence noch Orioli frontal angreifen, das heißt vor den Schranken eines britischen Gerichts. Zöllner und Postbeamte umgingen ein Gerichtsverfahren und konfiszierten Exemplare des Buches wegen angeblicher Obszönität, was keine zulässige Begründung war. Auch die Polizei war tätig, unter dem Innenminister Joynson-Hicks, allgemein bekannt als »Jix«, ein finsteres, Vatermörder tragendes Relikt aus dem viktorianischen Zeitalter, das eigentlich der spitzen Feder eines Dickens bedurft hätte, aber zumindest in den Zeitungen gebührend karikiert wurde. Eingeschüchterte Buchhändler begannen Exemplare zu remittieren, welche Richard Aldington aufs neue zu vertreiben wagte. Die Verbote in Großbritannien und Amerika führten, wie immer, zu profitablen Raubdrucken. Lawrence konnte dagegen nicht gerichtlich vorgehen, da er nicht in der Lage gewesen war, sich ein internationales Copyright zu sichern. Er schrieb über das Problem in *Apropos of Lady Chatterley's Lover*:

> Da es verschiedene unberechtigte Ausgaben . . . gab, brachte ich im Jahre 1929 eine billige Volksausgabe heraus, die in Frankreich hergestellt und für sechzig Francs verkauft wurde. Ich hoffte, damit wenigstens die europäische Nachfrage zu decken. Die Nachdrucker in den Vereinigten Staaten handelten schnell und waren sehr betriebsam. Die erste unberechtigte Ausgabe war in New York fast innerhalb eines Monats verkauft, nachdem die ersten autorisierten Exemplare aus Florenz nach Amerika gelangt waren. Sie war ein fotografiertes Faksimile des Originals und wurde selbst durch sonst zuverlässige Buchhändler dem arglosen Publikum angeboten, als wäre es die originale erste Auflage. Der Preis betrug gewöhnlich fünfzehn Dollar, während die Originalausgabe zehn Dollar kostete. Die Käufer merkten in ihrer Arglosigkeit nichts von dem Betrug.
>
> Dieser freche Versuch blieb nicht der letzte. Wie ich höre, wurde in New York oder Philadelphia noch eine andere Faksimileausgabe herausgebracht. Ich selbst besitze ein schmuddelig aussehendes Buch in dunkel-orangenem Leineneinband mit

grünem Rückenschild. Die Typen sind durch die fotografische Reproduktion verschmiert und meine Signatur wurde wohl durch den jüngsten Sprößling der Piratenfamilie hineingefälscht. Als diese New Yorker Ausgabe Ende 1928 in London erschien und dem Publikum für dreißig Schilling angeboten wurde, brachte ich meine zweite kleine Auflage von nur zweihundert Exemplaren in Florenz zum Preise von einundzwanzig englischen Schilling heraus. Ich wollte sie ursprünglich ein Jahr oder noch länger zurückstellen, mußte sie aber nun gegen den schmuddeligen unberechtigten Nachdruck auf den Markt werfen. Die Anzahl der Exemplare war jedoch zu klein. Der Pirat überdauerte.

Und die Geschichte geht so weiter – jeder machte Geld mit dem Buch außer seinem Autor; für ihn gab es Schmähungen, Angebote, als notorischer Schmutzfink für die Boulevardpresse zu schreiben, und eine erneute, glücklicherweise leichte, Lungenblutung.

1928 war ein schlechtes Jahr, und man kann sagen, daß Lawrence selbst das Unglück auf sich zog. *The Man Who Died* war, unter dem ursprünglichen Titel *The Escaped Cock* (AUFERSTEHUNGSGESCHICHTE), in der amerikanischen Zeitschrift *The Forum* abgedruckt worden und hatte sechs Monate lang die Leserbriefspalten mit entrüsteten und abfälligen Briefen gefüllt, doch kam die Erzählung nicht auf den Index. In Großbritannien wurde sie erst 1931 publiziert, als man annahm, Lawrence sei bereits aus der Gegenwart seines Erlösers verstoßen worden: Es bestand also nurmehr wenig Anlaß, ihm weiterhin die Hölle heiß zu machen. 1928 war das Jahr, in welchem ein bedeutender Schriftsteller und todkranker Mann als Staatsfeind behandelt wurde. Sein übler Ruf hätte sich im Herbst durch eine Ausstellung seiner Gemälde in Dorothy Warrens Londoner Kunstgalerie nur noch verschlechtert, daher traf man die weise Entscheidung, dieses Ereignis auf den folgenden Sommer zu verschieben.

Im Januar 1929 wurden zwei eingeschriebene Pakete Lawrences aus dem Ausland von britischen Postbeamten beschlagnahmt und geöffnet. Das erste enthielt das Manuskript von *Pansies*, eine

Sammlung von *»pensées«* in Versform, die Lawrence geschrieben hatte, um seine innere Frustration loszuwerden; im anderen befand sich sein Vorwort zu dem Band mit Reproduktionen seiner Gemälde, den P. R. Stephenson zu publizieren beabsichtigte. Stephenson war ein Australier, der gemeinsam mit seinem Landsmann Jack Lindsay die Fanfrolico Press betrieb; dort erschien dann 1930 Lawrences *Apropos*. Er und die britischen Postbeamten erwiesen Lawrence einen einträglichen Dienst. Die Beamten sagten, sie suchten nach Pornographie, und deuteten an, in *Pansies* fündig geworden zu sein. Der Innenminister wurde im Parlament zu der Konfiszierung befragt, rechtfertigte die Zensur vor der Publikation jedoch gebieterisch mit dem Hinweis auf sein unablässiges Bemühen, England sauber zu halten. Die in *Pansies* gefundenen Obszönitäten wurden entfernt, eine gereinigte Fassung veröffentlicht, und Stephenson stellte die herausgestrichenen Teile zu einem hübschen kleinen Buch zusammen, das er höchst profitabel an Subskribenten verkaufte. Aus dem Erlös übergab er dem unzüchtigen Autor fünfhundert Pfund. Nichts ist für den Verkauf eines Buches förderlicher als die offizielle Feststellung, es enthalte Schmutz, doch diese Zeiten scheinen vorbei zu sein.

Stephensons Buch mit Reproduktionen erschien pünktlich zur Eröffnung der Ausstellung mit den Originalen in der Galerie Warren. Für einen reinen Amateur, der nie zuvor ausgestellt hatte, war Lawrences Erfolg bemerkenswert: Zwölftausend Menschen lösten Eintrittskarten, um seine Bilder zu sehen. Dann schritten entrüstet die Behörden ein, von der Sensationspresse aufgehetzt, und die Polizei marschierte in die Galerie, um dreizehn von Lawrences Gemälden, vier Exemplare seines Buches mit Reproduktionen und einen Band mit Zeichnungen von William Blake zu beschlagnahmen. Dorothy Warren wurde mitsamt ihrem Ehemann, Philip Trotter, vor einen Polizeirichter namens Mead zitiert: Es wurde beantragt, daß Gemälde und Bücher vernichtet werden sollten, und man forderte Mrs. Trotter auf, einen triftigen Grund vorzubringen, wenn es denn einen gab, warum nicht. Jener Mr. Muskett, der bereits gegen *The Rainbow* geschossen hatte, tauchte wieder auf, um Lawrences Bilder für »roh, gemein, häßlich, widerlich und obszön«

zu erklären. *Obszön* ist und bleibt der widersprüchlichste Begriff im juristischen Vokabular: Wenn Sexualität und Nacktheit anziehend dargestellt werden, sind sie obszön; werden sie abstoßend präsentiert, sind sie gleichfalls (wenn auch vermutlich in geringerem Maß) obszön. Mrs. Trotter, oder Dorothy Warren, war die Nichte von Philip und Ottoline Morrell und kannte Lawrence noch aus den alten Zeiten in Garsington. Sie verteidigte ihn energisch, und die Namen William Orpen und Augustus John wurden angeführt. Beide Maler sagten, sie bewunderten die Gemälde. Doch ästhetische Urteile haben in englischen Gerichtssälen nie moralische Entscheidungen zu mildern vermocht. Der Effekt des in der Presse lebhaft diskutierten Prozesses – eigentlich bloß ein Faustschlag des Establishments ins Gesicht des abwesenden Lawrence – war natürlich, daß die Ausstellung besser besucht war als je zuvor. Lawrence lief Gefahr, ein heldenhafter Märtyrer für die Kunst zu werden.

Mein eigener Eindruck von den Bildern Lawrences, die ich gesehen habe, ist nicht sehr günstig, doch bin ich kein Orpen oder John. Die Farben sind grell, die Sujets übersteigern das Leben geradezu, die Fleischfarben vermögen nicht zu überzeugen, die Anatomie ist ungenügend. Zwar hatte die Slade School Brett in Anatomie unterrichtet, doch Lawrence opponierte gegen die Slade School wie gegen jedes andere Monument der Orthodoxie. Lawrences beste Gemälde sind diejenigen von Mark Rampion in *Point Counter Point* (KONTRAPUNKT DES LEBENS), worin Huxley einen Künstler, der ebensosehr ein professioneller Prediger durch Linie und Farbe wie ein Polemiker in Worten ist, mit einer schulmäßigen Technik ausgestattet hat. So ungefähr hätte Lawrence malen sollen:

> Es war ein kleines Gemälde in Öl. Tief unten in der linken Ecke der Leinwand, in einer Art Nische, zwischen einem Vordergrund von dunklen Steinblöcken und Baumstämmen und einem Hintergrund steil abfallender Felsen und überwölbt von dichtem Laubwerk, lagen zwei Gestalten, ein Mann und eine Frau, in enger Umschlingung. Zwei nackte Leiber, der der Frau weiß, der des Mannes braun. Diese beiden Leiber waren die Lichtquelle des ganzen Bildes. Die Steinblöcke und

Baumstämme im Vordergrund erschienen als Silhouetten gegen das Licht, das von den beiden ausströmte. Der Felshang hinter ihnen war übergoldet von demselben Licht. Es spielte auf der Unterseite der Blätter in der Höhe, warf Schatten hinauf in eine immer dichter werdende Dunkelheit von Grün. Es strömte aus der Nische, in der sie lagen, schräg in und über das Bild, beleuchtete und erschuf, wie man fühlte, durch seinen Glanz eine erstaunliche Flora gigantischer Rosen und Zinnien und Tulpen, zwischen denen Pferde und Leoparden und kleine Antilopen hin und her wanderten, und dahinter eine grüne Landschaft, die sich, Kulisse auf Kulisse, in tieferes Blau verlor, mit einem Schimmer des Meeres zwischen den Hügeln und mit den Gestalten ungeheurer heroischer Wolken im blauen Himmel darüber.

Burlap, der, wie wir wissen, nach Middleton Murry gestaltet ist, mag das Gemälde nicht besonders. »Das Zeug ist nicht jesusmild genug für Sie«, schreit Rampion. »Liebe, körperliche Liebe, als die Quelle von Licht und Leben und Schönheit – o nein, nein, nein!« Genau diese Botschaft versuchte Lawrence zumindest, in seinen grotesken Aktgemälden zu vermitteln. Doch es blieb nicht mehr viel Zeit, irgendwelche Botschaften zu vermitteln, ausgenommen haßerfüllte. Das folgende Gedicht ist aus *Nettles* (Nesseln):

Give me a sponge and some clear, clean water
and leave me alone awhile
with my thirteen sorry pictures that have just been rescued
from durance vile.

Leave me alone now, for my soul is burning
as it feels the slimy taint
of all those nasty police-eyes like snail-tracks smearing
the gentle souls that figure in the paint.

Ah, my nice pictures, they are fouled, they are dirtied
not by time, but by unclean breath and eyes

of all the sordid people that have stared at them uncleanly
looking dirt on them, and breathing on them lies.

Ah my nice pictures, let me sponge you very gently
to sponge away the slime
that ancient eyes have left on you, where obscene eyes have crawled
leaving nasty films upon you every time.

Ah the clean waters of the sky, ah! can you wash
away the evil starings and the breath
of the foul ones from my pictures? Oh purify
them now from all this touch of tainted death.

Gebt mir einen Schwamm und frisches, reines Wasser
und laßt mich für eine Zeit allein
mit meinen dreizehn traurigen Bildern, errettet
aus Gefangenschaft, eklig und gemein.

Laßt mich jetzt allein, denn meine Seele brennt,
da sie erspürt die schleim'ge Schicht
all der schmutzigen Polizistenaugen, die Schneckenspuren gleich
beschmierten die sanften Seelen in ihrem Farbenlicht.

Ach, meine schönen Bilder, sie sind besudelt, sind beschmutzt,
nicht von der Zeit, nein, von unreinem Atem und den Blicken
all der unsauberen Leute, die sie unrein angestarrt,
Schmutz auf sie gesehen haben, sie unter Lügen ersticken.

Ach meine schönen Bilder, ich will euch ganz sanft waschen,
abwischen mit dem Schwamm den Schleim,
den uralte Augen auf euch zurückgelassen; wo obszöne Blicke krochen,
blieb jedesmal ein häßlicher Belag auf euch wie Leim.

Ach, klare Wasser des Himmels, ach! könnt ihr wegwaschen
die bösen Blicke und den Hauch

der Verdorbenen von meinen Bildern? Oh reiniget
sie nun von all dem Sudel und von der Todesfärbung auch.

Es ist eine kraftlose Art des Hasses, und seine Kräfte nahmen noch weiter ab. Im Herbst 1929 schrieb er in Baden-Baden über Bayerische Enziane, »schwarze Lampen aus den Hallen des Dis, dunkel und blau brennend«, Fackeln, die ihn in die Unterwelt führen sollten. Und dann wechselte er von Pluto und Proserpina zu den Mythen der Ägypter und mahnte sich, sein Totenschiff zu bauen.

And everything is gone, the body is gone
completely under, gone, entirely gone.
The upper darkness is heavy as the lower,
between them the little ship
is gone
she is gone.

It is the end, it is oblivion.

Und alles ist vergangen, der Körper ist vergangen,
ganz untergegangen, völlig vergangen.
Das obere Dunkel lastet schwer auf dem unteren,
dazwischen das kleine Schiff
ist verschwunden,
es ist vergangen.

Es ist das Ende, ist Vergessen.

Aber in einem Nachwort schrieb er:

So build your ship of death, and let the soul drift
to dark oblivion.
Maybe life is still our portion
after the bitter passage of oblivion.

So bau dein Totenschiff, und laß die Seele treiben

ins dunkle Vergessen.
Vielleicht ist noch Leben in uns
nach der bittern Reise durchs Vergessen.

Nicht der jesusmilde Himmel, doch das Leben, dessen sich die Etrusker sogar noch im Tod gewiß waren. Doch ist es schwer, sich des Lebens gewiß zu sein, wenn man im Sterben liegt.

17
Tod in Vence

Die beste Auskunft über Lawrences letzte Tage erhält man aus der Sicht von Aldous und Maria Huxley. Die Verbindung zwischen zwei derart verschiedenen Autoren ist manchen Leuten noch heute ein Rätsel. Lawrence war, wie wir wissen, ein strikter Gegner der »Wissenschaft«, und Huxley war der Enkel eines naturwissenschaftlichen Genies und der Bruder eines weiteren Naturwissenschaftlers von herausragender Bedeutung. Ursprünglich sollte auch er eine naturwissenschaftliche Laufbahn einschlagen, während Julian zum Literaten bestimmt war, und Aldous ist wahrscheinlich der einzige Schriftsteller dieses Jahrhunderts, der als naturwissenschaftlicher Laie, jedoch mit der Hilfe eines kundigen Bruders, genügend Spezialdisziplinen assimiliert hatte, um eine neue intellektuelle Exaktheit in den Roman einzuführen. Der Reiz von *Point Counter Point* liegt in der ironischen Kontrastierung der einfachen empirischen Betrachtungsweise des Lebens und seiner Reduktion auf Physik, Chemie, Biologie, Physiologie, Demographie und Endokrinologie. Huxley war fasziniert von der Tragik und Komik in diesem dualistischen Ansatz (»Unter einem Gesetz geboren, an ein anderes gebunden . . . Leidenschaft und Vernunft begründen die Spaltung des Selbst«), während Lawrence hingegen ein fanatischer Monist war. Huxley erkannte in ihm eine Reihe instinktiver Leidenschaften, die er zu seinem Bedauern selbst nicht hatte: er wünschte sie sich, doch war er von seinem Temperament her eher kühl veranlagt. Lawrence vermittelte ihm eine Hälfte des Menschenbildes *in excelsis*, die andere konnte er selbst hinzufügen. Schärfer als alle anderen sah er, mit gleichsam wissenschaftlicher Objektivität, die Einzigartigkeit von

Lawrence: »Er ist einer der ganz wenigen Menschen, für die ich aufrichtigen Respekt und Bewunderung empfinde. Er ist auf seine Art etwas Höheres, etwas ganz anderes.« Die Zornausbrüche und Aggressivität des Arbeitersohnes konnte er hinnehmen: »Manchmal wurde er irgendwie böse. Aber er konnte auch sehr amüsant sein. Lustig. Ich meine, er war glücklich. Glück ist die höchste Tugend, sagte er manchmal. Und er *war* glücklich.« Das sind Erinnerungen Huxleys, die er im hohen Alter auf Band sprach. »Manchmal wurde er irgendwie böse« ist köstlich. Huxley wurde ganz selten böse; er war ruhig und stets bezaubernd. Lawrence konnte ihn nicht zu einem Streit provozieren. Und auch Maria nicht, deren Liebe zum Meister an Anbetung grenzte. Lawrence erwiderte diese mit einer beinahe väterlichen Zuneigung; er erinnerte sich an sie als das verwirrte junge Mädchen aus Belgien, welches er in den alten Zeiten in Garsington kennengelernt hatte:

> Ich mache mir ein wenig Sorgen wegen Ihrer Gesundheit, also seien Sie ein gutes Kind und schonen Sie sich *wirklich* eine Zeitlang – kümmern Sie sich um *nichts anderes*. Nun tun Sie, was man Ihnen sagt, gehen Sie nicht auf Partys, sondern bleiben Sie im warmen Bett und lassen Sie sich verwöhnen.

Diese Besorgnis eines Sterbenden ist rührend, aber nicht untypisch für Lawrences Haltung Maria und, mit gewissen Einschränkungen, ihrem Mann gegenüber.

Als Marias Mann im rauhen Winter 1929 Lawrences Zustand erkannt hatte, berichtete er beunruhigt seinem Bruder:

> . . .keine Energie . . . Es tut weh, ihn einfach so untätig dasitzen zu sehen. Er hat in den letzten drei Monaten keine Zeile geschrieben und keinen Pinsel angerührt. Einfach aus Mangel an Lebenskraft. Er spricht noch ziemlich viel, und wenn er manchmal fröhlich und begeistert ist, wirkt er ein oder zwei Stunden ganz gesund. Aber das ist nur Schein . . . Er ist nach Deutschland gereist – oder ist gerade unterwegs: die letzten Tage hat er in Florenz verbracht –, bei diesem Wetter

ausgerechnet dorthin! Wir haben den Versuch aufgegeben, ihn zur Vernunft zu bringen. Er will nicht vernünftig sein, und niemand kann ihn dazu überreden – außer vielleicht Frieda. Aber Frieda ist noch schlimmer als er. Wir haben ihr gesagt, daß sie töricht und kriminell handelt; aber das richtet bei ihr genausoviel aus wie bei einem Elefanten.

Das sind harte Worte aus dem Munde des ansonsten so nachsichtigen Aldous, und wir müssen sie ernst nehmen. Wir lassen uns so leicht blenden von unserem eigenen Bild Friedas als einer strahlenden Brünnhilde – energisch, eigensinnig aber treu, und vor allem die intelligente Lebensgefährtin eines intelligenten Mannes. Daher ist es ein Schock für uns, zu erfahren, daß sie in den Augen mancher Menschen eine Närrin oder gar etwas Schlimmeres war. Lawrences törichte Weigerung, einen Arzt zu konsultieren, war etwas anderes. Huxley hielt seine Krankheit für »unnötig, einfach der sonderbare hartnäckige Widerstand des Mannes gegen die Schulmedizin.« Doch als er später Lawrences Briefe herausgab, stieß er auf folgende Stelle in einem Brief an Lady Ottoline – »Was uns so schadet, ist in erster Linie die Enttäuschung. Dann fallen die Mikroben über uns her.« – und behielt sie im Gedächtnis. Huxley war bereit zu glauben, Tuberkulose sei »eine Krankheit aus Enttäuschung«, aber er befand sich damals ohnehin in einem Lebensabschnitt, in welchem er den Krebs eines Menschen besprach und zum Weggehen aufforderte und versicherte, Kurzsichtigkeit sei eine Erkrankung des Geistes. Warum sollte Lawrence aus Enttäuschung sterben? Er hatte gut und viel geschrieben, und sein Ansehen beim Lesepublikum wuchs beständig, wenn auch nicht im eigenen Land; er hatte seine Berufung als Schriftsteller glänzend erfüllt. Doch war es ihm nicht gelungen, die Welt zu ändern, und er starb zu jung, um zu erkennen, daß dies nicht die Aufgabe eines einzelnen war. Darin lag sicherlich Enttäuschung, doch war sie nicht tödlich. Lawrence starb an seiner eigenen willkürlichen Nachlässigkeit, darin bestärkt von einer Frau, die zur falschen Zeit »Ergebenheit« bewies.

Auf dringendes medizinisches Anraten willigte er ein, sich aus Bandol – wo er eine modische, leicht verkitschte Villa gemietet hatte, als Nest für eine längst vergangene unerlaubte Liebesaffäre – in ein Sanatorium nach Vence bringen zu lassen. Lawrence wollte nicht zugeben, daß es in Wirklichkeit ein Krankenhaus war; er behauptete, es sei ein Hotel, das von Leuten in weißen Kitteln geführt wurde. An Maria schrieb er:

> Ich bin geröntgt worden und so weiter. Es ist so, wie ich sagte: die Lunge hat sich in den fünf Jahren seit Mexiko nicht sehr verändert. Aber die Bronchien sind in einem schrecklichen Zustand und haben in der unteren Körperhälfte, im *Leib* und in der Leber, eine Entzündung hervorgerufen. Ich nehme an, daß ich deshalb so mager geworden bin – ich wage nicht, Ihnen zu sagen, wieviel ich wiege . . . Es ist langweilig hier – nur Franzosen, die zur Kur hier sind, und niemand, der zu mir paßt. Ich bin aber schon munterer und will versuchen, wieder *auf die Beine* zu kommen. Es wäre ein Spaß, Sie Ende des Monats zu sehen – wenn ich hoffentlich etwas gehen kann. Schade, daß wir nicht zusammen irgendwohin konnten, um wieder so schöne Tage wie in Diablerets zu verbringen. Oder daß ich nicht lossegeln kann, irgendwohin, wo es nicht so langweilig ist – vielleicht fahren wir auf die Ranch . . .

Immer dachte er an die Ranch – sein eigener, oder Friedas, Besitz, den das flammende Schwert der amerikanischen Einwanderungsbehörden von ihm abgetrennt hatte. Diesen hoffnungsvollen Brief schrieb er am 7. Februar. Am 21. Februar schrieb er zum letzten Mal an Maria:

> Mir geht es hier ziemlich schlecht – so schlimme Nächte und Husten, und das Herz und die Schmerzen sind hier entschieden schlimmer – elend. Scheint mir eine *Grippe* zu sein, aber sie sagen nein. Es ist nicht gut hier – werde nicht lange bleiben – in einer Wohnung geht's mir besser – ich fühle mich elend.

Sein allerletzter Brief wurde vier Tage später an Earl Brewster aufgegeben. Besucher versuchten, sein Elend zu mildern, doch sie hatten keinen Erfolg. Jo Davidson kam, um seinen Kopf in Ton zu modellieren, mit mittelmäßigem Resultat, wie Lawrence fand. H.G. Wells kam kurz vorbei, aus Grasse, wo er sein Liebesnest Lou Pidou mit Odette Keun hatte – »ein durchschnittlicher Zeitgenosse.« Der Aga Khan war besser: »mitten in seinem fetten Gesicht ein bißchen Religion.« Die Huxleys, so berichtet er, sind in Cannes: »Merkwürdig – irgendwas geht ihnen plötzlich ab – man wird sie der Welt überlassen müssen – spirituell ausgebrannt.« Ohne von dieser verächtlichen Herabsetzung zweier der vornehmsten Seelen dieses Jahrhunderts zu wissen, trafen die beiden spirituell Ausgebrannten am 25. Februar 1925 in Vence ein und fanden Lawrence »entsetzlich verändert. Er vermittelte den Eindruck, von bloßer Willenskraft zu leben und von nichts sonst. Doch die Auflösung des Körpers brach langsam diesen Willen.« Verstockt, oder vielleicht mit dem richtigen Instinkt, keinen institutionalisierten Tod sterben zu wollen, beharrte Lawrence darauf, das Sanatorium (welches vorgreifend und indiskret Ad Astra hieß) zu verlassen. Frieda mietete die Villa Roebermond – heute Villa Aurelia genannt – in Vence, und in einem klapprigen Taxi wurde Lawrence dorthin gekarrt und ins Bett gebracht. Natürlich war er völlig erschöpft.

Der Dichter Robert Nichols und seine Frau lebten in Villefranche. Sie waren Freunde der Huxleys, die sie öfters besucht hatten. Nichols war nicht gerade ein Freund von Lawrence, und der Bericht über Lawrences Beziehung zu Philip Heseltine, den er für Cecil Grays *Peter Warlock* verfaßte, ist alles andere als nachsichtig. Nichols hatte Lawrence 1915 durch Heseltine kennengelernt und die Bekanntschaft 1929 auf den Balearen kurz aufgefrischt. In einem langen Brief an den Neurologen Dr. Henry Head schilderte Nichols Tod und Begräbnis Lawrences, konzentrierte sich jedoch mehr auf das Leiden Maria Huxleys als auf das des Sterbenden oder der künftigen Witwe. Nichols war Maria völlig ergeben: »Die kleine Maria ist höchst beunruhigt wegen Lawrence. Sie liebt ihn sehr. Sie tut mir sehr leid. Ihr Gesicht ist eingefallen und abgemagert wegen D.H.L.« Als Nichols Maria und Frieda zusammen sah, dachte er:

»Diese Frau wäre viel besser für Lawrence als Frieda.« Diese Einschätzung beruht offenbar darauf, daß Frieda bereits am ersten Tag in der Villa »die Küche in ein fürchterliches, ungesundes Chaos« verwandelt hat: »Die kleine Maria, obgleich völlig am Ende, verbrachte den Morgen damit, sie gründlich zu schrubben.« Frieda traf keine der notwendigen hygienischen Vorsichtsmaßnahmen: sie verbrannte keine Kleider, hatte keine spezielle Tasse für ihren kranken Ehemann. »Sie ist eine geborene Lebenskünstlerin, eine Zigeunerin und total unpraktisch veranlagt.« Aldous und Maria taten die ganze Arbeit; Lawrence genügte die Gegenwart der untätigen Frieda. Und dennoch sagte Lawrence: »Ich habe die beiden gern, liebe sie aber nicht mehr.«

Das sagte er zu Friedas Tochter Barbara, einer großgewachsenen, hübschen jungen Frau von 26 Jahren, deren Studien an der Slade School of Art sie nicht gerade für den primitiven Malstil Lawrences einnahmen. Barbara berichtete Nichols, daß Lawrence die Huxleys zu intellektuell fand – »nicht seine Kragenweite« –, ihnen einen Mangel an menschlicher Wärme unterstellte, was ganz und gar nicht der Wahrheit entsprach, und Nichols, mit dem wachen britischen Instinkt für Klassenzugehörigkeit, gab nur zu bedenken, daß Lawrence als Sohn Eastwoods starb, in seine »Welt der Bergleute« zurückkehrte, wobei sein »ausgesprochener Mutterkomplex« hervortrete. Und doch schrie Lawrence: »Maria, Maria, laß mich nicht sterben«, und Maria nahm ihn in die Arme. »Ich muß hinzufügen«, schreibt Nichols, »als bloße Feststellung von Tatsachen, daß ich fürchte, Frieda Lawrence war eher schädlich für die Gesundheit von D.H.L.« Wir haben das Wort von Aldous Huxley, daß Lawrence ein oder zwei Tage vor seinem Tod zu seiner Frau sagte: »Frieda, du hast mich umgebracht.« Nichols sagt:

»Aldous würde einen so entsetzlichen Ausspruch nicht kolportieren, fühlte er nicht, daß etwas Wahres darin ist. Und er sagte: ›Ich mag Frieda in vielen Beziehungen gern, aber sie ist unheilbar und unglaublich dumm – eine so nervenaufreibende Frau ist mir noch nie begegnet. Und dennoch war sie die einzige Frau, mit der D.H.L. leben konnte.‹«

Das traf zu. Hätte Maria Huxley ihn geheiratet, wäre sie die bewundernswerte Ehefrau gewesen, die sie für Aldous war, besorgt, fleißig, reinlich, wie die Belgier sind, und – mehr als alles andere – liebevoll. Aber sie hätte Ordnung in sein Leben gebracht, und Lawrence brauchte das Chaos. Vor allem brauchte er den dialektischen Konflikt, welchen er als Kampf des Willens interpretierte. Die Hausfrau war er gerne selbst. Friedas aristokratischer Schmutz und ihr amoralischer Hedonismus bildeten den Kontrast zu seinem tief verwurzelten Puritanismus.

Nachdem seine Schmerzen durch Morphium gelindert waren, nach einem Delirium, in dem er zweigeteilt war und von der Zimmerdecke aus auf sich herabsah, und mit Friedas tröstender Hand auf seinem Fußgelenk – »es fühlte sich so voller Leben an, all meine Tage werde ich dies Gefühl in meiner Hand haben« – fiel Lawrence in Schlaf und starb ruhig. Es war der 2. März 1930. Er wurde in Vence begraben. Blumen lagen auf seinem Sarg – Fresien, Veilchen, Mimosen, Schlüsselblumen –, aber »Maria wollte keine darauflegen. Sie stand da wie jemand, auf den der Himmel herabgestürzt ist.« Frieda sagte »Lebwohl Lorenzo« und sonst nichts, doch sie fand einen beredteren Ausdruck in dem Mosaik des Phönix, das sie am Kopf seines Grabes anbringen ließ, zusammengesetzt aus bunten Kieseln vom Strand Bandols. Lawrences Leichnam wurde etwa ein Jahr später exhumiert und zur erneuten Beisetzung nach Taos gebracht, wo er, wie Richard Aldington 1950 schrieb,

> in einer Grabkapelle am Abhang der Rocky Mountains ruht, unmittelbar hinter seiner Ranch und beinahe ganz im Schatten der großen Pinie. Es ist ein »friedlicher Ort des Vergessens«, wie er ihn gewünscht hatte, wo während der heißen Monate die Bienen in zahllosen Blumen summen, ein Eichelhäher heiser ruft, der Wind sanft in den Pinien rauscht und nachmittags das Krachen des Donners zu hören ist. Im Winter ist er vom lautlosen Schnee bedeckt, manchmal schreit ein Adler und weit entfernt, im strengen Frost unter dem nahen Funkeln der Sterne, heulen die Kojoten.

Weder Eastwood noch Westminster Abbey haben je in Frage gestellt, ob es richtig ist, daß der englischste aller Schriftsteller in amerikanischer Erde begraben liegt. Sein Exil war zu seinen Lebzeiten eine Art Beleidigung für England; die Verewigung des Exils nach dem Tod bleibt ein Vorwurf an England. Vieles von Lawrences Werk hat den Klassiker-Status erreicht, doch die Botschaft darin hört nicht auf zu beunruhigen. Die Briten erwarten von ihren Autoren Trost, und Lawrence bietet ihnen da wenig.

Emma Maria Frieda Johanna Freiin von Richthofen, *frühere* Mrs. Weekley, später Mrs. David Herbert Lawrence, zog auf den Besitz in New Mexico, welchen sie, dank amerikanischer Großzügigkeit, rechtmäßig besaß. 1950, im Alter von einundsiebzig Jahren, ging sie in New Mexico eine Kameradschaftsehe mit Major Angelo Ravagli ein. Sie starb am 11. August 1956, ihrem siebenundsiebzigsten Geburtstag. 1934 hatte sie eine sehr offene und oftmals bewegende Darstellung ihres Lebens mit Lawrence veröffentlicht, unter dem Titel *Not I, But the Wind* (NUR DER WIND . . ., von Frieda selbst übersetzt) – ein Zitat aus dem Gedichtband ihres Mannes *Look! We Have Come Through!*. Ihr Titel ist gut gewählt. Lawrence war ein metereologisches Phänomen: »Manchmal haßte ich ihn und wehrte ihn ab, als sei er der Teufel in Person. Dann wieder nahm ich ihn wie man das Wetter nimmt: heute ist herrliches Frühlingswetter – wie genieße ich den Sonnenschein!« Oder: »Was bedeutet es schon, daß er im Zorn nach mir schlug, wenn ich ihn in Wut versetzt hatte oder, wie meistens, ihn der Zustand der Welt um ihn herum zur Verzweiflung trieb? Ich habe mir nicht viel daraus gemacht. Ich schlug zurück oder wartete, bis der Sturm sich legte. Wir haben unsere Kämpfe bis zum bittern Ende durchgekämpft und dann war Friede, wahrhafter Friede.« Wind, Sturm, Sonne. Je mehr die Wirklichkeit des Lebens mit Lorenzo verblaßte, desto mehr wurde der große Dichter in ihren Augen zum Heiligen, der ein großes Martyrium durchlitten hat. Als geschickter Handwerker, der er war, hat er vermutlich seinen eigenen Rost dazu geschmiedet und sein eigenes Feuer entzündet.

Wer die Berührung mit Lawrences Geist in Taos sucht, findet Bücher von ihm und über ihn in den Läden, ebenso eine ständige

Ausstellung einiger seiner Bilder bei La Fonda, am Marktplatz von Taos (die leicht erotischen werden nur auf besonderen Wunsch gezeigt). Die Lawrence-Ranch existiert noch, das Blockhaus, in dem er mit Frieda lebte, ist unverändert, und die kleine Kapelle, in der er begraben ist, wird für Touristen in Ordnung gehalten. Bretts Haus ist zu einem Restaurant namens Whitey's umgebaut. Tischbestellungen unter der Telefonnummer 505-776-2200. Der Lammrücken und das Provimi-Kalb sind empfehlenswert. Das Abendessen für zwei Personen kostet, mit Wein, zwischen fünfzig und sechzig Dollar.

18
Am Rand des Lebens

Lawrence starb ziemlich genau in der Mitte zwischen seinem vierundvierzigsten und fünfundvierzigsten Geburtstag. Zu jung? Eine dumme Frage, die sich nur stellt, wenn wir das Leben als eine quantifizierbare Substanz betrachten, auf die wir alle ein Anrecht haben. Vielleicht haben wir alle ein Recht darauf, geboren zu werden, obwohl dies in letzter Zeit zunehmend verneint wird, doch das andere Anrecht scheint mir fraglich. Wir nehmen, was wir bekommen können, und beklagen uns nicht, wenn nichts mehr da ist. Bei Künstlern jedoch gibt es die Tradition des Bedauerns, daß der Tod das Genie an seiner restlosen Verwirklichung gehindert hat. Ein paar Sätze, die der Musikkritiker Ernest Newman in der *Sunday Times* vom 12. Juni 1927 schrieb, sind wert, in diesem Zusammenhang herangezogen zu werden. Er bedauert, wie jedermann, den frühen Tod von Komponisten wie Mozart, Schubert, Purcell und Pergolesi, ist aber bereit, die »paradoxe Behauptung« aufzustellen, diejenigen Komponisten, die zu jung gestorben sind, seien Wagner, mit siebzig Jahren, Brahms, mit vierundsechzig, Puccini, mit sechsundsechzig, und Verdi, mit achtundachtzig. Diese Komponisten standen noch in einer Entwicklung, während die in der Blüte ihrer Jahre hinweggerafften ihr Talent restlos entwickelt hatten und ihr Tod nur scheinbar zu früh kam: Tatsächlich waren sie zum richtigen Zeitpunkt gestorben. Newman spekuliert über »die wahrscheinliche Stellung Mozarts um das Jahr 1830, falls er Beethoven überlebt hätte, was ohne weiteres hätte eintreten können, ohne daß er dazu ein biblisches Alter erreichen mußte.«

Wo hätte er mit seinem Werk gestanden in jenen Jahren, welche die Eroica erblickten, die Fünfte, die Neunte, die Missa solemnis und die letzten Klaviersonaten und Streichquartette von Beethoven? Wäre er in der Lage gewesen, sich gegen diese Werke zu behaupten, zu wachsen, wie Beethoven wuchs, sich aus dem reinsten Typus eines Komponisten des achtzehnten Jahrhunderts zu verwandeln in den Typus, der allein die Bedürfnisse des frühen neunzehnten ausdrücken konnte; oder hätte er sich selbst überholt gefunden?

Spekulationen wie diese sind zulässig, in der Literatur wie in der Musik. Sie bringen nichts ein, doch da der Mensch nun einmal spekulieren wie der Fisch schwimmen muß, stellt man sie an. Ich persönlich habe keine Schwierigkeiten, mir einen Mozart vorzustellen, der spielend fertig wird mit dem Geist der Französischen Revolution, dem *Hammerklavier*, Hörnern mit Ventilen und mit der Notwendigkeit, das eigene Ich durch eine erweiterte symphonische Form auszudrücken. Aber es ist natürlich leichter, ihn als Künstler zu sehen, der genug geleistet, die Bedürfnisse des achtzehnten Jahrhunderts befriedigt hat und der, nachdem ein kurzes Leben eine vierte Dimension voll harter Arbeit geschaffen hatte – sozusagen als tangentiale Verlängerung –, der Krankheit oder dem erdichteten Anschlag Salieris zum Opfer fiel.

Ich schrieb einen Roman mit dem Titel *Abba Abba*, in welchem ich den sterbenden John Keats in Rom darstellte, nach der Erkenntnis, daß sich ein neuer Stil entwickelte, der näher an dem groben Realismus des römischen Mundartdichters Belli lag als an einem Romantizismus, dem er bereits entwachsen war. Yeats bekam den Nobelpreis als *ein* Dichter; dann wurde er ein anderer. Als Joyce mit neunundfünfzig starb, gab es nichts mehr für ihn zu tun. Welche Spekulationen können wir über Lawrence anstellen?

Aldous Huxley dachte, daß Lawrence, hätte er ein normales Alter erreicht, vielleicht die Notwendigkeit akzeptiert hätte, die Bedeutung der Vernunft einzugestehen und sich zu der dualistischen Philosophie zu bekennen, der Huxley anhing:

Ich glaube nicht, daß er hätte *bleiben* können, was er war, denn ich meine, es steckte eine gewisse Ambivalenz selbst in einem Buch wie *The Plumed Serpent*, worin er uns auffordert, zu den alten Göttern, dem alten Blut und so weiter zurückzukehren; doch bereits im nächsten Atemzug sagt er, wie schrecklich die Mexikaner sind, weil sie so langsam, so unintelligent sind und so weiter. Es ist ein *sehr* eigenartiges Buch. Man liest diese Tiraden gegen die Mexikaner, die ebensogut von einem englischen Colonel stammen könnten, der sich über die Eingeborenen ausläßt; im nächsten Augenblick liest man dann diese irrsinnigen Aufforderungen, sich in das dunkle Blut zu versenken. Also gab es sogar schon damals eine Art von Ambivalenz. Ich glaube, daß er selbst damals nach und nach zu einem ausgewogeneren Urteil gekommen wäre – ich meine diese *ganze* Sache, daß wir das beste aus *beiden* Welten machen müssen ...
Der springende Punkt ist, man muß *beides* haben. Fleisch und Blut sind nun einmal da – und in mancher Beziehung sind sie klüger als der Intellekt. Ich meine, wenn wir mit unserem bewußten Geist versuchen, auf unser Fleisch und Blut einzuwirken, bekommen wir psychosomatische Probleme. Aber auf der anderen Seite müssen wir eine Menge Dinge mit unserem Geist tun. Ich meine, warum können wir nicht *beides* tun – wir *müssen* sogar beides tun. Das ist die ganze Kunst im Leben: aus allen Welten das Beste zu machen. Hier haben wir eines dieser fatalen Beispiele für den Versuch, alles nach dem Maßstab *einer einzigen* Welt auszurichten. Nur zu erkennen, daß wir Amphibien sind, genügt *nicht*.

(Huxley sagte das dreißig Jahre nach Lawrences Tod in einem Gespräch mit seinem Interviewer, John Chandos.) Die Romane, Erzählungen und Essays, die Lawrence, mit amphibischer Weisheit bewehrt, geschrieben hätte, wäre er siebzig geworden, können wir uns nur ziemlich ähnlich wie Huxleys eigene denken, jedoch wesentlich leidenschaftlicher, launischer und, wie man wohl zugeben muß, besser geschrieben. Aber es fällt schwer, sich Lawrence als alternden Schriftsteller vorzustellen, wahrscheinlich weil er sogar als ein Schriftsteller mittleren Alters – oder später Jugend – seine besten Werke schon hinter sich hatte.

Manche halten *Sons and Lovers* für sein Meisterwerk. Ich jedoch neige dazu, trotz einer ausgeprägten Schwäche für *Kangaroo*, den Kritikern zuzustimmen, die, in Einklang mit Lawrence selbst, *Women in Love* für den Gipfel seines Lebenswerks halten. Professor J. I. M. Stewart behauptet in dem Band über die Moderne, den er für die große *Cambridge History of English Literature* verfaßte, *Women in Love* sei das erzählerische Werk, welches unserem Jahrhundert definitiv die Augen geöffnet habe, und stellt es über Joyces *Ulysses.* Nach diesem Werk ist, trotz der Brillanz von Novellen wie *St. Mawr*, ein Rückgang an Kraft und Originalität zu verzeichnen, und Spekulationen über mögliche Erholung und Erneuerung sind nicht angebracht. Der wirklich große Lawrence starb lange vor seinem fünfundvierzigsten Lebensjahr. Das ist jedenfalls die Ansicht vieler.

Eine andere Ansicht, für die mich die eigene Laufbahn als Schriftsteller einnimmt, ist, es sei falsch, Lawrence nach einzelnen Werken zu beurteilen, und unerläßlich, sein gesamtes Schaffen als eine einzige massive literarische Äußerung entweder zu akzeptieren oder abzulehnen. Lawrence wollte zwar, widersprüchlich wie immer, daß seine Bücher gelesen wurden, war aber gleichzeitig bereit, sie als Blätter des Lebensbaumes, der in ihm wuchs, anzusehen – Blätter, die welken und vom Wind verweht werden konnten, dabei jedoch das Mark am Leben ließen und damit die Kraft zur Erneuerung. Der Wesenskern seiner literarischen Karriere war Kontinuität, ein ungehemmter Fluß, und nicht wie bei Joyce die Schaffung einzelner Meisterwerke (und davon nicht allzu vieler), von einander getrennt durch lange Perioden des Schweigens. Eine banalere Interpretation für diesen Fluß ist die Feststellung, daß er ein berufsmäßiger Schriftsteller war.

Der Begriff *berufsmäßig* ist für all jene nicht leicht zu akzeptieren, die Lawrence für einen Johannes den Täufer oder einen Jesus Christus oder für beides halten. Der Messias trägt eine Botschaft und eine Hoffnung; der Berufstätige tut seine Arbeit, um Geld zu verdienen. Lawrence schrieb, um Geld zu verdienen, da er keine andere Wahl hatte; nur Autoren wie E. M. Forster mit seiner kleinen Erbschaft oder Joyce dank seiner Mäzenin Harriet Shaw Weaver oder T. S. Eliot, der sich für einen Verleger hielt, welcher gelegentlich Gedichte schrieb, stehen über der kommerziellen Schinderei. Das Erstaunliche an Lawrence ist, daß alles, was er aus rein finanziellen Gründen schrieb, meilenweit über dem gewöhnlichen Standard von Auftragsarbeiten steht. Für ihn war die Schriftstellerei Beruf im Sinne von Berufung und Bekenntnis: Er bekannte sich zum Schreiben, wie andere Menschen sich zu einer Religion bekennen, und der Berg konnte kreißen und Löwen oder lächerliche Mäuse gebären, je nach dem, was gerade verlangt war: Löwen wie Mäusen, beides lebende Gebilde, gebührte dieselbe Sorgfalt, und nicht einmal ein Artikel für *Daily Mail* sollte lächerlich sein. Wenn Lawrence nicht für Geld schrieb, sondern um Verbindungen und Beziehungen zu erhalten, wie in seinen Tausenden von Briefen, sind Schwung, Fluß, Feuer und Überzeugungskraft nicht weniger eindrucksvoll als in durchdachteren Schriften. Tatsächlich sind sogar diese letzteren eher formlose Unterhaltungen als Reden eines Olympiers. Die Gedichte klingen oft wie vertrauliche Briefe mit einem hohen Grad an Intensität, und die vertraulichen Briefe klingen ebenso. Lawrence war im Grunde seines Wesens ein Mann, der schrieb, und die einzige Form, in der er sich nicht versuchte, war das Filmdrehbuch.

Von Menschen, die ihn kannten, wurde immer wieder berichtet, daß Lawrence überall und jederzeit schreiben konnte – abseits an einem Tisch während einer Party, stehend in Oriolis Buchladen in Florenz. Er jammerte nie über Ablenkung oder Blockierung; er ging seinem Beruf nach oder, um es phantastischer auszudrücken, er fuhr täglich in den Schacht seines schöpferischen Unbewußten ein. Er gehört jener edwardianischen Tradition der stetigen Ausübung des Handwerks an, die von Bloomsbury[47] in Verruf gebracht wurde. Bennett, Wells, Conrad und Ford Madox Ford schrieben viel, weil es ihnen moralisch richtig erschien. Virginia Woolf, E. M. Forster und T. S. Eliot erhoben entweder schöpferische Verstopfung zur Tugend oder interpretierten Schweigen als eine Art quäkerhaftes Warten auf Erleuchtung. Als Schriftsteller, der selbst viel geschrieben hat, weil er mußte, fühle ich mich von dem

Professionalismus bei Lawrence stark angezogen. Wie er wurde ich durch die Diagnose eines Arztes daran gehindert, meinen Beruf als Lehrer weiter auszuüben, und mußte deshalb meinen Lebensunterhalt mit Schreiben verdienen. Mir schien es vernünftig, und ihm muß es ebenso ergangen sein, sich morgens an einen Tisch zu setzen und ein tägliches Mindestpensum von eintausend Wörtern zu erfüllen. Das ergibt dann 365.000 Wörter im Jahr oder etwa fünf Romane à 70.000 Wörter. Ein solcher Fleiß war zu Lawrences Zeiten selbstverständlich; heute ist er, dank der Hinterlassenschaft Bloomsburys, suspekt.

Als Lawrence auf diese Weise ein Vierteljahrhundert lang unablässig geschrieben hatte, war es wohl genug. Wenn wir ihn uns alt, aber vital, etwa im Jahr 1961 vorstellen, ist es, als dächten wir uns George Orwell, von derselben Krankheit wie Lawrence geheilt, im Jahr 1984 – beide lebendig und weniger als Schriftsteller denn als Propheten interessiert, wie weit sich ihre Prophezeiungen erfüllt haben. Dieser prophetische Aspekt an Lawrence sollte uns eigentlich nicht sehr beschäftigen – wir ziehen es vor, ihn als Interpreten seiner eigenen Zeit zu sehen, wie Bennett oder Ford oder den Wells von *Tono-Bungay* (TONO-BUNGAY) und *Mr. Britling Sees It Through* (MR. BRITLINGS WEG ZUR ERKENNTNIS) –, doch kommt man nicht darum herum. Natürlich bestand seine Prophetie nicht in einer konkreten Voraussage in der Art des anderen Wells, sondern war Prophetie im älteren Sinne: ein Sprechen mit der Anmaßung göttlicher Autorität. Wenn man den Verstockten etwas oft und laut genug vorsagt, hat es eine Chance, zu ihnen durchzudringen. Lawrences Predigen der Notwendigkeit, uns wieder als Teil des Kosmos zu begreifen, hat auf manche Weise sein Ziel erreicht, etwa in unserer Sorge um die Biosphäre oder in der Ökologie. Die alte industrialisierte Welt, die ihn so sehr entsetzte, wurde durch eine sauberere, von der Elektronik beherrschte ersetzt. Die Naturwissenschaft, der er mißtraute, ist ein Mittel zu einer quasi laurentianischen Erneuerung geworden.

Während des Ersten Weltkrieges erkannte Lawrence zu seinem großen Schrecken die Macht des Staates, den Willen des einzelnen auszulöschen. Er starb drei Jahre bevor Hitler an die Macht kam, doch er sah den italienischen Faschismus und lehnte ihn ab. Sein eigener Machthunger, dem in seiner Ehe enge Grenzen gesetzt waren und den er mit *The Plumed Serpent* im Bereich der Dichtung befriedigte, hatte mit politischer Realität wenig zu tun. Er sah in *Fantasia of the Unconscious* voraus, wie diese Realität aussehen würde – hier seine Vision eines »neuen deutschen Dämmerschlafes«:

> . . . dem Schlafenden werden die nützlichsten und lehrreichsten Träume eingepflanzt, wissenschaftlich entwickelt, um den Charakter des jungen Bürgers in dieser enorm wichtigen Phase zu vervollkommnen und um den Geist der glücklichen Mutter im Hinblick auf ihre neuen Pflichten ihrem Kind und unserem großen Vaterland gegenüber nachhaltig zu erleuchten.

Lawrences Gerede über die räuberische Gier notwendiger Tiger und heilsames Blutvergießen, das eher in seine Privatbriefe gehört als zu seinen öffentlichen Äußerungen, braucht nicht allzu ernst genommen zu werden. Seine letzten politischen Erklärungen in *Apocalypse* sind vernünftig. Er war nicht so antidemokratisch, wie er sich selbst gerne sah; er war bloß ehrlich genug, öffentlich zu behaupten, daß wir alle Vorbilder von überlegener Kraft und Genie brauchen, daß es überall eine *canaille* gibt und daß Politiker zum größten Teil niedere Lebewesen sind. Ein von der staatlichen Gewalt so geschmähter Autor konnte kaum anders denken. Wie Orwell, und mit einem Vorteil, den Orwell nie hatte – nämlich tatsächlich einer Klasse anzugehören, die ihre H's ohne jede Schwierigkeit verschluckte[48] –, stand er für eine Tradition britischer nonkonformistischer Anständigkeit, die mehr und mehr ins Abseits gedrängt wurde. Auch wenn er aus dem Ausland für diese Tradition kämpfte, und nicht auf der Straße nach Wigan Pier[49], so war sein Kampf doch nicht weniger effektiv als der Orwells. Im Gegensatz zu Orwell neigte er nicht dazu, die Arbeiterklasse zu romantisieren. Mit seinem Vater hatte er ein tägliches Beispiel ihrer Laster und Tugenden vor sich gehabt. Die Arbeiterklasse war nicht einfach Wachs in der Hand der Kapitalisten. Wenn er überhaupt eine romantische Vision hatte, so die eines britischen Löwen mit gestutzten Krallen. Eine Vision im Geiste Miltons und zweifellos von Blake beeinflußt. Wenn heute – bei öffentlichen Zusammenkünften oder Versammlungen des Women's Institute – Sir Hubert Parrys Vertonung bestimmter Verse Blakes gesungen wird, dann ist nur wenigen der Sänger klar, daß die »dark satanic mills« (dunkle satanische Mühlen) Kirchen sind und daß die Erbauung Jerusalems die Wiederherstellung der schöpferischen Imagination und eine reine, freie Sinnlichkeit für ein von Institutionen erdrücktes Volk bedeutet. Tatsächlich singen sie von einer laurentianischen Welt, allerdings unbelastet von laurentianischem Puritanismus.

Dieser Puritanismus hätte Lawrence erschaudern lassen, wenn er in den sechziger Jahren erlebt hätte, daß er zum Propheten der sogenannten sexuellen Revolution geworden war. Philip Larkin drückt das so aus:

Sexual intercourse began
In 1963 . . .
Between the end of the Chatterley ban
And the Beatles' first LP.

Geschlechtsverkehr begann
Im Jahr 1963 . . .
Zwischen dem Ende des Verbots von *Lady Chatterley*
Und dem ersten Album der Beatles.

Die beiden großen literarischen Ereignisse des Jahres 1961 waren die Aufhebung des dreißigjährigen Verbots der ungekürzten Fassung von *Lady Chatterley's Lover* und die Veröffentlichung des ersten Teils der New English Bible[50]. Die Menschen standen nach beiden Büchern Schlange. Sie waren verwandt in dem Anspruch, Dinge zu entmystifizieren, die lange durch eine obskure Sprache verschleiert waren: diese Dinge waren Gott und Sex. Beide bewiesen, daß Entmystifizierung nicht in jedem Fall gut ist. Ob die Leser der New English Bible einen klareren Begriff der christlichen Botschaft erhielten, ist noch immer fraglich; *Lady Chatterley's Lover* wurde ganz sicher größtenteils mißverstanden. Das Buch war immer Gegenstand des Gelächters in Varietés gewesen (ihm ist zum Beispiel die Einführung einer imaginären Figur namens Lord Chatterley durch den Komiker Bob Monkhouse zu verdanken), und das Gelächter wurde nun nicht weniger. Der Roman wurde von seinen Lesern als Ermutigung angesehen, offener über Geschlechtsverkehr zu sprechen, und von denen, die ihn nicht gelesen hatten, für eine Art New English Bible der neuen Religion der Promiskuität gehalten. Daß er eine Glorifizierung der Treue, ja der Keuschheit darstellt, wurde absichtlich übersehen. Hier ist ein neuer Milton, der Adam und Eva segnet, als sie ihre »geheimnisvollen Riten« ehelicher Liebe ausführen, und die öffentliche Meinung darüber hätte eher zu irgendeinem lange verborgenen viktorianischen Bericht über wahllose Hurerei gepaßt. Als Prophet, der er war, hätte Lawrence dies vorhersehen müssen. Ebenso hätte Vladimir Nabokov vorhersehen müssen, daß sein Begriff »Nymphchen« falsch gebraucht und *Lolita* zu einer gängigen Bezeichnung für überentwickelte sexbesessene Teenager werden würde.

Es ist schade, daß der Name D. H. Lawrence in der Öffentlichkeit mit nur einem Buch assoziiert wird und bei weitem nicht mit seinem besten. Wir alle leiden unter dem verbreiteten Bedürfnis, aus berühmten Menschen berüchtigte zu machen. Das Buch, das am meisten zu meiner Bekanntheit beitrug – oder für das allein ich bekannt bin –, ist ein Roman, den ich gerne zurücknehmen würde: vor einem Vierteljahrhundert geschrieben, eine Gedankenspielerei, innerhalb von drei Wochen nur des Geldes wegen hingeworfen, wurde er als Vorlage für einen Film bekannt, der Sex und Gewalt zu verherrlichen schien. Der Film machte es dem Leser leicht, die Aussage des Buches gründlich mißzuverstehen, und dieses Mißverständnis wird mich bis an mein Lebensende verfolgen. Ich hätte das Buch wegen der Gefahr von Fehlinterpretationen gar nicht erst schreiben sollen, und dasselbe trifft auf Lawrence und *Lady Chatterley's Lover* zu. Man kann wissenschaftlich über Sex schreiben, dann ist er ein Aspekt der Biologie. Versucht man, in menschlichen Begriffen darüber zu schreiben, produziert man entweder die Dysphemismen der Pornographie oder die Euphemismen eines nicht anstößigen erotischen Werkes wie *The Rainbow* oder *Women in Love*. Tertium non datur. Wenn Lawrence heute in erster Linie der Autor der *Lady C.* ist, so ist dies hauptsächlich seine eigene Schuld.

Für den ernsthaften Leser ist Lawrence etwas anderes. Für F. R. Leavis, seinen besten und fleißigsten Kritiker, repräsentierte er »das Leben«. Es ist offenbar möglich, zwischen phantasiebegabten Schriftstellern, die diese Ware liefern, und solchen, die sich mehr der »Kunst« widmen, zu unterscheiden. Henry James war zornig über die Begeisterung des jungen Hugh Walpole für das »Leben« bei Dostojewskij, welches sich in einem »wilden Durcheinander, in dem alles über den Haufen geworfen wird« manifestiert, und schrieb ihm:

> Lassen Sie sich von niemandem einreden – es gibt genügend ungebildete und dumme Stümper, die das versuchen werden –, gewissenhaftes Auswählen und Vergleichen machten nicht das Wesen der Kunst aus und die Form *sei* nicht der Gegenstand bis zu dem Grad, daß es absolut keinen Gegenstand ohne sie gibt. Allein die Form ergreift, und hält und bewahrt, einen Gegenstand – errettet ihn aus den Wogen eines hilflosen Wortschwalles, in denen wir schwimmen wie in einem Meer geschmacklosen, lauwarmen Puddings, und das treibt einem die Schamröte ins Gesicht über eine Kunst, die solcher Degradierung fähig ist. Tolstoi und D. sind flüssiger Pudding, doch nicht ohne Geschmack, denn die Masse an eigenem Geist und eigener Seele, die in der Brühe gelöst ist, gibt ihr Gehalt und Würze, dank der Kraft und Schärfe ihres Genies und ihrer Erfahrung. Man kann alles Mögliche über sie sagen, zuvörderst aber, daß wir sehen, welch eine enorme Schwäche ihr Mangel an Komposition, ihre Abneigung gegen Architektur und Stringenz darstellen ...

Wie wir wissen, tat James in seinem Artikel über die jüngere Generation der Romanciers im *Times Literary Supplement* vom 19. März 1914 Lawrence mit ein paar Worten ab: ihm wurde bescheinigt, er hinge »in den staubigen Kulissen«, wie Autoren vom Range eines Gilbert Cannan; die wahren Romanciers seien Conrad, Edith Wharton, Compton Mackenzie und Hugh Walpole, James' bereitwilliger, aber abgewiesener Lustknabe. Die scharfe Brühe des späteren Lawrence wäre James gar noch übler aufgestoßen als die des frühen. James, bei dem es viel Kunst und wenig Sex gibt (das »Schwingen seines Geräts« von Roderick Hudson[51] zählen wir nicht), kann ziemlich gut als Antithese zu Lawrence gesehen werden, bei dem es viel Sex und wenig Kunst der Jamesschen Art gibt. »Leben« bedeutet wahrscheinlich Sex.

Kunst und »Leben« sind natürlich nicht unvereinbar. Es gibt genügend normale menschliche Vitalität in Joyces *Ulysses*, viel davon dreht sich um erinnerten, gegenwärtigen oder erhofften Sex, und *Ulysses* ist das klassische Beispiel unserer Epoche für den Roman als Kunst oder sogar Kunstfertigkeit. Man kann sagen, es steckt so viel »Leben« in dem Buch, daß es eines ganzen Arsenals an ausgeklügelten Kunstgriffen bedurfte, um es im Zaum zu halten, damit die Vitalität nicht einfach zu einer scharfen Brühe wurde. Diese Kunstgriffe stehen unter dem Oberbegriff Symbolik, und die Verwendung von Symbolen kennzeichnet den Schriftsteller der Moderne: der Autor selbst lenkt die Aufmerksamkeit auf sein Werk als ein Kunstprodukt, das als selbständiger Motor funktioniert, dessen Einzelteile als Metaphern für das Leben genommen werden können, der jedoch auch ohne diese Bezüge auf das wirkliche Leben funktionieren würde. Treibt man die Symbolik weit genug, langt man beim Surrealismus an. Man hat das Gefühl, daß Joyces letztes Werk, *Finnegans Wake*, geradezu eine Interpretation herausfordert, die seine Handlung, seine Figuren und sein Inzest-Thema ohne weiteres außer Acht lassen kann, um sich ganz auf die Wortspiele und die Struktur des Buches zu konzentrieren. Lawrence war nicht wie Joyce. Vielleicht hat Richard Aldington recht, wenn er zwischen diesen beiden einen Unterschied feststellt, der groß genug ist, um einen grundlegenden metaphysischen Gegensatz von Sein und Werden, statischer Essenz und fließender Existenz, daraus abzuleiten.

Lawrence sollte eigentlich kein »Modernist« sein, doch er ist es (»auf seine eigene exzentrische Art«, wie David Lodge vorsichtig formuliert). Als Dichter war er zunächst schwer einzuordnen, wie man an dem Umstand ablesen kann, daß er in Anthologien sowohl der Georgianer wie der Imagisten Aufnahme fand; heute jedoch erkennt man klar – wie Michael Roberts in *Faber Book of Modern Verse* bestätigt – seine Zugehörigkeit zu den freie-Rhythmen-und-Umgangssprache-Symbolisten. Als Romancier ist für ihn nicht so sehr die Ablehnung des erzählerischen Modernismus kennzeichnend als vielmehr seine unkritische Übernahme des Althergebrachten. Was für Thomas Hardy und sogar George Eliot gut genug war, war es erst recht für ihn. Conrad und Ford hatten den Tod des allwissenden Erzählers verkündet (als Konsequenz, so wird gemutmaßt, des Todes Gottes), und sie rangen verzweifelt um den Erzählerstandpunkt, subjektive Zeitschilderung und die Ausnutzung des Unwissens und der Irrtümer des Erzählers, Lawrence hingegen ist vollauf damit zufrieden – in seinem Spätwerk noch mehr als früher –, in sichtbarer Gestalt um seine Figuren herumzugehen, sich nach Lust und Laune ins Innere einer Figur zu versetzen und sich an den lieben Leser zu wenden als Mitverschwörer bei einem Komplott zur Zerstörung der Erzählform. Er war der Vater dessen, was Richard Aldington später den Jazz-Roman nannte: ein Roman, in dem man auf seiner Trompete bläst, was einem gerade einfällt, bei nur ganz entfernter Anlehnung an ein überkommenes melodisches und harmonisches Gerüst. Das Moderne an Lawrences erzählerischem Werk liegt, wie bei Joyce, in der Verwischung der Grenzen zwischen Poesie und Prosa: er zwang den Kritiker des Romans zu einer Betrachtungsweise, die bislang dem lyrischen Gedicht vorbehalten gewesen war.

Das bedeutet nicht, daß Lawrence lyrische Prosa in der Art von Ruskin oder Pater schrieb. Vielmehr brachte er eine solche Intensität der Bilder und des Rhythmus in seine Texte ein, daß man den Eindruck von Poesie gewinnt, obwohl es sich stets um Prosa handelt Dickens war immer bereit, in Momenten hoher Spannung in den Blankvers zu verfallen, während Lawrence den Versrhythmus zwar meidet, aber die starke emotionale Aufladung, die man mit dem Vers assoziiert, beibehält. Er wiederholt Wörter, läßt den Leser am Prozeß ihres Findens teilhaben, wirkt schwerfällig. Es gibt bei Joyce mehr »ausgefeilten Stil« als bei Lawrence (man denke nur an das erste Kapitel des *Ulysses*), und Lawrences Verwendung von ungrammatischen Sätzen – ein höchst poetischer Gehalt wird durch eine willkürliche Lockerheit der Form gemildert – soll die Sprunghaftigkeit und Unlogik des Lebens veranschaulichen. Der poetische Gehalt selbst ist eine tiefere Schicht des menschlichen Bewußtseins, als erzählende Prosa bislang zuzulassen in der Lage war. Lawrences Beitrag zum Roman besteht darin, eine Technik zu solcher Tiefbohrung gefunden zu haben. Joyce berührt in *Ulysses* präverbale Zonen des Bewußtseins und zeigt die nackte Libido in Aktion. In *Finnegans Wake* wagt er es, in den schlafenden Geist hinabzutauchen. Doch bleibt er der menschlichen Identität und Individualität auf eine Art verpflichtet, wie es Lawrence nicht ist, und es ist vermutlich eine richtige Feststellung, daß Joyces Experimente nur wegen des soliden traditionellen Elementes in seiner Arbeit annehmbar sind. Humphrey Chimpden Earwickers[52] Initialen sind in das Traumgewebe von Joyces Prosa eingestickt wie ein Monogramm der Verzweiflung, eine Geste der Furcht vor dem Identitätsverlust. Lawrences Figuren versinken mühelos in der Welt des »Andersseins«, worin das menschliche Leben akzeptiert, daß es gleichzeitig Leben der Natur ist, und Identität – »der Aufschrei des Ich«, wie Huxley es ausdrückt – ausgelöscht ist.

Die Voraussetzung, die es Lawrence ermöglichte, menschliche Wesen mit Bäumen, Blumen, Tieren und schließlich mit dem Kosmos zu verschmelzen, war seine hervorstechende Begabung als Naturdichter. Als Apostel der urbanen beziehungsweise natürlichen Welt stehen sich Joyce und Lawrence diametral gegenüber. Für Joyce ist die Großstadt Kosmos genug; Lawrence kann auf nichts verzichten außer auf die Großstadt. Das Thema eines Schriftstellers ist gewöhnlich ein Produkt seiner frühesten Umgebung, und wie Dublin Joyce bestimmte, so bestimmte Eastwood Lawrence. Später lernte er eine größere natürliche Welt als die Landschaft von Nottinghamshire kennen und beging nie den Fehler Wordsworths, einen gütigen, ländlichen englischen Naturgott mit dem Herrn des Alls zu identifizieren. Es blieb Aldous Huxley vorbehalten, in einem Essay zu beweisen, daß Wordsworth nicht in die Tropen paßte, doch Lawrence wußte alles über Vulkane, Erdbeben und Malaria. Auf der anderen Seite vergaß er aber auch nie die sonderbare Dualität der Zechenstadt und der ländlichen Umgebung: in Australien suchte er sich instinktiv in einer solchen Gegend sein Zuhause. Auch als Mann des Kosmos blieb er ein Bergmannssohn.

Nachkommen der Arbeiterklasse, wie Professor Hoggart, sind geneigt, Lawrence als Stimme dieser Klasse zu verstehen, und der unbehagliche Geist der sozialen Spaltung Großbritanniens legt sich auf jede Diskussion über sein Werk, Leben und Temperament. Virginia Woolf pries *Sons and Lovers*, doch ebenso wie der Rest Bloomsburys lehnte sie Lawrence später ab, wie sie Joyce ablehnte: Der Satz, den sie über *Ulysses* äußerte, könnte auch auf eines von Lawrences Werken gemünzt sein: »das Buch eines autodidaktischen Arbeiters . . . eines unangenehmen Pennälers, der seine Pickel ausdrückt.« Das ist eine unwürdige Sprache, und Variationen davon sind auch heute noch im Zusammenhang mit beiden Autoren vernehmbar. Doch Joyce war Katholik, Ire, ehemaliger Student des University College in Dublin und entschuldbar, da jenseits der Grenzen. Lawrence, der keinen akademischen Grad am University College von Nottingham erwarb (nur die Frau eines seiner Professoren), der Cambridge verachtete und kein Interesse an Oxford hatte, beging eine unverzeihliche Sünde: er kam aus einem Bergmannshaus in den Midlands und wurde einer der größten Schriftsteller seiner Epoche. Ich glaube, das schmerzt in manchen Gegenden noch immer. Ich selbst, aufgewachsen in einem Pub, Absolvent der Universität von Manchester, muß darauf achten, Lawrence nicht als Schutzheiligen der Underdogs aus der Provinz zu behandeln, deren Jaulen zuerst in John Osbornes *Look Back in Anger* (BLICK ZURÜCK IM ZORN) laut wurde. Man grenzt die Leistungen eines großen Schriftstellers nicht ein, indem man auf seine Herkunft verweist. William Shakespeare war ebenfalls ein Sohn der Midlands, der nicht nach Oxford ging.

Lawrences literarische und prophetische Bedeutung wird noch von einer anderen Seite her eingeschränkt, und zwar von der Frauenbewegung, die sich zur Wehr setzt gegen seine Lehre der männlichen Dominanz sowohl beim Geschlechtsakt als auch in dem, was von der ehelichen Sphäre übrigbleibt, wenn der

Geschlechtsakt vorüber ist. Nun, eine Frau dominierte im Leben Lawrences und – eine Frucht ihres Sieges – überlebte ihn. Zumindest predigte Lawrence die Wichtigkeit der Sexualität und lehrte sexuelle Zärtlichkeit. Er nahm am Kampf der Geschlechter teil, stand jedoch immer dann darüber, wenn er ganz er selbst war. Neben dem außerordentlich hohen Unterhaltungswert seiner Bücher brauchen wir seine Philosophie und sollten versuchen, von seinem Mut zu lernen – dem Mut zu den eigenen Widersprüchen. Wir brauchen sein vom Puritanismus gemäßigtes Heidentum. Wir brauchen seine ewige Mahnung, daß alle Literatur subversiv ist. Und, was immer das Leben ist, wir brauchen die Beredtheit seiner Treue zu ihm.

Anmerkungen des Übersetzers

1 1835-1902, Dichter und Naturwissenschaftler.
2 Roman für Kinder von Anna Sewell, 1820-1878.
3 Roman von Radclyffe Hall, erschienen 1928.
4 1879-1964, Politiker und Pressezar.
5 Darin stecken gleich zwei Fehler: Es heißt richtig, in *The Waste Land*, »The moon shone . . .«, und der Vers ist nicht von Eliot selbst, sondern ein Zitat.
6 Späterer Titel: *Finnegans Wake*.
7 F. R. Leavis, 1895-1978, Literaturwissenschaftler und Kritiker.
8 1893-1979, Dichter, Literaturwissenschaftler und Kritiker.
10 Roman von Stella Gibbons, 1932.
11 Literatur und literarische Öffentlichkeit. Q. D. war die Ehefrau von F. R..
12 Die Fabian Society war eine Vereinigung linker Intellektueller, die für einen evolutionären Sozialismus eintraten.
13 Calvinistisch-puritanische Kirchenpartei in England seit dem 16. Jh., die Selbständigkeit der Einzelgemeinden propagiert. Lawrence gehörte den Kongregationalisten an, neben den Quäkern und Baptisten eine der Hauptströmungen innerhalb der Independenten.
14 1572/3-1637, Dramatiker und Lyriker.
15 Früher unter dem Titel TODGEWEIHTES HERZ
16 Das bezieht sich auf den Originaltitel des Buches: to trespass heißt »widerrechtlich betreten«.
17 Die beiden Heldinnen des Romans von George Eliot.
18 Otto Gross

19 Ein modischer Lebensstil im England der zwanziger Jahre, benannt nach dem Stadtteil Londons, in dem Arlens Roman spielt.

20 Imagismus war eine poetische Erneuerungsbewegung, die eine präzise, schmucklose, natürliche Sprache in der Dichtung wollte. Dazu gehörten u.a. Ezra Pound, Hilda Doolittle, Richard Aldington.

21 Der Begriff bezieht sich auf George V, 1910-1936; eher traditionell ausgerichtete Lyrik von Dichtern wie W. H. Davies, de la Mare, Bottomley, Drinkwater.

22 John Donne, 1572-1631, Dichter und Prediger.

23 1859-1936, Lyriker und Altphilologe.

24 Der Engel im Haus, Gedicht von Coventry Kersey Dighton Patmore, erschienen 1854-1862.

25 Moderne Liebe, Sonettzyklus von George Meredith, erschienen 1862.

26 1915, seine patriotischen »War Sonetts« waren ein großer Publikumserfolg.

27 Der Niedergang, aber auch: der starke Regenguß.

28 1867-1931, erfolgreicher Romanautor und Journalist.

29 Britischer Schriftstellerverband, 1884 gegründet.

30 Titelheld eines Dramas von Shaw.

31 Literarische Zeitschriften.

32 »Song of the Open Road« heißt eine Gruppe von Gedichten aus *Leaves of Grass*.

33 Eine Art englische Courths-Mahler.

34 Schauplatz von Thomas Hardys Roman *The Return of the Native* (DIE RÜCKKEHR), erschienen 1877-1879.

35 Pflaume, die deutsche Übersetzerin machte »Runa« daraus.

36 1883-1972, zu seiner Zeit ein sehr erfolgreicher englischer Romanautor und Journalist.

37 Eine Figur aus Dickens' *Nicholas Nickleby*.

38 Lawrences Einleitung erschien übersetzt als DER FREMDENLEGIONÄR.

39 Walter Horatio Pater, 1839-94, Schriftsteller und Kritiker, Vertreter der »L'art pour l'art«-Bewegung.

40 John Ruskin, 1819-1900, Schriftsteller, Maler, Sozialreformer.

41 Das Original beginnt: »Comes over one an absolute necessity to move.«

42 William Empson, 1906-1984, Mathematiker, Lyriker und Literaturwissenschaftler.

43 Darüber schrieb er einen Essay, »Shooting an Elephant«.

44 Eine angesehene Kunstakademie in London

45 Samuel Johnson, 1709-1784, Essayist, Journalist, Herausgeber, Kritiker, Romancier

46 *to chatter* heißt »plappern«

47 Freundeskreis englischer Künstler im Londoner Stadtteil Bloomsbury, u.a. gehörten dazu V. Woolf, E. M. Forster, V. Sackville-West.

48 Kennzeichen britischer Unterschichtssprache ist es, ein 'h' am Wortanfang nicht zu sprechen.

49 *The Road to Wigan Pier* heißt ein Buch von George Orwell, das 1937 erschien und Arbeitslosigkeit und proletarisches Leben in Nordengland dokumentiert.

50 Eine Übertragung der Bibel in modernes Englisch – das Neue Testament erschien 1961.

51 Titelheld des ersten Romans von Henry James.

52 Der »Held« von *Finnegans Wake*.

Bibliographie

Werke von D. H. Lawrence in Erstausgaben und deutschen Übersetzungen (Titel deutscher Übersetzungen in Großbuchstaben, wie im voranstehenden Text. Hilfsübersetzungen bislang nicht auf deutsch erschienener Titel in normaler Schrift).

I. ROMANE

The White Peacock. London 1911. DER WEISSE PFAU. Übers. v. Herberth E. Herlitschka. Wien, Leipzig 1936.

The Trespasser. London 1912. TODGEWEIHTES HERZ. Übers. v. Herberth E. Herlitschka. Wien, Leipzig 1937. Neu übers. v. Georg Goyert. Wien, München, Basel 1957. Neuausgabe Reinbek 1961 (u. d. Titel AUF VERBOTENEN WEGEN).

Sons and Lovers. London 1913. SÖHNE UND LIEBHABER. Übers. v. Franz Franzius. Leipzig 1925. Neu übers. v. Georg Goyert. Leipzig 1932. Neuausg. Reinbek 1960.

The Rainbow. London 1915. DER REGENBOGEN. Übers. v. Franz Franzius. Leipzig 1922. Neu übers. v. Gisela Günther. Reinbek 1964.

The Lost Girl. London 1920. DAS VERLORENE MÄDCHEN. Übers. v. Christine Maurer (gekürzt). Wien, Leipzig 1939. Neuausg. Reinbek 1962.

Women in Love. New York 1920. LIEBENDE FRAUEN. Übers. v. Therese Mutzenbecher. Leipzig 1927. Neuausg. Reinbek 1967. Neu übers. v. Herberth E. Herlitschka. Leipzig 1932.

Aaron's Rod. New York 1922.

Kangaroo. London 1923.

The Boy in the Bush (With M. L. Skinner). London 1924. JACK IM BUSCHLAND. Übers. v. Else Jaffe-Richthofen. Stuttgart 1925.
The Plumed Serpent. London 1926. DIE GEFIEDERTE SCHLANGE. Übers. v. Georg Goyert. Leipzig 1932. Neuausg. Zürich 1986.
Lady Chatterley's Lover. Firenze 1928 (Privatdruck).
Lady Chatterley's Lover. The Author's Unabridged Popular Edition. Including 'My Skirmish With Jolly Roger'. Paris 1929 (Privatdruck). LADY CHATTERLEY UND IHR LIEBHABER. Übers. v. Herberth E. Herlitschka. Wien 1930 (limitierte Ausgabe).
Lady Chatterley's Lover. First authorized expurgated edition. London 1932.
Lady Chatterley's Lover. The Odyssey Edition. With a Prefatory Note by Frieda Lawrence. Hamburg, Paris, Bologna 1933.
The First Lady Chatterley. New York 1944. DIE ERSTE LADY CHATTERLEY. Übers. v. Ursula von Wiese. Bern 1946.
Lady Chatterley's Lover. First authorized unexpurgated American edition. New York 1959.
Lady Chatterley's Lover. First authorized unexpurgated English edition. Harmondsworth 1960. LADY CHATTERLEY. Übers. v. Maria Carlsson. Reinbek 1960. Neuausg. Reinbek 1973.
John Thomas and Lady Jane. The second version of 'Lady Chatterley's Lover'. London 1972. (Erstausg. in: *Le tre Lady Chatterley.* Milano 1954.) JOHN THOMAS & LADY JANE. Übers. v. Susanna Rademacher. Zürich 1975.
Mr. Noon. Cambridge 1984. MR. NOON. Übers. v. Nikolaus Stingl. Zürich 1985.

II. ERZÄHLUNGEN UND KURZROMANE

a) Originalausgaben
The Prussian Officer and Other Stories. London 1914.
England, my England and Other Stories. New York 1922.
The Ladybird, The Fox, The Captain's Doll. Three Novellettes. London 1923.
St. Mawr, Together with *The Princess.* London 1925.

Sun. (Erste Fassung). London 1926.
Sun. Authorized unexpurgated edition. Paris 1928.
Glad Ghosts. London 1926.
Rawdon's Roof. London 1928.
The Woman Who Rode Away and Other Stories. London 1928.
The Escaped Cock. Paris 1928. AUFERSTEHUNGSGESCHICHTE. Übers. v. Helmut Viebrock. Frankfurt am Main 1978.
The Man Who Died. London 1931.
The Virgin and the Gipsy. Firenze 1930.
The Virgin and the Gipsy. First English edition. London 1930.
Love Among The Haystacks&Other Pieces. London 1930.
The Lovely Lady. London 1933.
A Modern Lover. London 1934.
The Tales. First Collected Edition. London 1934.
The Complete Short Stories. 3 vol. London 1955.
The Complete Short Novels. 2 vol. London 1956.
The Collected Short Stories. 1 vol. London 1974.

b) Deutsche Ausgaben
Soweit nicht anders vermerkt, liegen alle genannten Werke übersetzt vor in:
Sämtliche Erzählungen und Kurzromane in acht Einzelbänden. Deutsch von Martin Beheim-Schwarzbach, Georg Goyert, Marta Hackel, Karl Lerbs, Elisabeth Schnack und Gerda von Uslar. Redaktion von Gerd Haffmanns. Zürich 1975. (Mit Bibliographie).

III. GEDICHTE

Love Poems and Others. London 1913.
Amores. London 1916.
Look! We Have Come Through! London 1917.
New Poems. London 1918.
Bay. A Book of Poems. London 1919.
Tortoises. New York 1921.
Birds, Beasts and Flowers. New York 1923.

The Collected Poems. 2 vol. London 1928.
Pansies. London 1929.
Nettles. London 1930.
The Triumph of the Machine. London 1931.
Last Poems. Firenze 1932.
The Ship of Death and Other Poems. London 1933.
The Complete Poems. Vol. 1-3. London 1957. Neuausg. in einem Bd. Harmondsworth 1977.
DER ATEM DES LEBENS. Späte und letzte Gedichte. Ausgewählt und übertragen von Ernst Schönwiese. Wiesbaden, München 1981.

IV. DRAMEN

The Widowing of Mrs. Holroyd. New York 1914. WIE MRS. HOLROYD WITWE WIRD. Übers. v. Andrea Clemen. Berlin 1976.
Touch and Go. London 1920.
David. London 1926.
A Collier's Friday Night. London 1934.
The Complete Plays. London 1965.

V. REISEBESCHREIBUNGEN

Twilight in Italy. London 1916. ITALIENISCHE DÄMMERUNG. Übers. v. Georg Goyert. Zürich 1985.
Sea and Sardinia. New York 1921. DAS MEER UND SARDINIEN. Übers. v. Georg Goyert. Zürich 1985.
Mornings in Mexico. London 1927. MEXIKANISCHER MORGEN. Übers. v. Alfred Kuoni. Zürich 1985.
Etruscan Places. London 1932. ETRUSKISCHE STÄTTEN. Übers. v. Oswalt von Nostitz. Zürich 1985.

VI. ESSAYS UND SCHRIFTEN AUS DEM NACHLASS

Movements in European History. (Unter dem Pseudonym Lawrence H. Davidson.) London 1921.
Psychoanalysis and the Unconscious. New York 1921.
Fantasia of the Unconscious. New York 1922. SPIEL DES UNBEWUSSTEN. Übers. v. Walter Osborne (gekürzt). München 1929.
Studies in Classic American Literature. New York 1923.
Reflections on the Death of a Porcupine and Other Essays. Philadelphia 1925.
Sex Locked Out. London 1929.
My Skirmish with Jolly Roger. New York 1929.
A Propos of Lady Chatterley's Lover. London 1930. A-PROPOS »LADY CHATTERLEY ...« Übers. v. Herberth E. Herlitschka (gekürzt). Leipzig, Wien 1931. Neu übers. in: D. H. LAWRENCE, LADY CHATTERLEY. MARGINALIEN. o.O., o.J. (nach 1960).
Pornography and Obscenity. London 1929. PORNOGRAPHIE UND OBSZÖNITÄT und acht andere Essays über Liebe, Sex und Emanzipation. Übers. v. Elisabeth Schnack. Zürich 1971. Neuausg. u. d. Titel LIEBE, SEX UND EMANZIPATION. Zürich o.J. (1982).
The Life of J. Middleton Murry. o.O. 1930 (Privatdruck).
Assorted Articles. London 1930.
Apocalypse. Firenze 1931. APOKALYPSE. Übers. v. Georg Goyert. Leipzig 1932.
We Need One Another. New York 1933.
Phönix: The Posthumous Papers Of D.H.L. Edited and with an Introduction by Edward D. McDonald. London 1936.
Phönix II: Uncollected, Unpublished and Other Prose Works by D.H.L. Collected and Edited with an Introduction by Warren Roberts and Harry T. Moore.

VII. BRIEFE

The Letters of D. H. Lawrence. Edited and with an Introduction by Aldous Huxley. London 1932.

BRIEFE AN FRAUEN UND FREUNDE. Auswahl und Vorwort von W. E. Süskind. Übers. v. Richard Kraushaar. Berlin o.J. (1938).
BRIEFE. Übers. v. Elisabeth Schnack. Vorwort von Aldous Huxley. Zürich 1979. (Mit ausführlicher Bibliographie)
Letters of D. H. Lawrence. Cambridge Edition of the Letters and Works of D.H.L. Vol. 1ff. Cambridge 1979ff. (Vol. 5, 1924-1927. Cambridge 1989.)

VIII. GEMÄLDE UND ZEICHNUNGEN

The Paintings of D. H. Lawrence. London 1929 (Privatdruck). Spätere Ausg. ed. by Mervyn Levy. New York 1964.

IX. LEBENSZEUGNISSE UND LITERATUR ÜBER D.H.L.

(diese Zusammenstellung stammt von Anthony Burgess und wurde um wenige deutsche Titel ergänzt):

Aldington, Richard: *Portrait of a Genius, But . . .* London 1950.
ders.: DAVID HERBERT LAWRENCE. Übers. v. Wilfried Steinhagen. Reinbek 1961. (Mit Bibliographie)
ders.: Introduction to *Apocalypse*. London 1931. Vorwort zu APOKALYPSE. Übers. v. Georg Goyert. Leipzig 1932.
Bedford, Sybille: *Aldous Huxley: A Biography.* (Volume I: 1894-1939.) New York 1974.
Brett, the Hon. Dorothy: *Lawrence and Brett: A Friendship.* Philadelphia 1933.
Brewster, E. and A.: *D. H. Lawrence: Reminiscences and Correspondence.* London 1934.
Carswell, Catherine: *Savage Pilgrimage. A Narrative of D.H.L.* London 1932.
Chambers, Jessie (unter dem Pseudonym E. T.): *D. H. Lawrence: A Personal Record.* London 1935.
Ford, Ford Madox: *Mightier than the Sword.* London 1938.

Gray, Cecil: *Peter Warlock*. London 1934.
Hart-Davis, Rupert: *Hugh Walpole*. London 1952.
Lawrence, Frieda: *Not I, But the Wind*. Santa Fe 1934 – London 1935.
NUR DER WIND . . . Mit neunzig Briefen und fünf Gedichten. (Übers. v. Frieda Lawrence, Gedichte übers. v. Hans Gebser u. V. O. Stomps.) Berlin 1936.
Lucas, Robert: FRIEDA VON RICHTHOFEN. München 1972. Neuausg. Zürich 1985.
Luhan, Mabel: *Lorenzo in Taos*. New York 1932.
Murry, John Middleton: *Reminiscences of D. H. Lawrence*. London 1933.
ders.: *Son of Woman: The Life Story of D.H.L.* London 1931.

Philip Roth
MEIN LEBEN ALS MANN

400 Seiten, 12,5 × 19 cm, Hardcover, gebunden mit Schutzumschlag, Fadenheftung, Lesebändchen, ISBN 3-927623-03-2, DM 48,–

MEIN LEBEN ALS MANN – Peter Tarnopol erzählt sein Leben: Die unbeschwerte Jugend im jüdisch-amerikanischen Elternhaus und die dramatischen Ehejahre sind Gegenstand zweier Erzählungen, mit denen sich der Literaturprofessor seine schriftstellerischen Ambitionen erfüllt und die unter dem Titel NÜTZLICHE ERFINDUNGEN den ersten Teil des Romans bilden. Wenn Peter Tarnopol im weiteren unter der Überschrift MEINE WAHRE GESCHICHTE sein »tatsächliches« Leben ausbreitet, verschmelzen Wahrheit und Dichtung zu einer untrennbaren Einheit: Maureen treibt den zart besaiteten und sensiblen Tarnopol mit Selbstmorddrohungen und einem getürkten Schwangerschaftstest in eine Ehe, die sie ihm konsequent zur Hölle macht. Eine wüste Ehegeschichte, voller Erotik und Selbstironie.

»...eine der amüsantesten Verteidigungen der Wahrheit der Fiktion gegen die Fiktion der Wahrheit.«

DER SPIEGEL